普通高等学校邮轮服务与管理专业系列规划教材

邮轮运营管理

CRUISE OPERATION AND MANAGEMENT

刘 艳 主编

化学工业出版社

·北京·

本书是普通高等学校邮轮服务与管理专业系列规划教材之一。在充分汲取专业人才培养与教材建设经验的基础上，教材结合学生认知特点梳理整合教学内容，介绍邮轮运营管理的基本理念、知识、方法和实践技能，充分体现了教学内容与行业标准的紧密对接，突出了针对性、实用性和趣味性等特点。本书内容简洁，结构清晰。

本书适合高等职业学校国际邮轮乘务管理等专业学生使用，也可以供在职人员进修与培训使用。

图书在版编目（CIP）数据

邮轮运营管理／刘艳主编．—北京：化学工业出版社，2018.8（2023.1重印）
ISBN 978-7-122-32441-2

Ⅰ.①邮… Ⅱ.①刘… Ⅲ.①旅游船-运营管理-高等学校-教材 Ⅳ.①F590.7

中国版本图书馆 CIP 数据核字（2018）第 145478 号

责任编辑：王　可　蔡洪伟　于　卉　　　　　装帧设计：刘丽华
责任校对：边　涛

出版发行：化学工业出版社（北京市东城区青年湖南街 13 号　邮政编码 100011）
印　　刷：三河市航远印刷有限公司
装　　订：三河市宇新装订厂
787mm×1092mm　1/16　印张 12½　字数 302 千字　2023 年 1 月北京第 1 版第 7 次印刷

购书咨询：010-64518888　　　售后服务：010-64518899
网　　址：http://www.cip.com.cn
凡购买本书，如有缺损质量问题，本社销售中心负责调换。

定　　价：39.00 元　　　　　　　　　　　　　　　　　　　版权所有　违者必究

前言

2006年，邮轮产业在中国起步发展。十余年来，全球邮轮旅游消费市场持续增长，中国旅游消费市场也日渐成熟。越来越多的中国游客认可了邮轮旅游这种新型度假方式，意大利歌诗达、美国皇家加勒比、美国公主、美国诺唯真、意大利地中海、云顶香港丽星、云顶香港星梦等国际邮轮品牌广为中国消费者所熟知。一些中资企业购入船只涉足邮轮经营领域，旗下邮轮也深受中国消费者喜爱。国家对于邮轮产业发展的鼓励政策陆续出台，大连、天津、青岛、烟台、上海、舟山、厦门、深圳、广州、海口、三亚等邮轮港口的建设也日趋完善。邮轮产业是新兴产业，但发展前景广阔，发展势头强劲。

邮轮产业的快速发展，相应带来了对邮轮人才的旺盛需求。2006年以来，各高职院校相继开设邮轮相关专业，在邮轮人才培养方面做出很多努力。2012年，中国高等院校邮轮人才培养联盟成立，各院校协同并进、共同构筑起推动产业发展的人才高地。时至今日，我国经济正处于高速增长向高质量发展的新时期，邮轮产业发展亦需要稳中求进，院校如何进一步提升邮轮人才培养质量，成为助力邮轮产业从高速发展向优质发展转变的重要课题。本书着眼于邮轮产业发展的大背景，亦是编者在多年教学实践中的经验凝集，通过整合与行业标准相对接的教学内容、呈现行业发展的最新趋势和课程建设的最新成果，实现学习者素质提升、技能培养与思维拓展，进而达到院校邮轮专业人才培养质量提升之目的。

本书由天津海运职业学院刘艳主编，完成教材框架拟定、章节编写（第一、二、三、五、六章）及全书修订统稿工作；天津海运职业学院赵莹莹担任副主编（第二、四章），协助主编进行全书的修订完善；山东交通职业学院李军委（第七、八章）、浙江交通职业技术学院姚丹丽（第三、四章）、延安职业技术学院王丹（第六、七章）、郑州城市职业学院袁倩影（第五、八章）参与编写。

本书在编写过程中，调研了美国皇家加勒比邮轮、美国诺唯真邮轮、意大利歌诗达邮轮、意大利地中海邮轮、云顶香港星梦邮轮、云顶香港丽星邮轮旗下在中国母港运营的多艘邮轮，实地走访了天津、青岛、上海、厦门、三亚、基隆、高雄、济州、熊本等多地的邮轮港口，得到了大量一手资料。天津国际邮轮母港有限公司、中江（新）国际有限公司等业界朋友对本书编写给予了热情指导，中国高等院校邮轮人才培养联盟各院校老师也对本书编写给予了鼎力支持，在此深表感谢。天津海运职业学院国际邮轮乘务管理专业毕业生广泛分布在全球航线的各艘邮轮之上，为本书编写提供了大量案例与图片，在此一并感谢。书中还引用了一些相关资料，亦向有关单位或个人表示诚挚的谢意。

本书辅以丰富的配套资源，力求实现科学性、适用性、先进性和技能性。疏漏和不妥之处在所难免，敬请广大读者、教师和学生们提出宝贵意见。

编　者
2018年6月

目录

第一章　现代邮轮

第一节　邮轮的历史 ………………………………………………………………… 1
　　一、早期的船舶 …………………………………………………………………… 2
　　二、19 世纪的邮轮 ……………………………………………………………… 3
　　三、20 世纪的邮轮 ……………………………………………………………… 5
　　四、21 世纪的邮轮 ……………………………………………………………… 9
第二节　邮轮的分类 ………………………………………………………………… 11
　　一、按照邮轮功能划分 …………………………………………………………… 11
　　二、按照邮轮大小划分 …………………………………………………………… 13
　　三、按照邮轮档次划分 …………………………………………………………… 14
第三节　邮轮的设施 ………………………………………………………………… 17
　　一、邮轮客舱设施 ………………………………………………………………… 17
　　二、邮轮公共区域设施 …………………………………………………………… 21
　　三、邮轮非公共区域设施 ………………………………………………………… 26

第二章　邮轮公司

第一节　邮轮公司业务 ……………………………………………………………… 30
　　一、邮轮公司认知 ………………………………………………………………… 31
　　二、邮轮公司业务战略 …………………………………………………………… 32
　　三、邮轮公司合作代理 …………………………………………………………… 35
第二节　邮轮公司组织 ……………………………………………………………… 38
　　一、邮轮公司组织结构 …………………………………………………………… 38
　　二、邮轮公司岸上组织 …………………………………………………………… 38
　　三、邮轮公司船上组织 …………………………………………………………… 40
第三节　邮轮公司竞争 ……………………………………………………………… 42
　　一、邮轮公司竞争格局 …………………………………………………………… 42
　　二、邮轮公司品牌概览 …………………………………………………………… 44
　　三、中国本土邮轮公司 …………………………………………………………… 52

第三章　邮轮产品

第一节　邮轮产品认知 ……………………………………………………………… 55
　　一、邮轮旅游产品内涵 …………………………………………………………… 56

二、邮轮旅游产品类型 ··· 59
　　三、邮轮旅游产品价格 ··· 62
第二节　邮轮航次体验 ·· 64
　　一、邮轮航次预定 ··· 64
　　二、邮轮港口登船 ··· 66
　　三、邮轮航行途中 ··· 69
第三节　邮轮产品开发 ·· 73
　　一、邮轮旅游消费市场 ··· 73
　　二、邮轮旅游产品开发 ··· 76
　　三、邮轮产品营销策略 ··· 80

第四章　船上服务

第一节　邮轮宾客服务 ·· 83
　　一、礼宾服务 ··· 84
　　二、前台服务 ··· 86
　　三、总机服务 ··· 89
第二节　邮轮客舱服务 ·· 90
　　一、客舱清扫服务 ··· 90
　　二、客舱对客服务 ··· 92
第三节　邮轮餐饮服务 ·· 94
　　一、主餐厅服务 ·· 94
　　二、特色餐厅服务 ··· 98
　　三、自助餐厅服务 ··· 99
　　四、酒吧服务 ··· 100
第四节　邮轮休闲娱乐服务 ·· 102
　　一、主题娱乐服务 ··· 102
　　二、免税购物服务 ··· 103
　　三、运动健身服务 ··· 104
　　四、儿童娱乐服务 ··· 105

第五章　港口靠泊

第一节　邮轮靠泊港口 ·· 109
　　一、邮轮港口认知 ··· 110
　　二、邮轮母港城市 ··· 113
　　三、中国邮轮港口城市 ··· 116
第二节　邮轮航线规划 ·· 121
　　一、邮轮旅游目的地 ·· 121
　　二、邮轮旅游航线设置 ··· 122
　　三、中国邮轮母港航线 ··· 126
第三节　邮轮旅游航区 ·· 128

一、北美洲及加勒比海航区……………………………………………………128
　　二、南美洲及南极航区………………………………………………………131
　　三、欧洲及地中海航区………………………………………………………132
　　四、亚洲及太平洋航区………………………………………………………134

第六章　安全航行

　第一节　邮轮安全认知……………………………………………………………137
　　一、邮轮安全管理……………………………………………………………138
　　二、海事安全公约……………………………………………………………140
　第二节　邮轮航行安全……………………………………………………………145
　　一、风险防范…………………………………………………………………145
　　二、船舶应急…………………………………………………………………147
　　三、海上求生…………………………………………………………………149
　　四、海上救助…………………………………………………………………152
　第三节　邮轮旅游安全……………………………………………………………152
　　一、旅游安全告知……………………………………………………………152
　　二、突发事件处理……………………………………………………………156

第七章　管理保障

　第一节　邮轮服务质量管理………………………………………………………160
　　一、服务质量管理认知………………………………………………………161
　　二、邮轮服务质量控制………………………………………………………163
　　三、邮轮顾客服务计划………………………………………………………164
　第二节　邮轮物资采购管理………………………………………………………166
　　一、物资采购管理认知………………………………………………………166
　　二、邮轮物资采购……………………………………………………………167
　　三、邮轮物资配送……………………………………………………………168
　第三节　邮轮人力资源管理………………………………………………………169
　　一、人力资源管理认知………………………………………………………169
　　二、邮轮员工招聘与培训……………………………………………………170
　　三、邮轮员工考核与激励……………………………………………………173

第八章　产业趋势

　第一节　邮轮产业认知……………………………………………………………176
　　一、邮轮产业的定义…………………………………………………………176
　　二、邮轮产业的发展…………………………………………………………177
　　三、邮轮产业的经济效益……………………………………………………178
　第二节　世界邮轮产业发展………………………………………………………179
　　一、世界邮轮建造领域………………………………………………………179
　　二、世界邮轮经营领域………………………………………………………182

第三节　中国邮轮产业发展 …………………………………………… 183
一、中国邮轮产业历程 ………………………………………………… 183
二、中国邮轮产业现状 ………………………………………………… 184
三、中国邮轮产业趋势 ………………………………………………… 187

参考文献

第一章 现代邮轮

【章节导览】

本章作为全书的开篇,旨在对现代邮轮进行概括性的介绍。通过本章的学习,能够熟悉并掌握邮轮产生与发展的历史,能够按照邮轮的功能、大小以及档次进行分类,能够熟知现代邮轮的空间结构与主要设施,从而对现代邮轮形成清晰而又直观的印象,进而在后续章节学习中更好地理解和把握现代邮轮运营管理的基本知识。

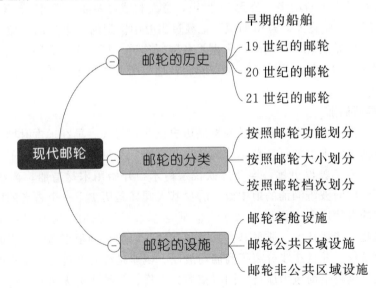

第一节 邮轮的历史

邮轮(Cruise Ship)是航行于水域且配备有齐全的生活和娱乐设施,专门用于旅游休闲度假的豪华船舶。在历史上,邮轮曾特指早期用于邮件运输的商船(Mail Ship)以及后期海上定线、定期航行的客船(Passenger Liner)。直到20世纪六七十年代,邮轮才完成从交通运输功能向海上休闲度假功能的转变。

一、早期的船舶

船舶（Ship）是人类社会重要的交通运输工具，远比车辆和飞机出现时间要早。根据早期文献记载，人类看见鸟儿停落在水中漂浮的木头之上，获得将浮木捆扎渡河的灵感，继而发明了草船、木筏、独木舟、皮筏、帆船等，以非凡的智慧和勇气走向江河湖海。这类简单的船只历经演变，至今仍然在一些地方的水上交通中发挥着重要作用。

（一）中国早期船舶

我国制造和使用船舶的历史悠久。从《周易·系辞》中"伏羲氏刳木为舟，剡木为楫，舟楫之利，以济不通"的传说来看，早在原始社会末期就有了独木舟、木筏、竹筏、羊皮筏等进行水上捕捞和迁徙航行的简易渡水工具。随着人类文明的不断进步，我们的祖先在独木舟的四周加上木板以增大容量，原有独木舟变为船底，通连首尾的主要纵向木材就变为"龙骨"。此后，人们对筏也进行了改造，在筏的四周安上木板，形成不同于独木舟和筏的新船——木板船。最早出现的木板船叫做"舢板"，谐音"三板"。把两艘以上的木板船并列连接，稳性更好、装载量更多的"舫"出现。

春秋战国时期，诸侯国之间经常使用船只往来，并且有了战船的记载。战船从民用船只发展起来，但是其结构和性能远远高于民用船只。秦汉时期，"楼船"成为最重要的船舰。"楼船"高达十余丈，甲板上建楼数层，且配备有纤绳、橹、桨和帆。南北朝时期，用人力以脚踏桨轮驱动前进的"车船"出现。从唐朝盛世到明代中叶，随着社会经济的增长和科学技术的进步，船舶相应出现了较长时间的蓬勃发展，船体不断增大，工艺更加先进，结构更加合理，船只的数量也不断增多。公元13世纪，意大利威尼斯商人马可·波罗（Marco Polo）在其游记中用"千帆竞发，舟楫如织"记载过当时中国运河上繁忙的景象。远洋船只在波涛万顷的大洋上频繁出现，在当时也为世界各国所称道。可以说，我国古代不仅船舶数量居世界之首，船舶类型也居世界之首。但"邮轮"这类船舶的出现，却要从欧洲造船与航海的历史加以追溯。

（二）西方早期船舶

作为世界文明古国的埃及，其船舶的发展历史也非常悠久。早在远古时期，古埃及人就绑扎生长在尼罗河边湿地上的纸莎草，建成"纸莎草船"在尼罗河上顺流而下，返程时则借助风力溯流而上。为了驶得更远，埃及人砍伐了树木，开始用木材造船，再给木船加上风帆，驶出尼罗河，驶向波涛汹涌的地中海。腓尼基人同样是历史上一个古老的民族，曾建立过一个高度文明的古代国家。公元前1200年，腓尼基人开始在地中海东岸一带崛起，主要原因是掌握了高超的造船技术。腓尼基人乘坐早期的帆船航行到很多地方，当时几乎垄断了地中海的海上贸易权，并且逐步分离了商船与战船。帆船是继舟、筏之后出现的重要水上交通工具，主要依靠风帆借助风力航行，同时依靠桨、橹、篙等作为无风时推进、靠泊和起航的手段。

西方船舶突飞猛进的发展，得益于欧洲大航海时代的到来。公元15世纪，欧洲国家积极拓展世界贸易，海上交通日趋活跃，帆船因为风帆技术的改良变得更加容易操控，为水上贸易运输做出了重要贡献，成为一段时期内无可替代的水上霸主。1492年8月，意大利著名航海家克里斯托弗·哥伦布（Christopher Columbus）率领由3艘三桅帆船组成的远航船队，从西班牙南部巴罗斯港（Palos）起航，一直向西航行。哥伦布对"地圆说"深信不疑，他坚信只要一直向西航行，就可以到达中国和印度。两个多月后，船队抵达了中美洲的巴哈马、古巴和海地等地。1493年3月，哥伦布返回巴罗斯，完成人类历史上首次横渡大西洋的航行。在此之后，哥伦布又多次向西出航，发现了美洲加勒比海中所有的重要岛屿以及美洲大陆，开辟了延续几个世纪的欧洲人探险和殖民海外领地的大时代，对西方世界历史发展起到了无可估量的重大影响。

二、19世纪的邮轮

（一）轮船的出现

19世纪初，当船舶不再使用风帆而是使用蒸汽机作为前进的动力时，出现了促使人类生活发生巨大改变的蒸汽船。蒸汽船的外侧安装有像轮子一样的船用推进器，所以人们也把蒸汽船叫做蒸汽轮船（Steam Ship）（图1-1）。轮船出现以前，欧洲与美洲大陆之间的交通全靠帆船，速度既慢又不安全，人们开始试制蒸汽动力船。1807年，被誉为"轮船之父"的美国发明家罗伯特·富尔顿（Robert Fulton）完成了铁壳轮船克莱蒙特号的制造，这是世界上第一艘试航成功的蒸汽轮船。1819年，美国的萨凡纳号轮船历时一个月横跨大西洋成功，揭开了航海史上的光辉一页。但是，由于蒸汽机需要大量燃料，萨凡纳号在航行中煤炭就已耗尽，航程的大部分是依靠风帆来行驶的。这个结果自然得不到好评，萨凡纳号的蒸汽机很快被拆掉，彻底变成一艘帆船。这一挫折虽打击了美国人的热情，但并未阻碍船舶的进步。在其后的二十年里，装有蒸汽机的轮船取得了惊人的进步，它们竞相横渡大西洋，并且取得了成功。这些船几乎都是英国人建造的，故而英国船队开始称霸世界海域。

图1-1　早期的轮船

（二）邮轮的出现

19世纪上半叶，轮船开始在世界海域称霸。随着各国之间的商贸往来日趋频繁，轮船开始成为邮政服务的运载工具，邮轮（Mail Ship）的概念得以形成。在这一时期，比较有代表性的经营邮件运输业务的船务公司有英国半岛轮船公司、英国北美皇家邮件船务公司等。

1. 英国半岛轮船公司

1822年，英国伦敦船舶经纪人Brodie McGhie Willcox和苏格兰水手Arthur Anderson开始经营一条从英格兰到西班牙和葡萄牙的航线。1835年，都柏林船东Richard Bourne船长加入，正式使用半岛轮船公司（Peninsular Steam Navigation Company）的名称开展定期班轮服务。1837年，半岛轮船公司从英国海军部获得从英国向伊比利亚半岛运送邮件的合同，唐璜号（RMS Don Juan）有幸成为第一艘"邮轮（Mail Ship）"；1840年，半岛轮船公司又获得通过直布罗陀海峡和马耳他向埃及亚历山大运送邮件的合同，毋庸置疑成为世界上第一家开辟海上邮件运输业务的公司。在其后的发展中，半岛轮船公司更名为半岛东方轮船公司（Peninsular & Oriental Steam Navigation Company，P&O），在20世纪60年代曾经是世界上最大的航运公司，拥有320余艘远洋船只，后又经重组变更为英国铁行渣华公司（Royal P&O Nedlloyd）。

2. 英国北美皇家邮件船务公司

1839年，来自于加拿大哈利法克斯的船东Samuel Cunard获得了第一份从英国至北美横跨大西洋运送邮件的合同；次年，Samuel Cunard与苏格兰著名的轮机设计者与制造商Robert Napier一起创办了英国北美皇家邮件船务公司（British and North American Royal Mail Steam-Packet Company），旗下船只航行于从英国利物浦至加拿大哈利法克斯以及美国波士顿之间的越洋航线之上。对于船务公司而言，获得英国皇家邮政合同是一项伟大的殊荣。皇家邮政船有权在航行时悬挂标志性的英国皇家邮政信号旗，可以在船的徽章设计中加入皇冠标志（图1-2），还可以在船名之前冠以"RMS"（Royal Mail Ship）前缀，以区别于普通蒸汽轮船的"SS"（Steam Ship）前缀。因为邮件必须准时抵达，故而

图1-2 带有皇冠标志的徽章

"RMS"前缀在当时被视为是质量和竞争优势的标志。1879年，为了应对来自对手的竞争，英国北美皇家邮件船务公司重组为冠达轮船公司（Cunard Steamship Company, Ltd）。

（三）邮轮旅游的萌芽

虽然"邮轮"在19世纪上半叶正式进入历史舞台，但在当时主要是以交通运输为目的，是从事邮件运输业务的商船，甚至不是专门用于乘客运输的客船，与现代的邮轮相去甚远。1844年，半岛东方轮船公司开始招揽乘客乘坐邮轮以增加利润，这是"邮轮"拓展客运领域业务的成功尝试。1846年，被誉为"近代旅游业之父"的英国人托马斯·库克（Thomas Cook）包租了一艘邮轮，率领旅行团到苏格兰旅行，成功地将陆上交通和水上交通紧密连接，开创了商业旅行业务的先河。虽然邮轮仅仅只是用于搭载商业旅行团队的交通工具，但也可以折射出邮轮作为旅游载体的内在优势，邮轮旅游呈现出早期的萌芽形态。

19世纪下半叶，船舶逐渐从商船向客船转型。这一时期的船舶多为钢制船体、蒸汽动力，乘客乘船探亲、探险或者寻找新的生存基地，部分乘客开始搭乘邮轮旅行。19世纪末，德国汉堡美洲航运公司（Hamburg-America Line，HAPAG）最大的旗舰船奥古斯塔·维多利亚号（Augusta Victoria）客轮在寒冷的冬季几乎处于停运状态，于是驶往温暖的地中海海域开展了一次为期58天的"快乐航行"。这次航行取得了巨大成功，但是这类旅行活动却因为船只构造的限制而难以普及。奥古斯塔·维多利亚号（Augusta Victoria）按照远洋客轮的标准建造，为了适应北大西洋的严酷环境，船体封闭空间较多，且缺乏娱乐设施，并不符合游乐市场的需求。在这样的背景下，汉堡美洲航运公司斥资建造了维多利亚·路易斯公主号（Prinzessin Victoria Luise）（图1-3）。该船于1900年6月29日下水试航，注册总吨位4409吨，专门为搭载乘客旅行而设计，真正意义上具有旅游功能的邮轮诞生。

图1-3 维多利亚·路易斯公主号

维多利亚·路易斯公主号

维多利亚·路易斯公主号轮船隶属于德国汉堡美洲航运公司，是第一艘以搭载乘客开展海上旅行为目的而设计建造的船。维多利亚·路易斯公主号以德皇威廉二世女儿的名字命名，威廉二世也曾为该船的设计提出意见。

维多利亚·路易斯公主号长124.2米，宽15.9米，看起来更像是一艘私人游艇。船体通身白色，前后各有一个桅杆，有椭圆形的船尾和装饰丰富的船首。区别于当时的其他商船，维多利亚·路易斯公主号的120间客舱全部都是头等舱。船上还有一个图书馆、一个体育馆和一个供摄影师冲洗照片的暗室。

维多利亚·路易斯公主号1900年6月29日下水试航，1901年1月5日从德国汉堡首航。由于运载货物或邮件的能力有限，该船几乎只能用于海上巡游，平均航速大约为15节。

三、20世纪的邮轮

（一）远洋客轮时代

20世纪上半叶，是远洋客轮的辉煌时代。从需求方面来看，随着欧洲各国对海外殖民地的疯狂掠夺，有大量移民需要乘坐轮船在洲际之间往来，搭乘远洋客轮出行的富有阶层以及普通民众的数量日益增加。从供给方面来看，在社会生产力以及技术水平提升的驱动下，各国有实力且有意愿建造豪华客轮，并以此来作为综合国力的象征，越来越多的新建轮船被投放于远洋客运市场，成就了远洋客轮发展的黄金时期。虽然在20世纪三四十年代被破坏性的战争所打破，但这一时期仍然因为一些极具创新意义的超级客轮的出现而至今被人们津津乐道。

1. 远洋客轮的辉煌

较之以前的蒸汽轮船（Steam Ship），20世纪的远洋客运轮船（Ocean Liner）吨位更大、航速更快、装饰布置也更加奢华，在世界航海史上扮演了举足轻重的角色。各家邮轮公司都有各自经营的特色和偏向性，以应对在当时远洋客运市场已经有的激烈市场竞争。

在远洋客轮时代，目前被人们所熟知的也最具远洋客轮代表性的当属英国白星航运公司（White Star Line）的泰坦尼克号（RMS Titanic）邮轮（图1-4）。英国白星航运公司成立于1845年，历经半个多世纪的发展，在20世纪初以其"奥林匹克"级别的大型远洋客轮而闻名。泰坦尼克号邮轮是"奥林匹克"级客轮中的第二艘，其名字来源于希腊神话，意思为"巨大的"。该船长269.06米，宽28.19米，注册总吨位46328吨，拥有8层客用甲板，一等舱可满载833名乘客，二等舱可满载614名乘客，三等舱可满载1006名乘客，总载客量为2453人，另外配备员工900人左右，在当时可谓是一艘海上巨无霸。

图1-4　泰坦尼克号

泰坦尼克号拥有一流的住宿设计和娱乐设计，船上游泳池、健身房、按摩室等应有尽有。白星航运公司重视邮轮内部的装饰以及乘客搭乘邮轮的舒适度，即便是三等舱也为乘客提供位于船头和船尾的私人小型舒适客舱，而不是当时其他跨大西洋客船上位于船舶前端的拥挤的开放式宿舍，体现出为跨大西洋移民和低端旅行所做出的服务标准改进的努力。泰坦尼克号还拥有先进的技术，装备有三台主发动机，最快航速为24节（1节＝1海里/小时，1海里＝1.852公里）。船上有大功率无线电发报机，是当时最为先进的通讯设备。船上设有小型发电厂，比当时城市发电站的平均发电能力更强。

泰坦尼克号是一艘以"RMS"冠名的名副其实的"邮轮"，不仅取得了英国皇家邮政合同，而且与美国邮政部门亦有邮件运输合同。船舱中辟有大约760立方米的空间专门用于存放邮件、包裹和其他贵重物品。船上的邮政局有五名邮政职员，其中包括三名美国人和两名英国人，计划工作时间为每周7天、每天13小时，每天大约需要分拣6万件物品。

1911年，位于英国南安普顿的深水码头对外开放，该码头被命名为"白星码头"，专门为迎接"奥林匹克"级别的远洋客轮而建造。1912年4月，泰坦尼克号从南安普顿出发开始首航之旅，在前往美国纽约的途中与冰山相撞并沉没，成为人类航海史上一次空前的劫难。

作为白星航运公司的重要竞争对手，冠达轮船公司更偏重于远洋客轮在航行速度方面的竞争。在白星航运公司运营"奥林匹克"级别大型客轮的同时，冠达轮船公司旗下号称世界最快邮船的卢西塔尼亚号（Lusitania）邮轮和毛里塔尼亚号（Mauretania）邮轮正在横跨大西洋航线上穿梭往来，获得在邮轮界享受盛誉的"蓝飘带"奖。"蓝飘带"奖颁发给横跨大西洋平均航速最快的船只，哪艘邮轮能够以最快的平均时速横跨大西洋，就能够在主桅杆顶上升起一条长长的蓝色飘带，这对于轮船公司而言具有极大的诱惑力。

法国跨大西洋航运公司同样参与横跨大西洋航线的竞争，并以内外兼修著称，旗下船只的装饰给人一种摩登的感觉。享有盛名的诺曼底号（SS Normandie）客轮建有第一个温水循环的大型室内游泳池，第一个可以演出电影和轻歌剧的剧院，并且在全体舱室中普及冷暖空调，曾被国际客船界评价为历史上最宏大、最漂亮、最奢华的客轮。该船长313.6米，宽36.4米，原注册总吨位为79280吨，为了超越冠达轮船公司于1934年下水的玛丽王后号（RMS Queen Mary）邮轮而在船尾甲板上增设了一个封闭的旅游休息室，总吨位变为83423吨。1935年5月29日，诺曼底号客轮首航，形成五万人在港口欢送的盛况；抵达纽约时，诺曼底号以平均时速29.98节赢得蓝飘带奖，为法国人带来了极大的自豪感。

2. 战争带来的影响

诺曼底号的辉煌并未延续很久，远洋客轮的黄金时代被破坏性的战争所打破。1939年，第二次世界大战爆发，一些豪华客轮在战争之中被损毁，诺曼底号也毁于一场大火，徒留一声叹息。在其后的很长一段时间，邮轮的发展都处于停滞的状态。但是在这一时期，也有很多远洋客轮在战争之中被交战国征用，经过改装之后用于运送士兵和军用物资，在战争中发挥了极大的作用，为人类和平做出了重要贡献。

诺曼底号赶超的玛丽王后号（图1-5）邮轮也在第二次世界大战期间被征用，这艘传统英式装潢的尊贵邮轮拆除了所有的高级家具、护墙板、帷幔、油画、吊灯、地毯等，以较高的航速往返于大西洋的战争运输线上，先后运送士兵共计75万人次。第二次世界大战结束之后，玛丽王后号在英国开始重新装修，恢复了远洋客运与邮件运输业务。由于该船在战争期间的卓越表现和非凡经历，很多乘客慕名前来搭乘。1967年，玛丽王后号邮轮结束了第1001次横跨大西洋的航行，正式退役。目前，玛丽王后号作为海上酒店与博物馆栖泊在美国加利福尼亚州的长滩，成为南加州最为著名的景点之一。

图1-5 玛丽王后号

（二）现代邮轮的诞生

在远洋客轮的辉煌时期，船舶的航行范围逐步扩大至大西洋两岸海域、中美洲加勒比海等地区，向北可以远至北美的阿拉斯加和北欧的波罗的海，向南可以延伸至亚太地区乃至南太平洋海运。虽然已有维多利亚·路易斯公主号此类休闲度假性质的船只出现，但绝大多数邮轮仍然是以邮件运输和旅客运输为主要目的。20世纪下半叶，迫于飞机带来的竞争压力，传统的轮船公司谋求转型，现代意义上的邮轮出现并得以蓬勃发展。

1. 飞机带来竞争压力

20世纪中叶，飞机开始投入横跨大西洋的商业服务，邮轮的转型期悄然来临。作为新型民用交通工具，飞机的飞行速度更快、成本更低，追求时间和效率的乘客纷纷转投飞机，空中客运市场份额呈现明显的上升趋势，尤其是1958年波音707飞机投入服务，更加使得传统的远洋客轮公司感到了巨大的压力。玛丽王后号邮轮经营成本越来越高，随着其1967年退役，远洋邮轮的辉煌盛世也逐渐远去。虽然冠达轮船公司在玛丽王后号邮轮退役之后又下水了新船伊丽莎白女王2号，但是昔日港口人群如织的盛况已不复存在。

据有关资料显示，20世纪60年代初期，每年往返于美欧大陆横跨大西洋客运轮船的客运量超过100万人次，70年代初期一度下降到每年25万人次左右。航运公司开始谋求新的商业模式，采取提供丰富的娱乐活动、美味可口的食物、优质完善的服务、温暖新奇的航线等方式吸引乘客，催生了海上客运向海上旅游的转型，专门以旅游为目的的邮轮逐渐增多。

2. 邮轮旅游逐渐兴起

20世纪八九十年代，美国电视连续剧《爱之船》在公主邮轮公司旗下的太平洋公主号邮轮上拍摄。这部电视剧的风靡，为邮轮旅游的发展起到了推波助澜的作用。以美国诺唯真邮轮公司、美国嘉年华邮轮公司等为代表的现代意义上的邮轮公司出现，传统的轮船公司也逐渐推出新型的邮轮旅游产品，市场呈现欣欣向荣的景象。

欧洲及北美是世界上最早进入邮轮旅游发展繁盛期的区域。这一时期，全球性邮轮公司不断投入新船，邮轮服务种类繁多，市场分割加剧，竞争趋于激烈。邮轮停靠的目的港不断增多，航线安排灵活多样，越来越多中等收入的乘客也开始成为邮轮旅游产品的消费者。

从严格意义上讲，"邮轮"已经变成名副其实的"游轮"，且早已是使用内燃机为动力的机动船（Motor Ship），船名前冠以"MS"缩写，但绝大多数人还是习惯于称之为邮轮。2008年，冠达邮轮公司旗下伊丽莎白女王2号邮轮在航行了40年之后正式退役，历史上最后一艘经典远洋客轮完成历史使命。而与之相对应，则是世界邮轮旅游市场的持续成长，宣告着一个更加伟大的邮轮时代的来临。

伊丽莎白女王2号

伊丽莎白女王2号是冠达轮船公司继玛丽王后号邮轮退役之后又下水的一条新船，接替玛丽王后号邮轮往返于横跨大西洋航线之上，同时也会周期性地开展环球旅行。邮轮长293.5米，宽32米，注册总吨位为70327吨，可容纳1892名乘客和1040名员工，最高航速可达34节。

伊丽莎白女王2号是历史上服役时间最长的远洋客轮。1969年5月2日，伊丽莎白女王2号邮轮下水；同年9月20日，英国女王伊丽莎白二世为其主持了命名典礼。2008年6月2日，女王最后一次亲临伊丽莎白女王2号进行访问，这是继命名仪式40余年之后的再次登船；同年11月27日，伊丽莎白女王2号正式从冠达舰队中退役。在伊丽莎白女王2号历时40年的海上漂泊中，其航行里程已经超过800万公里，相当于往返月球13次；完成了25次全球航行和800多次跨大西洋航行，共接待游客250万人次。2018年4月18日，传奇邮轮伊丽莎白女王2号成功改造为海上奢华酒店，在迪拜盛大开幕（图1-6）。

图 1-6　伊丽莎白女王 2 号邮轮停靠在迪拜

四、21 世纪的邮轮

进入 21 世纪，各种新型的、吨位更大的、技术更先进的邮轮陆续投入使用，这些邮轮不再是运输工具，也不会深入大海中央，只是沿着港口城市周边航行，这样便避免了风浪的危险。邮轮几乎每到港口都要停靠，保证了物资的充足，停靠的港口都是世界著名旅游目的地，岸上观光让游客的邮轮假期不感乏味。而更重要的是，今日的邮轮早已成为航行在海上的豪华酒店，乘坐邮轮出游成为最有诱惑力的旅行方式之一。在全球化中受益的国家变得更加富有，使不少人口具有更强的邮轮旅游休闲度假消费能力，每年都有成千上万的游客选择搭乘邮轮去旅行。持续增长意味着信心，更加促进了邮轮旅游产品的开发创新，积极宣传激发潜在邮轮市场人口产生更大的需求，邮轮旅游业界也在这种良性循环中受益。

在历史的进程中，各大航运公司不断兼并、重组以及转型，形成了以美国嘉年华邮轮集团、美国皇家加勒比邮轮公司、美国诺唯真邮轮公司、云顶香港有限公司、意大利地中海邮轮公司等为代表的邮轮运营商。这些邮轮公司瞄准特定市场，为其量身打造适合的产品和服务。邮轮公司更加重视自身的品牌建设，在游客全过程邮轮体验中增加提升品牌忠诚度的机会，无论是游客从邮轮手册中获得总体印象、第一次港口登船感受邮轮规模，还是在旅行途中享受各种极致愉悦的体验，各具特色的邮轮旅游产品与游客需求不断磨合，品牌认知度与顾客忠诚度不断提升。

2000 年，意大利歌诗达邮轮大西洋号下水，成为欧洲第一艘拥有阳台客舱的邮轮。大西洋号以精美绝伦的意大利设计和弥漫着艺术气息的装潢装饰，被业界誉为"艺术之船"。它的灵感源于意大利当代电影之父费德里科费里尼。独特的风格混合了巴洛克艺术与威尼斯的浪漫情怀，让游客时刻沉醉于这座名副其实的海上城邦之中。卡鲁索大剧院跨越三层甲板挑高，可容纳 1165 名观众，拥有红蓝相间的丝绒座椅，精美绝伦的马赛克花纹，独一无二的定制剧目，打造不同凡响的璀璨之夜。蝴蝶夫人酒吧以其漂亮的蝴蝶造型地毯加上舒适宽敞的舞台区域，成为"大西洋号先生评选""疯狂的帽子"等互动娱乐活动的常驻地。

2004 年，英国冠达邮轮玛丽王后 2 号下水，英国女王伊丽莎白二世在南安普顿为玛丽王后 2 号邮轮命名。玛丽王后 2 号邮轮引起了业界的高度关注，除了其高达 15 万吨的注册总吨位为其赢得当时世界最大邮轮的称号，其远洋邮轮的设计风格使其成为目前仅有的能够定义为远洋班轮的邮轮，标志着冠达邮轮公司的重新崛起。玛丽王后 2 号邮轮营造了浓郁的文化氛围，来自 128 个国家的艺术家受邀为其提供艺术品，总价值超过 500 万美元。船上设有以纽约与伦敦两大都市为主题的展厅与演讲厅，另有风格典雅的冬天花园以及海上天文馆等。玛丽王后2号邮轮也是目前全世界仅有的几艘能以"RMS"冠名的邮轮之一。

2009年，美国皇家加勒比邮轮海洋绿洲号下水，以22.5万吨的注册总吨位刷新了世界最大邮轮的记录。海洋绿洲号邮轮集冲浪公园、真冰溜冰场、悬臂式按摩泳池、攀岩墙、皇家大道等众多创新元素，首次将社区概念引入邮轮度假生活。中央公园、百达汇欢乐城、皇家大道、游泳池和运动区、水疗和健身中心、娱乐世界以及青少年活动区七大社区，让来自世界各地的游客体验不同的设计元素。海洋绿洲号大量应用电脑技术，网络电话系统可以定位船上的家庭成员，交互式电视屏幕可以帮助游客了解船上的娱乐活动和餐饮设施。2010年，海洋绿洲号的姐妹船海洋魅力号邮轮下水，注册总吨位22.5万吨；2016年，海洋和悦号邮轮下水，注册总吨位22.7万吨；2018年，海洋交响号邮轮下水，注册总吨位22.8万吨。至此，这四艘海上巨无霸构成美国皇家加勒比邮轮公司旗下的"绿洲"船系，成为业界在吨位上未能超越的海上绿洲。

近二百年时光流转，"邮轮"已经不再运送邮件与包裹，不再搭载乘客开展越洋航行，而是不断突破与创新，成为名副其实的"游轮"，依照惯例仍以"邮轮"称之。作为人们进行旅游活动的载体，现代意义上的邮轮成功带动现阶段全球邮轮旅游市场的发展以及高度繁荣。

皇家加勒比海洋交响号

海洋交响号（Symphony of the Seas）邮轮（图1-7）是美国皇家加勒比邮轮公司致力于建造新船推动行业创新的最新例证，2018年3月在位于法国圣纳泽尔的STX法国造船厂举行交付仪式，刷新世界上最大邮轮的纪录。

图1-7　皇家加勒比海洋交响号

海洋交响号注册总吨位22.8万吨，设有2759间客舱，可接待标准载客5518人。船上拥有全新美食体验，海鲜餐厅、运动酒吧和游艺场、墨西哥餐厅、糖果摊等汇聚各类美食；拥有全新娱乐项目，游客可以畅玩荧光激光射击游戏"Z行星之战"（Battle for Planet Z），还可以畅玩分秒必争的"逃离"（Escape the Rubicon）游戏；拥有极致家庭住宿体验，完美家庭套房宽敞舒适，房间里布满了令人惊喜的设计，包括一个室内滑梯，一间带85英寸高清电视的私人电影院，一整面乐高积木墙以及一个带乒乓球台和全尺寸漩涡浴缸的212平方英尺阳台。

在原有"绿洲"船系卓越设计之上，海洋交响号汇聚了七个不同特色的主题社区，带来了更多非凡家庭探索项目，将家庭度假提升到崭新的高度，拥有前所未有的能量和想象空间。

第二节　邮轮的分类

对于现代意义上邮轮的划分，业界常用的划分方法是按照邮轮的功能特点进行划分、按照邮轮的大小进行划分以及按照邮轮的档次进行划分。按照邮轮功能特点划分从更加广阔的范畴囊括了具有旅游度假意义的各类船舶，按照邮轮的大小以及档次划分则专指现代海上邮轮。

一、按照邮轮功能划分

按照邮轮功能特点进行划分，可将现代邮轮划分为海洋邮轮、近海游船和内河游船三种类型。此种分类方法考虑了近海游船和内河游船的旅游度假功能，故而在此将其与海洋邮轮加以区分。

（一）海洋邮轮

现代海洋邮轮由经典远洋邮轮演变而来。20世纪六七十年代以前，经典远洋邮轮用于越洋运送乘客与邮件，船体呈现优美的流线造型，具有较强的抗风浪能力，航行速度较快，适合在开阔的海洋上高速前进。20世纪六七十年代以后，经典远洋邮轮逐渐退出历史舞台，取而代之的是具有休闲度假特征的现代海洋邮轮。

海洋邮轮不再追求航行速度上的优越性，故而船体由狭长改为宽大方正，以利于构筑更加宽大的房间，打造更多的娱乐空间。海洋邮轮是移动的度假村，船上客舱、餐厅、酒吧、剧院等娱乐设施应有尽有，水、电、垃圾处理、卫星电话等设施一应俱全，可以满足游客海上生活和娱乐所需。海洋邮轮是无目的地的目的地，游客登船即可享受海上孤岛式的休闲娱乐活动，沿途岸上观光仅仅只是一种调剂。海洋邮轮是高科技的集合体，其高技术含量不亚于一般的飞机，卫星导航系统、环保系统、海水淡化系统、电子控制系统等代表着当今世界科技的前沿。海洋邮轮是高投资的建造物，一艘邮轮的建造花费可以高达十几亿美元。现代海洋邮轮作为旅游休闲度假活动的重要载体，搭载游客航行于世界上最美丽的海域。

（二）近海游船

近海游船严格意义上讲并不是邮轮，而是具有旅游功能、在近海海域开展近距离短时间乘船观光活动的游船。从外形上来看，近海游船类似于微缩版的海洋邮轮或是大号的游艇；从载客数量上来看，近海游船最多载客一般不超过200人；在内部构造上来看，近海游船也配备有客舱、餐厅、酒吧等场所设施；从航行路线上来看，近海游船一般不会横渡海洋，而是以最普通的方式绕圈行驶，起点和终点通常在同一港口，带领游客领略近海海域的海上风光。由于近海游船船体较小，且并不涉及国际航线，故而具有经营上的灵活性，既可以开展海上休闲观光游览，也可以开展特色游和探险游。在很多沿海城市，近海游船是城市旅游项目中非常重要的组成部分。

(三) 内河游船

内河游船亦被称为河轮，是航行于江、河、湖泊的游览性船舶。在国际旅游市场上，内河游船市场一直是兵家必争之地。以欧洲为例，多瑙河与莱茵河风光秀美，航行于此的内河游船为游客提供周到的管家服务、多种餐饮选择、健身和水疗中心、岸上景点观光，比海上邮轮更悠闲也更具文化的包容性，有时还能够提供更加高端的体验，因而深受各国游客的喜爱，成为当地经济和文化的重要组成部分。

全球内河游船品牌众多，知名度较高的是维京河轮（Viking River Cruises）和环球河轮（Uniworld River Cruises）。维京河轮是全球最大的内河游船公司，航线集中在欧洲，在亚洲、非洲等地也有航线。环球河轮亦屡获殊荣，在欧洲、亚洲等地提供精品内河航线。奢华邮轮品牌水晶邮轮于2016年也开始进军内河游船市场，旗下莫扎特号内河游船在2016年7月下水，可以搭载154名游客，船上拥有高科技设施以及世界最大的内河游船舱房，水晶套房的面积达到860平方英尺。在中国的长江，也分布着很多内河游船，为游客提供短途的内河游览服务，其中较为著名的是重庆交旅投资有限公司旗下的"长江黄金系列"内河游船。

长江黄金1号

长江黄金1号（图1-8）长136米，宽19.6米，总吨位为14000吨，载客355人，是重庆交旅投资有限公司旗下"长江黄金系列"内河游船中下水的第一艘，2011年5月在重庆首航。

长江黄金1号是世界内河上规模最大、最豪华的游船之一，拥有超大江景露台客房、行政客房、商业步行街、雪茄吧、网络会所、图书吧、儿童乐园、桑拿中心、中西医疗馆、水疗会馆、露天游泳池、模拟高尔夫、直升机停机坪、大型影剧院兼同声传译会议厅等各种商务娱乐休闲设施，并配有4部观光电梯。长江黄金1号在设计建造时参考了海洋邮轮的风格，开启了长江万吨级涉外豪华游船海洋化时代的新纪元，在航行中带领游客穿越世界上最壮美的长江三峡，去触摸大自然绚丽的风光和多姿的风情。

图1-8　长江黄金1号

如果单纯从旅游度假功能进行船舶家族巡礼，除海洋邮轮、近海游船和内河游船之外，还包括游艇、帆船等多种船舶类型。游艇素有海上行宫之称，诞生于300多年前的英国，集航海、运动、娱乐、休闲等功能于一体，可以开展观光、考察、探险等旅游活动。游艇可以分为多种类型，商务型游艇一般体量较大，装潢豪华；休闲型游艇大多为家庭购买，作为家庭度假使用；运动型游艇也称为快艇，速度较快，价格较低，在年轻人中比较有市场。而从游艇的特色来讲，意大利游艇豪华典雅，代表现代游艇的潮流；美国游艇体现个人品位，注重自我个性化设计；英国游艇具有浓郁的古典贵族气息。在全球范围内，有很多奢华游艇。知名游艇章鱼号，设有两块直升机停机坪、一个游泳池、一个棒球场、一所医院、一个车库和一个电影院，配备船员60余名，几乎具有小型邮轮的规模。

帆船曾在船舶发展史中占据重要地位，至今仍未退出历史舞台。在现代社会，驾驶帆船出海旅游，仍然受到很多人的青睐。帆船一般都部分或者全部依靠风力推动，有的也会利用电脑进行控制。为了安全起见，有些帆船装有马达，以备风停或应急之时使用。选择乘坐帆船的游客，追求的是一种返璞归真的体验，鼓起的风帆和大海的传奇色彩，就是航行的全部意义所在。在目前的邮轮市场中，风星邮轮（Windstar Cruises）经营着三艘电动邮轮，船上配有船帆，离港时优雅地展开，可以带领游客体验美妙而又浪漫的帆船旅行。

二、按照邮轮大小划分

一般而言，邮轮大小可以用船舶主尺度、吨位以及载客数量等指标进行衡量。

船舶主尺度。船舶主尺度包括总长、设计水线长度、垂线间长、最大船宽、型宽、型深、满载吃水等。对于邮轮而言，常用的主尺度技术指标包括船长（Length）、船宽（Beam）、水面高度（Height）、吃水深度（Draught）等。船长表示邮轮从船首（Fore）到船尾（Aft）的最大水平距离。船宽通常是邮轮最宽地方的尺寸。水面高度表示邮轮顶部至船体与水面相连处的垂直距离。吃水深度表示邮轮底部至船体与水面相连处的垂直距离。以船尾看向船头的视线方位，船的左侧称为船的左舷，船的右侧称为船的右舷。

船舶吨位。船舶吨位包括重量吨位和容积吨位两种类型。一是重量吨位。根据阿基米德原理，船体水线以下所排开水的重量，即为船舶的浮力，并且等于船舶的自重，称为船舶的排水量吨位（Displacement Tonnage）。船舶的自重，加上营运时装到船上的各种载核的重量的总和，就等于船的总重量，称为船舶的载重吨位。排水量吨位与载重吨位均为重量吨位。二是容积吨位。容积吨位不是涉及重量的术语，而是表示船舶内以及甲板上所有围蔽空间的容积总和。邮轮最常用的衡量指标是注册总吨位，即邮轮登记证书上所记载的容积。注册总吨位是业界划分邮轮大小的重要依据。

> 【资料卡片】 船舶吨位
>
> 1吨（重量吨位）=1000千克
>
> 1吨（容积吨位）=100立方英尺（约2.83立方米）

船舶载客数量。对于邮轮而言，其载客数量是指能够容纳的游客人数，但不包括船员和服务人员在内。除载客数量外，业界还会根据邮轮所拥有的客舱数量或床位数量来衡量邮轮接待能力的大小。

按照邮轮大小进行划分，可以将现代邮轮划分为小型邮轮、中型邮轮、大型邮轮和超大型邮轮四种类型。

（一）小型邮轮

注册总吨位小于2万吨，或者载客数量小于1000人的邮轮，通常被划分为小型邮轮。小型游轮可以使游客更靠近岸边和水面，穿过大型邮轮无法穿越的海峡，也可以逆流而上开展旅游活动。小型邮轮更加注重目的地的历史文化和自然风光等内容，尽管缺少丰富多彩的船上集体娱乐活动，但却能使游客更贴近自然景观，为其带来更为真实的航海感受。

（二）中型邮轮

注册总吨位在 2 万吨与 5 万吨之间，或者载客数量在 1000～2000 人之间的邮轮，通常被划分为中型邮轮。由于大型邮轮已经演变为漂浮在海上的度假村，因此选择搭乘中型邮轮，可以得到更加接近传统邮轮的体验。中型邮轮可以提供各式各样的娱乐设施，船上的装饰也很有特点。而且由于船舶吃水深度较小，可以驶入很多拥有历史沉淀和文化底蕴的老港观光。

（三）大型邮轮

注册总吨位在 5 万吨与 7 万吨之间，或者载客数量在 2000～3500 人之间的邮轮，通常被划分为大型邮轮。大型邮轮犹如水上移动的城市，一般配备有健身房等娱乐设施，并且提供各式各样的餐饮，夜晚通常有现场表演。大型邮轮因为吃水深度较大，必须航行于深水区域和无水上障碍物的航线，而无法驶入水深有限的水域或者需要通过桥梁的水域。

（四）超大型邮轮

注册总吨位在 7 万吨以上，或者载客数量超过 3500 人的邮轮，通常被划分为超大型邮轮。随着科学技术的不断进步，船舶可以获得极好的操纵性，越来越多的邮轮建造商都把焦点集中在大型化上，邮轮的注册总吨位以及载客数量不断被刷新。大型邮轮能够提供更多的娱乐活动，能够给游客带来超凡的体验，已经成为未来邮轮发展的重要趋势。

三、按照邮轮档次划分

按照邮轮的档次进行划分，可将现代邮轮划分为奢华型、高级型、现代型、经济型和专业型五种类型。此种分类方法依据国际邮轮协会 2005 年拟定的邮轮等级评定标准进行。

（一）奢华型邮轮

虽然海洋邮轮通常都会用"奢华"一词来形容，但是真正奢华型邮轮仍然在品牌定位、设施设备以及服务质量等方面具有绝对的优势。目前，银海邮轮、世鹏邮轮、水晶邮轮、丽晶七海邮轮、赫伯罗特邮轮等品牌仍然被公认为真正奢华邮轮品牌的代表。

在船舶吨位上，奢华型邮轮通常吨位不大，容纳的游客数量相对较少。

在内部设施上，奢华型邮轮设备十分豪华，设施十分完善，其住宿空间以及公共空间都经过精选设计，配备贴身管家服务的尊享套房占有绝对高的比例。意大利银海邮轮旗下的银影号、银风号等邮轮均为全套房型邮轮。丽晶七海邮轮上随处可见鲜花布置，如图 1-9 所示。

图 1-9　丽晶七海邮轮上随处可见鲜花布置

在用餐选择上，奢华型邮轮让游客拥有世界一流的美食与美酒，丽晶七海邮轮在其最新船只上配备了开放式厨房。

在活动安排上，奢华型邮轮更加强调其格调与氛围，水晶邮轮为游客打造语言教学、音乐类、摄影类课程，世鹏邮轮扩展其船只上的水疗中心和健身中心。

在航线设计上，奢华型邮轮的航线多样化且富有情调，让游客获得深入而又独特的体验。

在服务质量上，奢华型邮轮提供殷勤服务，专注于对游客的个性化呵护，一些奢华邮轮品牌以"六星级"服务来标榜其高端的服务品质。

在价格水平上，奢华型邮轮一直以来坚持维护其昂贵的票价，但同时也为游客缔造"一价全包式"的便利，水疗按摩池、雪茄吧、美食等皆包含在船票之内，一些邮轮还为游客免费提供皮划艇、浮潜装备、登山杖和手杖等。

"空间比率"与"游客员工比"这两个指标常常用来对奢华型邮轮进行评定。

空间比率。空间比率等于邮轮的注册总吨位除以载客数量，用以表示邮轮上人均拥有的自由伸展空间。空间比率越高，游客越能感受到邮轮的宽敞。一般而言，邮轮空间比率越高，其航线产品的日平均价格也就越高。常见邮轮的空间比率数值一般在20～40之间，奢华型邮轮的空间比率可以高达60～70，游客感知到的个人空间非常宽敞舒适。

游客员工比。游客员工比等于邮轮的载客数量除以员工数量。现代海上邮轮常以较低的游客员工比闻名于世，区别于其他邮轮3∶1或是2∶1的游客员工比，奢华型邮轮的游客员工比几乎可以达到1∶1。

（二）高级型邮轮

高级型邮轮提供卓越的设施、精致的美食、高端的服务与完美的行程，包含很多带有阳台的客舱，通过多种多样的娱乐活动对各年龄段的顾客群形成多样化的吸引。高级型邮轮的空间比率以及游客员工比略次于奢华型邮轮，但高于业界平均水准。冠达邮轮、精钻会邮轮旗下船只等均为高级型邮轮的典范，但又各具自身特色。冠达邮轮为游客提供尊享的英国皇家贵族式服务，游客有很多机会在正式晚宴上盛装打扮。精钻会邮轮则在目的地上更加用心，游客不仅可以在船上享受异彩纷呈的活动，更可以在目的地港口停留更长时间，以沉浸于当地的文化与生活之中。高级型邮轮的产品定价较高，但低于奢华型邮轮。游客搭乘奢华型邮轮，在获得优越感的同时，也必然会感觉物超所值。

（三）现代型邮轮

现代型邮轮是邮轮旅游市场上的主流，为游客提供多样化、大众化的邮轮旅游产品。从邮轮大小上来看，现代型邮轮从几万吨、十几万吨到二十几万吨不等。住宿体验多种多样，内舱房、海景房、套房应有尽有。餐饮选择多种多样，既有免费餐饮选择，又有收费特色餐厅。娱乐活动多种多样，剧院、赌场、免税商店、青少年活动中心应有尽有。健身项目多种多样，轮滑、溜冰、冲浪、攀岩、高尔夫、篮球等均可以在现代型邮轮上找到。邮轮航线多种多样，但并不求新求异，符合大众市场的普遍需求。现代型邮轮总体气氛相对比较轻松，皇家加勒比邮轮、歌诗达邮轮等均为现代型邮轮的代表。值得注意的是，这种划分并不是绝对的，很多现代型邮轮品牌也会向提供高端型邮轮旅游产品而努力。

（四）经济型邮轮

在邮轮旅游市场中，还有一些运营时间较长或者经过翻新的船只，这类邮轮通常被归类为经济型邮轮。在邮轮发展的历史上，有很多著名的邮轮运营时间将近半个世纪，但目前邮轮市场上投放的船只大多船龄较小，船龄高于20年的邮轮不及邮轮总量的四分之一，而且载客数量较少，邮轮船队正呈现年轻化的扩张趋势。经济型邮轮运营时间较长，设计比较经典老旧，虽然在船体大小以及设施设备上略逊于其他邮轮，但同样为游客提供多样的航线、丰富的船上活动以及细心周到的服务，且邮轮航次价格低廉，比较适合缺乏邮轮旅游经历、追求较高性价比的初次邮轮旅游者。在我国邮轮旅游产业发展初期，本土邮轮公司购置国外邮轮，经翻新改造后在中国母港开设航线，多半属于经济型邮轮之列。

【资料卡片】中华人民共和国海船船龄标准

船舶类别	购置、光租外国籍船船龄	特别定期检验船龄	强制报废船龄
一类船舶（高速客船）	10年以下	18年以上	25年以上
二类船舶（客滚船、客货船、客渡船、客货渡船、旅游船、客船）	10年以下	24年以上	30年以上

备注：本标准适用于拥有中华人民共和国国籍，从事水路运输的海船。
资料来源：交通运输部关于修改《老旧运输船舶管理规定》的决定（中华人民共和国交通运输部令2017年第16号）

（五）专业型邮轮

专业型邮轮在文化诠释、科学考察和轻度探险等方面独具特色，比较适合有经验的邮轮旅游者。起源于挪威的海达路德邮轮于2003年开辟南极航线、2007年开辟北极航线，由破冰船级邮轮承运。专业破冰船船体结构坚固，纵向短，横向宽，钢板厚于一般船舶，遇冰层时将翘起的船头部分"爬"上冰面，靠船头部分的重量把冰压碎；或者先倒退一段距离，然后开足马力冲上冰层，把船下的冰层压碎，如此反复，就开出了新的航道。海达路德破冰船级邮轮虽区别于专业破冰船，但同样适应极地恶劣的航行环境，载客人数较少，配备专业登陆艇和探险队，为游客提供稀有的南极登陆机会；虽没有商业性的娱乐设施，舱房也略显狭小，却拥有资料丰富的极地图书馆，亦有极地科学家为游客提供各种各样的极地知识讲解和答疑。

前进号（Fram）

1893~1912年的近20年间，前进号（Fram）驰骋于南北极海域，先后为弗里乔夫·南森、奥托·斯韦德鲁普、奥斯卡·威斯汀、罗尔德·阿蒙森等众多极地探险家冲锋陷阵。

19世纪末，挪威造船师柯林·阿切尔（Colin Archer）为北极探险先驱弗里乔夫·南森特别设计建造了一艘三桅帆船——Fram号（挪威语意为"前进"）。38.9米长、10.36米宽的船体显得异常短粗，这种与众不同的造型能够有效抵御浮冰的挤压，船舵和螺旋桨也能收回到船内。船上还配有一台为照明提供电力的风力发电机，加之船舱良好的隔热处理，使船员可以在船上生活长达5年之久。总之，这都是为了实现南森将船冻结在北极浮冰中，并随洋流漂向北极点的探险计划。

尽管洋流没能将南森带到北极点，但在长达3年的探险历程中，首次出征的前进号经受住了种种考验且平安返航，其卓越的极地海域航行能力有目共睹，得到了此后众多探险家们的青睐。在1910~1912年人类首次抵达南极点的伟大探险竞赛中，前进号是罗尔德·阿蒙森登陆南极大陆的得力座驾，并最终载着胜利者们凯旋。她在南北两极创造了比任何其他木质船都更接近极点的记录：北纬85°57′和南纬78°41′。

1935年，前进号博物馆在挪威首都奥斯陆建成，这艘满载荣誉的探索之船得到了妥善保护，接受众人的瞻仰直至今天。而她的探索精神，正在2007年建成的第二代前进号上延续着，依旧驰骋于南北极的狂风、巨浪与坚冰之中（图1-10）。

图1-10　初代前进号与新一代前进号

第三节　邮轮的设施

对于现代海上邮轮而言，船体内部空间的合理规划与有效利用至关重要。作为漂浮在海上的旅游目的地，邮轮需要在有限的空间里布置宽敞舒适、风格典雅的客舱，还需要安排足够的餐饮、娱乐活动区域与设施，让游客享有轻松欢快的海上假期，另外还要符合各项安全航行规范与要求，做好船员工作区域和生活区域的规划布局与设施配备。

一、邮轮客舱设施

在邮轮船体的内部空间中，客舱占据了非常大的比例，用以满足游客住宿这一最基本的需要。虽然现代邮轮在发展进程中，拓展了越来越多的娱乐活动项目，公共空间区域所占的比重有逐渐增大的趋势，但是客舱仍旧在邮轮空间中扮演了举足轻重的角色。

（一）邮轮客舱的类型

在现代海洋邮轮中，客舱一般分为内舱房（Inside Stateroom）、舷窗海景房（Oceanview Stateroom）、阳台海景房（Oceanview Stateroom with Balcony）与套房（Suite）四种类型。游客搭乘邮轮出游，可以根据自己的喜好、预算和人数来选择适合的房型。

1. 内舱房

由于邮轮船体结构的限制，并不是每一间客舱都能够看到大海。内舱房（Inside Stateroom）位于邮轮客舱甲板的内侧，类似于酒店的标准间或大床房，是邮轮上较为常见的一种房型。

绝大多数邮轮上的内舱房没有窗户，故而会通过灯光、壁纸、镜子或者装饰性窗户来使空间显得更加开阔明亮，以弥补自然采光的不足。房间内生活设施一应俱全，而且配备有空调和换气系统，以保证室内的空气流通和游客入住的舒适度。

在现代型邮轮以及经济型邮轮中，内舱房占有较大比重。内舱房遮光和隔音效果好，性价比高，适合追求相对经济的航次价格的邮轮游客，不希望海上充足的光线对睡眠产生打扰的游客，或者更加注重船上娱乐活动而较少在客舱停留的游客。

内舱房的面积一般在15～20平方米，可以容纳2名客人。家庭型内舱房设有可折叠的上铺床位或者沙发床位，可以容纳3～4名客人（图1-11）。

图 1-11　海洋航行者号内舱房

　　为了让入住游客有更好的住宿体验，一些邮轮公司会采取创新手段对内舱房进行改进。美国皇家加勒比邮轮公司旗下船只吨位较大，绝大多数船只的中部空间设有"皇家大道"。利用这样一种特殊的船体结构设计，内舱房也可以拥有较为宽大的玻璃窗。游客透过这种"皇家大道景观房"的窗户，可以欣赏到在皇家大道上悠闲散步的人群以及船方组织的精彩表演（图 1-12）。在皇家加勒比邮轮公司"量子系列"船系的邮轮上，内舱房设有虚拟阳台，游客入住内舱房也可以通过虚拟阳台的大屏幕看到实时海景。与此类似，美国迪士尼邮轮也创新性地在部分内舱房安装了"魔法舷窗"，通过一个像真正舷窗一样的电子屏幕为游客展现真实海景。

图 1-12　海洋航行者号皇家大道景观房窗户

2. 舷窗海景房

　　与内舱房相对应，舷窗海景房（Oceanview Stateroom）位于邮轮客舱甲板的外侧，房间在临海一侧设有舷窗，游客可以透过舷窗观赏到浩瀚大海上的美丽景致。舷窗海景房也是邮轮上较为常见的一种房型。

　　舷窗海景房的窗户是封闭式的，不能够打开。在早期的邮轮上，为了保证窗户具有较好的水密性和抗压性，一般采取圆形的面积较小的舷窗。而随着造船技术的发展，现在的邮轮海景房已经可以设置更加宽大的窗户，观赏海景的视野更加开阔，采光性也会更好。舷窗海景房同样配备换气系统以保证房间内空气清新。

　　对于希望可以每天在晨光中醒来、随时欣赏海景的游客而言，舷窗海景房是性价比较高的绝佳选择。但是由于邮轮两侧悬挂救生艇等原因，极个别的舷窗海景房的窗外视线会受到部分遮挡，故而此类客舱的价格也会相对便宜，游客在预定时也会被提前告知。

舷窗海景房的面积一般也在15～20平方米，可以容纳2名客人。家庭型海景房设有可折叠的上铺床位或者沙发床位，可以容纳3～4名客人（图1-13）。

图1-13　海洋航行者号舷窗海景房

3. 阳台海景房

阳台海景房（Oceanview Stateroom with Balcony）同样位于邮轮客舱甲板的外侧，房间在临海一侧设有落地玻璃移门，通往3～5平方米不等的专属观景阳台，游客可以在私人甲板上观赏海上景致，从而避免在公共甲板上观景时的拥挤。

阳台海景房的面积在20平方米以上，一般可以容纳2名客人，在高级型邮轮的客舱中较为常见。享誉全球的玛丽王后2号（RMS Queen Mary 2）邮轮在建造之时，为了保证在横跨大西洋航线的远洋型邮轮上也能拥有更多的阳台海景房，特意增加了船体的宽度，以至于邮轮不能够通过巴拿马运河。阳台海景房楼层位置较好，既可以远离发动机的噪声，又可以远离甲板的嘈杂。游客可以在晨曦微露的早晨在阳台享用早餐，在阳光充裕的下午在阳台自在悠闲地看书，在海风轻拂的夜晚在阳台欣赏繁星点点的天空。阳台海景房适合追求较高邮轮生活品质的游客，价格也高于内舱房和舷窗海景房（图1-14）。

图1-14　海洋航行者号阳台海景房

4. 套房

套房（Suite）是邮轮上所有客舱中最为尊贵的房型。套房的面积很大，设施非常齐全，功能分区也更加清晰。套房的面积不可一概而论，即便是在同一艘邮轮上，套房也有多种类型，比如皇家加勒比邮轮旗下的"海洋神话"号邮轮，有26平方米的标准套房、58平方米的家庭套房，还有113平方米的皇家套房。

套房意味着专属和品质，较五星级酒店的豪华套房有过之而无不及。世鹏邮轮旗下奥德赛号邮轮设有面积约为110平方米的豪华冬日花园套房，配备有两间卧室、三个卫生间、三个衣橱、两个吧台、两个阳台以及可以同时容纳六人用餐的专属餐厅。皇家加勒比邮轮旗下海洋量子号邮轮设有面积约为 148 平方米的皇家阁楼套房，可以容纳六人同时入住，一层设有餐厅、多媒体室、浴室和沙发床等，二层设有主卧、浴室和独立淋浴间等，三个阳台分别位于两层甲板之上，两层高的落地窗让人在房间的任何角落都不会错过大海的绝佳美景。冠达邮轮旗下伊丽莎白女王号邮轮上的皇后套房，更是将奢华体验发挥到极致，弧形楼梯连接上下两层，配备有细致周到的管家服务。顶级奢华邮轮品牌银海邮轮更是打造全套房型的邮轮，为入住客人提供专属的、个性化的、定制化的高端服务。

（二）邮轮客舱的布置

为了提升邮轮游客在客舱入住的舒适体验，现代邮轮的客舱都会经过精心装饰设计和合理区域划分，以实现空间的合理利用、装饰的温馨典雅以及设施的便利完善。

1. 客舱空间设施

游客在客舱入住，一般会有睡眠、盥洗、储存、书写和起居等方面的需求。因此，邮轮客舱在功能分区上也会相应地划分出五大基本功能区域。

（1）睡眠空间。睡眠空间是客舱中最基本的区域，主要家具是床。在除套房以外的其他房型中，客舱一般设有两张单人床或者一张大床。两张单人床可以单独使用，亦可根据游客要求合并为一张大床。邮轮公司在进行邮轮上客床及床品的设计时，不仅注重其优美的造型和典雅的色调，更加注重床的舒适度，以保证游客拥有舒适的睡眠。公主邮轮盛世公主号为游客打造专属的"奢享睡床"；精致邮轮水映号客舱配备带有助眠系统的床垫，床铺带有按摩和上升功能，可以让游客得到充分的放松和休息。床的两边设有床头柜，供游客摆放一些小的物品。床头柜上通常放置电话机等。灯光调节开关亦在床头游客触手可及的地方。

（2）盥洗空间。卫生间是游客的盥洗空间，配备有浴缸等主要的卫生设备。卫生间有通风换气装置，地面有漏水的地漏。一些邮轮公司出于海洋环境保护的考虑，会提示游客自带洗漱用品，也会在客人的要求下为客人临时提供。一些高端或奢华型的邮轮公司会为游客准备浴袍以及洗漱用品，根据邮轮品牌的档次高低不同，配备洗漱用品档次的高低亦有不同。盥洗空间还有吹风机等物品配备。

（3）储存空间。储存空间是供游客存放私人物品以及小件行李的地方。在常见的内舱房、舷窗海景房以及阳台海景房中，储存空间的设施一般为壁橱，设置在入门处的过道旁，也可以设置在客舱的其他位置。壁橱的高度和宽度都有一定的要求，随着壁橱门的开合内置的照明灯相应地亮灭。储存空间的壁橱内一般设有保险箱，便于游客存放贵重物品。还有一些邮轮的储存空间内放置有小冰箱或小酒柜，为游客提供付费酒水或饮料等。

（4）书写空间。书写空间是供游客书写阅读以及办公的地方，一般沿客舱的墙壁摆放一组柜台，皆可以作为写字台，亦可以作为梳妆台，同时配备靠背椅或梳妆凳。在写字台或梳妆台面对的墙面上，一些邮轮会安装梳妆镜，这样既改善了客舱空间的整体视觉效果，又增加了客舱的方便性、实用性和舒适性。

（5）起居区域。起居空间会放置电视、沙发、茶几和休闲椅，供游客会客或者休息使用。客人可以在起居空间会客、饮茶、观看电视等。内舱房、舷窗海景房、阳台海景房的起居区域较小，套房的起居空间是非常开阔明亮的区域，通常配备有钢琴、吧台等休闲设施，有水果、插花、小点心、巧克力、香槟酒等赠送。

客舱空间设施是构成客舱使用价值的重要组成部分，目前客舱空间设施的变化趋势主要体现在人本化、家居化、智能化和安全化等几个方面，逐渐向更高水平发展。

2. 客舱装饰布置

客舱的装饰风格可以体现邮轮的品牌特色以及档次高低，对客人的住宿体验产生直观的影响。不同的邮轮公司在进行客舱装饰时，会充分考虑配色方案、艺术品摆放、灯光调节、床上用品质地、地毯工艺、地板光泽等，通过恰当的布置与色彩选用来达到客舱的整体和谐效果，尽可能给游客创造温馨舒适的环境。水晶邮轮尚宁号顶层露台套房的墙体和家具都是由深棕色实木打造，地上铺着厚实绵软的地毯，窗帘华丽垂顺，大理石台面光洁明亮，整间客舱是优雅温润而又舒适的色调。地中海邮轮抒情号的客舱装饰独树一帜、很有情调，大胆使用了红色、绿色等颜色风格，在明亮的光线下显出盎然活力。

【行业聚焦】

"公主奢享睡床"是美国公主邮轮2016年推出的全新设计，致力于为游客打造极致舒适的海上睡眠。这款"奢享睡床"是公主邮轮与拥有"睡眠博士"美誉的临床心理学家迈克尔·布鲁斯（Michael Breus）博士以及广受好评的设计师坎迪丝·奥尔森（Candice Olson）共同设计打造。考虑到游客的全面健康需求，"公主奢享睡床"将睡眠科学知识与最新的舒适科技相结合，通过最优质的床垫让游客体验到真正的放松。目前，公主邮轮推出超过44000张全新"公主奢享睡床"，并于2018年遍及公主邮轮旗下船队所有舱房。

"公主奢享睡床"的特色床品元素包括：

豪华床垫——两英寸高的枕头带来极度的舒适，而九英寸单面中等硬度床垫则提供了有效的支撑；

独立包裹线圈——减少睡眠平面的摆动和运动转移，从而减轻来自于伴侣的睡眠干扰；

纬编亚麻床垫面料——能对所有的睡眠姿势提供有效的支撑，贴合游客的身体以带来更为舒适的体验和更深度的睡眠；

电动调节弹簧——无论是何种体型，电动调节弹簧都能提供有效的支撑；

发泡棉床套——提供更多边缘处的支撑并增加可用的睡眠面积；

精致床单——以顶级的长绒棉为原料，在提花织布机上织成的高品质床品；

欧式羽绒被——采用低过敏性连续长丝纤维和100%纯聚酯材料，能够在保暖的同时最大限度地提供蓬松舒适感；

特大号羽绒枕头——提供豪华枕头供游客选择（内含羽绒填充物或非过敏性超细纤维）。

二、邮轮公共区域设施

现代邮轮最突出的特点就是客舱空间占据绝对主导地位的弱化。在邮轮航行途中，游客更多前往公共区域活动，享受惬意的海上假期。在邮轮的公共区域，主要包括宾客服务区、餐饮活动区以及休闲娱乐区三种承载不同功能的区域。

（一）宾客服务区

邮轮公共区域中的宾客服务区一般位于船的中庭，其功能主要类似于酒店的前厅。宾客服务区是游客在邮轮假期中的必经之处和各类咨询活动汇集场所，故而要求设计合理、功能齐全、环境优雅。

邮轮宾客服务区包括前台、岸上观光咨询台、未来航程销售中心、休憩区等。前台，也叫做总服务台，是为游客提供综合服务的场所。岸上观光咨询台一般设在前台的旁边，供游客咨询并预定岸上观光行程。在新型的邮轮上，会在前台和岸上观光咨询台旁边设置台式电脑或平板电脑等电子查询与预定设备。未来航程销售中心设在离前台不远的地方，在一些邮轮上也可能设在另外的甲板楼层，主要为游客提供会员服务以及帮助游客以较优惠的价格预定下一次邮轮旅行。宾客服务区会设有游客休憩区域，配备有相应数量的沙发座椅和配套茶几，在人流频繁的中庭空间中构筑一个隔而不断、宁静舒适的小环境。宾客服务区还会有齐备的电话、邮筒、取款机等公用设施。

宾客服务区的布局、光线、色彩以及气氛都是不容忽视的内容。宾客服务区的布局将满足对客服务功能需要和创造具备艺术效果的环境氛围相结合，通常具备合理的区划和布置。一些邮轮上的宾客服务区会采纳一定数量的自然光线，显得豁达明亮；另有一些邮轮的宾客服务区不具备自然光线，但是会配备不同类型的灯光，在保证良好光照效果的同时，还能起到非常重要的装饰效果。在色彩方面，既有以暖色调烘托奢华以及富丽堂皇效果的装饰设计，亦有以冷色调烘托宁静平和悠远心境的装饰设计，但绝大多数邮轮以暖色调设计为主。气味和声音也是影响宾客服务区整体气氛的重要因素，良好的嗅觉记忆是游客对邮轮产生良好印象的增值项，而轻松动听的背景音乐亦能减少噪声对游客的影响。

宾客服务区设计通常能够体现邮轮公司的品牌特色，不仅能够给游客带来赏心悦目的感受，还能够增加邮轮的品牌价值和竞争优势。美国皇家加勒比邮轮公司海洋航行者号邮轮客服中心位于第5层甲板，与皇家大道步行街相连通，旁边就是香槟吧、珠宝店、烟酒店、冰淇淋屋等，另有贯通数层甲板的观光电梯直抵船的顶部，无论是横向还是纵向都有延展感，空间显得大而开阔（图1-15）。意大利歌诗达邮轮公司赛琳娜号邮轮以罗马神话作为邮轮装饰设计的主题，邮轮前台位于船舶中庭第3层甲板的"万神殿大堂"。"万神殿大堂"的设计灵感来自于罗马万神殿，上部采取跨越10层甲板的露天穹顶设计，从天空散射出柔和而静谧的光芒，罗马神话中的众神身着华服，踏着朵朵白云从天而降，俯视并保佑着整艘邮轮。

图1-15　海洋航行者号皇家大道

（二）餐饮活动区

餐饮活动区是邮轮公共区域非常重要的组成部分。邮轮上通常有主餐厅、特色餐厅、自助餐厅、小吃店、酒吧、咖啡厅等多种餐饮场所，俨然已经成为美食集中地。在早期的邮轮上，游客用餐采取编桌入席制，有相对固定的就餐安排和座位安排，其后逐渐有一些邮轮采取自由坐席制，游客不被指定专门的就餐场所，而是根据喜好自由选择。

邮轮上的主餐厅是能够同时容纳较多游客同时用餐的规模较大的餐厅，为游客提供免费的正餐选择。邮轮上一般设有多个主餐厅，少则1~3个，多则4~5个。在一些邮轮上，不同的主餐厅之间可以相互连通，共同跨越2~3层甲板，以显得空间开阔、恢弘气派。海洋航行者号邮轮位于3层甲板的卡门主餐厅、4层甲板的波西米亚人主餐厅和5层甲板的魔笛主餐厅相互连通，以三层欧式歌剧院为主体设计，装饰奢华中透着优雅，另有现场乐队演奏，美味与艺术辉映出别样的韵味。在另一些邮轮上，主餐厅相对集中但相互独立，各自迥异的风格为游客带来更多样化的美食体验。海洋量子号邮轮拥有五家免费主餐厅，3层甲板有相邻的充满高贵典雅的欧式风格、每晚都是正装之夜的格蓝迪主餐厅和将现代美食展现得登峰造极的奇客主餐厅，4层甲板有提供正宗美国公路旅行餐的爱肯烧烤主餐厅和具有泛亚风味的丝绸之路主餐厅，在较高层甲板另有为套房游客和高端会员提供专享用餐服务的海岸厨房主餐厅。

邮轮上的特色餐厅一般收取相应的定位费用或者菜品费用，为游客提供从平价到奢侈的不同就餐选择。特色餐厅的规模一般较主餐厅要小，但是在菜品上更具独特的魅力。邮轮上的自助餐厅并不限定严格的就餐时间，游客可以享用更加随意的用餐方式。各类小吃店琳琅满目，在邮轮上有更加广泛的位置分布，比如日光浴场旁边、运动场旁边等，为游客提供蛋糕、比萨、热狗之类的小吃和各类饮品。酒吧和咖啡厅是重要的娱乐和社交场所，供游客在正餐之余消遣之用。

（三）休闲娱乐区

邮轮上的休闲娱乐区域提供满足不同层次游客休闲娱乐喜好的设施设备。现代邮轮提供的休闲娱乐活动种类很多，故而休闲娱乐区在邮轮上所占的比重也在增加。常见的休闲娱乐区包括文化类、休闲类、娱乐类、运动类、儿童类等休闲娱乐活动场所。

1. 文化类场所

邮轮旅游起源于传统的贵族休闲文化，故而有一定数量的休闲娱乐活动体现出较为明显的文化特征。几乎所有的现代邮轮都会有剧院、图书馆等此类场所，另有一些邮轮还有音乐厅、天文馆等更具特色的文化休闲娱乐空间。

（1）剧院。邮轮上的剧院拥有世界上最先进的设施，典雅、现代、华丽、新颖的装饰与顶尖科技相结合，足以满足各类演出活动的要求。邮轮在每一个航次都会精心编排剧院上演的各类表演节目，以保证在这一航次中节目的新颖有趣。无论是优美的舞台音乐剧、变幻莫测的魔术表演还是高难度的杂技表演，都会给游客带来梦幻的体验。一些邮轮在剧院特别举行明星嘉宾秀，无论是歌唱家、舞蹈家还是魔术、杂技表演者都是在其领域各有建树的杰出艺人。

（2）音乐厅。音乐厅有现场音乐表演，高水准的表演乐队以及专业化的音响设备足以令游客惊叹音乐的美妙。音乐厅在白天会提供舞蹈一类的课程，在晚上开展精彩的音乐主题夜活动。

（3）电影院。电影院可以看到精彩的大片以及较新的电影信息，甚至还可以实现海上电影院与陆地电影院同步进行电影首映。一些邮轮没有独立的电影院，而是在剧院进行电影放映，另有一些邮轮有容纳人数远少于剧院的独立电影院。

（4）图书室。邮轮上配备有图书室，虽然图书的数量并不是太多，但足以供邮轮游客阅读之用。图书室设有数独、趣味答题等游戏，增添游客旅途乐趣。

(5) 会议室。邮轮上配备有多个会议室，可以供一些商旅型、会议型游客在船上开会研讨之用。会议室可以根据参会人数进行灵活的安排与布置，同时有专业的视听设备提供。

(6) 画廊。邮轮上的画廊会展示一些著名的画作，以供游客在闲暇时欣赏。画廊不定期会举行一些名画的拍卖活动，游客在海上游览之余还可以将优秀的艺术作品收入囊中。

(7) 照片廊。邮轮上的摄影师会在船上用相机捕捉游客的快乐精彩瞬间，所有拍摄的照片都会冲印出来陈列在照片廊，游客若有喜欢的照片也可以购买。更加现代化的邮轮上已经不再直接将照片冲印，而是放在数码设备中供游客寻找并冲印购买。照片廊会有专业的摄影师与游客交流摄影技巧，也会有不同档次的摄影器材出售。

(8) 天文馆。并不是每一艘邮轮都有天文馆，冠达邮轮旗下的玛丽王后2号邮轮最大的特色是其浓郁的文化氛围，船上拥有第一家海上天文馆，以供游客了解人类探索太空的成果，教科书般地诠释了真正的星辰大海。

(9) 教堂。基督宗教是欧洲人生活中重要的组成部分，故而在一些欧美邮轮上还设有教堂，以供游客和船员信仰活动之用。教堂还可以为乘船游客举行西式婚礼，让游客体验到海上婚礼的浪漫与诗意。

2. 休闲类场所

游客在海上假期中的闲暇时光，可以享受与陆地上一样的逛街购物、美容保健等休闲活动。邮轮上常见的休闲场所有购物商店、水疗中心、美容美发沙龙等。

(1) 购物商店。邮轮上的购物商店也是游客云集的地方，在邮轮空间布置中占据重要的位置。购物商店的商品琳琅满目，包括各类旅行纪念品和免税商品。免税商店为游客带来很多购物便利与乐趣，不仅可以买到很多国际品牌限量款产品，还可以获得低价保障、卓越品质服务，同时畅享免税优惠。一些邮轮会设立由各式商店构成的观光型商业街，以供游客购物消遣。

(2) 水疗中心。邮轮上设有水疗中心，具有全天保持温水状态的按摩池，除了为游客提供系列水疗服务项目，还开设按摩技术和水疗课程，丰富游客的海上生活。

(3) 美容美发沙龙。邮轮上的美容美发沙龙为游客提供美容、美发等系列服务项目，同时还会有专业品牌的美容、美发产品出售。

3. 娱乐类场所

邮轮上的娱乐类活动有很多，游客的参与度也很高。邮轮上常见的娱乐场所有棋牌室、夜总会、网吧、游戏厅等。

(1) 棋牌室。邮轮上设有棋牌室，为游客提供扑克牌、国际象棋等游戏。部分在中国母港运营的国际邮轮棋牌室还增设了中国象棋、围棋以及中国麻将等游戏项目。

(2) 夜总会。邮轮上设有迪斯科舞厅，供游客享受动感的音乐之夜。

(3) 网吧。邮轮上设有网吧，游客可以上网冲浪，但是需要支付一定的网络费用。

(4) 游戏厅。一些邮轮会在船上开辟一处电子游戏机中心，供儿童乃至成人娱乐之用。随着信息技术的发展，另有一些邮轮进行了充满科技感的娱乐创新，诺唯真喜悦号邮轮全新打造的银河展馆是一个前所未有的虚拟游戏世界，游客可以在尖端的赛车模拟装置上感受速度与激情，可以驾驶飞行器飞越遥远星系与黑暗势力来场惊心动魄的较量，还可以在3D动画交互式媒体墙上欣赏栩栩如生的美妙画面。

4. 运动类场所

运动健身是邮轮上休闲娱乐活动项目中非常重要的组成部分，运动空间在邮轮公共区域中占据较大的比重，一般分布在邮轮的露天甲板和上层甲板。邮轮上常见的运动类场所包括游泳池、水滑道、篮球场、迷你高尔夫球场等。

（1）游泳池。游泳池是邮轮上较为传统的运动类场所，几乎所有的邮轮都建有一个或多个游泳池。游泳池一般全天候开放，有露天泳池和室内泳池之分。在一些邮轮上，会使用玻璃天窗将露天泳池遮蔽，根据气温的变化将玻璃天窗关闭或开启。露天泳池池畔甲板上有许多躺椅，游客可以尽享阳光小憩，是绝佳的户外休闲场所。

（2）水滑道。一些邮轮上设有水滑道，给游客带来很多欢乐体验。美国迪士尼邮轮公司在旗下船只中引入了很多迪士尼主题乐园游乐项目，邮轮上的水上过山车堪称经典。

（3）篮球场。一些邮轮上设有标准尺寸的海上篮球场，除了供游客进行篮球活动，还会不定期举办篮球友谊赛。篮球场可以在露天甲板，也可以是室内场地。海洋量子号邮轮创新性地开创了海上多功能运动馆，跨越两层的室内运动馆可以在一天之内变换为篮球场、溜冰场或碰碰车三种不同的场地，四周还布置了一些乒乓球、桌上冰球等体育娱乐设施。

（4）迷你高尔夫球场。一些邮轮的顶层甲板会开辟出一处小型的高尔夫球场，游客可以在邮轮旅游中伴着阳光和海风享受高尔夫球的推杆练习。

（5）攀岩墙。一些邮轮上设有攀岩墙，拥有从易到难的岩壁设计，专业教练进行指导，另外还会提供攀岩专用鞋以及护具，勇于挑战的游客可以尝试。

（6）冲浪池。无论是冲浪爱好者还是初学者，均可以在邮轮上专业冲浪教练的指导下进行冲浪活动，在冲浪模拟器上体验飞起来的乐趣。

（7）海上摩天轮。皇家加勒比邮轮"量子系列"邮轮上大名鼎鼎的"北极星"是列入吉尼斯世界纪录的最高海上观景平台，是船上的海拔高点。"北极星"的设计受到陆地上摩天轮的启发，是工程学上的一个奇迹，可以360度旋转的吊杆手臂顶端的玻璃舱室将游客送到离海平面91米的全新高度。

（8）甲板跳伞。甲板跳伞同样是皇家加勒比邮轮"量子系列"邮轮上的特色体育娱乐项目，通过垂直风动产生空气流，让游客获得垂直降落的跳伞体验。

（9）海上赛车。诺唯真喜悦号邮轮的顶层甲板设有首个海上双层赛道，游客可以体会到在海上甲板急速狂飙的赛车体验。

5. 儿童类场所

除了为成人提供的休闲娱乐活动区域，船上的小朋友也有专属的休闲娱乐活动空间，常见的有青少年活动中心、儿童水上乐园等。

（1）青少年活动中心。邮轮上的青少年活动中心是青少年专属的俱乐部，拥有适合各个年龄段的娱乐设施，可以举办各种趣味活动。青少年活动中心有专职的工作人员，对孩子们进行专业的看护和各项活动的引领。

（2）儿童水上乐园。除了可供成人嬉戏的水上运动项目之外，孩子们也有专用的水滑道，可以在新型互动水上乐园度过美好的时光。

【资料卡片】邮轮甲板分布图

邮轮甲板分布图（Deck Plan）是邮轮上每层甲板的平面图，标注每层甲板上的空间布局以及设施分布，是游客登船前熟悉邮轮内部构造、选择不同类型客舱的主要导览，也是游客在船上辨识不同区域位置的主要手段。甲板分布图在一百多年前的远洋客轮时代就已经存在。如图1-16所示。

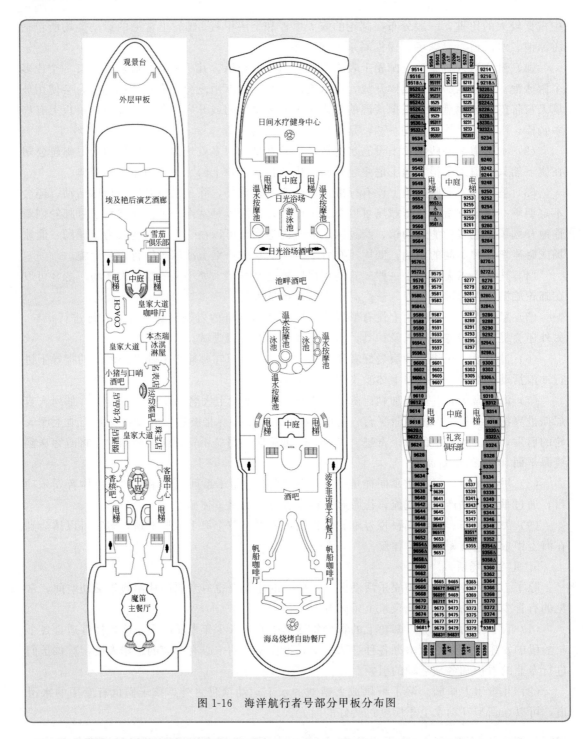

图 1-16 海洋航行者号部分甲板分布图

三、邮轮非公共区域设施

邮轮非公共区域是邮轮上的高级船员和乘务员进行后台工作和休息的地方,从功能上讲一般分为船员工作区和船员生活区两种类型。但事实上,一些船员的工作和生活区域也并未完全分离,比如邮轮上一些部门管理者的住宿客舱亦有可能同时是其办公室,在这里并不做严格的区分。为了保障邮轮的安全性和船员生活的私密性,邮轮上的非公共空间一般禁止游客随意进入。

(一) 船员工作区

除了直接对客服务岗位之外，邮轮上从事驾驶、维修、后勤保障等工作的船员工作区域处于后台，与游客活动区域相分离。在邮轮上占有绝对重要地位的船员工作区域主要有驾驶舱、轮机舱、厨房等。

1. 驾驶舱

邮轮上的驾驶舱位于船舶的前端，具有宽阔的视野，通过前方宽大的玻璃窗、伸出船两翼的观察台以及透明材质的小范围地面区域可以看到船的前部、后部以及下部的海水情况。作为邮轮在海上安全航行的首要部位以及命令中枢，驾驶舱具有先进的导航系统以及舒适的操控设计，配备有航行、通导以及其他辅助设备，比如舵轮、雷达、罗经、测深仪、气象传真机、全球定位系统、船舶数据记录仪、电子海图等。船长驾驶舱不可以随意进出，但也有部分邮轮会在非重要的航行时段安排少量游客进入驾驶舱参观的活动项目。

2. 轮机舱

轮机舱是装载船舶动力装置以及附属设备的舱室，是船舶的动力中心。轮机舱是关键性设备运行的处所，与机舱工作无关的人员不得随意进入邮轮的轮机舱，因工作需要应经轮机长同意并在轮机部工作人员的陪同下进入。轮机部的工作人员进入机舱也要通报值班轮机员，并记录起止时间、地点以及工作安排。

3. 厨房

配合邮轮上各类餐厅数量庞大的用餐需求，邮轮上会有很多厨房。在较大型的邮轮上，除了1~2个规模较大的主厨房之外，一些特色餐厅也会有各自独立的小型厨房。部分邮轮会安排游客进行限时的厨房之旅，让游客真实考察邮轮厨房食品供应的安全卫生状况。另有一些邮轮会安排游客进行烹饪课程的学习。

(二) 船员生活区

在一艘搭载3500名游客的超大型邮轮上，按照游客与员工3∶1的比例计算，船员数量也会达到1000人以上。对于这一庞大的工作群体，邮轮上设有空间充足、设施齐备的船员生活区域。普通员工住宿舱室一般安排2~4人入住，配备有齐全的高低床、衣柜、写字台、电视、电话、卫生间等。员工餐厅提供自助式餐食，并有水果、饮料供应。邮轮上还有相应的员工活动室、员工健身房、员工洗衣房等，提供更具人性化的员工关怀。未经允许，游客不可以进入员工生活区。

海洋航行者号

海洋航行者号邮轮（图1-17）是美国皇家加勒比邮轮公司旗下航行者系列邮轮中首艘下水的豪华邮轮，1999年11月21日在美国佛罗里达州迈阿密首航，2009年翻新。海洋航行者号长311米，宽48米，注册总吨位138000吨，载客3284人，船员1180人。

海洋航行者号设计新颖，设施齐全且富有创意，有世界名厨奉上的美味珍馐，有精彩纷呈的大师级娱乐盛宴，有挑空多层甲板的室内繁华商业街皇家大道，有高于海平面200英尺的攀岩墙……10万吨级以上的海洋航行者号犹如一座海上城邦，能够实现游客对美好邮轮假期的所有向往。2012年，海洋航行者号以上海作为母港开设国际邮轮航线，成为当时中国市场乃至亚太地区最大的豪华邮轮，同时也推动了中国邮轮旅游市场"大船时代"的到来。

图 1-17　海洋航行者号

【知识回顾】

一、单项选择题

1. 邮轮（Mail Ship）起源于（　　）。
   A. 亚洲　　　　　　　　B. 欧洲　　　　　　　　C. 北美洲
2. 世界上第一家开辟海上邮件运输业务的公司是（　　）。
   A. 英国半岛轮船公司　　B. 英国白星航运公司　　C. 英国北美皇家邮件船务公司
3. 现代邮轮（Cruise Ship）诞生于（　　）。
   A. 20世纪四五十年代　　B. 20世纪六七十年代　　C. 20世纪八九十年代
4. 全世界最后一艘经典远洋客轮是（　　）。
   A. 泰坦尼克号　　　　　B. 玛丽王后号　　　　　C. 伊丽莎白女王2号
5. 衡量邮轮奢华程度的指标是（　　）。
   A. 注册总吨位　　　　　B. 载客数量　　　　　　C. 空间比率
6. 邮轮注册总吨位是容积吨位，每吨位等于（　　）。
   A. 1.83立方米　　　　　B. 2.83立方米　　　　　C. 3.83立方米
7. 以下属于邮轮公共区域的是（　　）。
   A. 未来航程销售中心　　B. 阳台海景客舱　　　　C. 船长驾驶台

二、简答题

1. 简述邮轮的发展阶段。
2. 简述现代邮轮的分类及特点。
3. 简述现代邮轮客舱的类型及特点。
4. 简述现代邮轮公共区域的设施布置。

【知行合一】

任务一：

查询历史上著名邮轮的资料，详细记录该邮轮的中英文名称、所属公司、航行年代以及标志性事件，辨识该邮轮处于邮轮发展的哪一个阶段并讨论这一发展阶段的特点。

任务二：

查询现阶段任意两艘邮轮的主尺度、船舶吨位、载客数量等参数，计算其空间比率和游客员工比，并对这两艘邮轮的规模档次进行比较。

任务三：

认真阅读本章第三节图1-16海洋航行者号的甲板分布图，讨论这三张甲板分布图分别属于邮轮的下层空间、中层空间还是上层空间，并给出充分的理由；另外查询除这三张甲板分布图之外的其他甲板分布图，仔细阅读后对其功能布局的科学性和合理性发表建议。

【章节体会】

_____
_____
_____
_____
_____
_____

第二章 邮轮公司

【章节导览】

邮轮公司是现代邮轮运营与管理的主体,通过服务与营销从有限的航次舱位中获得最大收益。本章主要介绍邮轮公司的业务战略、组织结构以及代理合作方式,以增加对邮轮公司经营业务的基本认识;同时通过对全球邮轮市场竞争格局的分析,认知国际邮轮公司的发展历程与品牌特色,认知中国本土邮轮公司的诞生与发展。

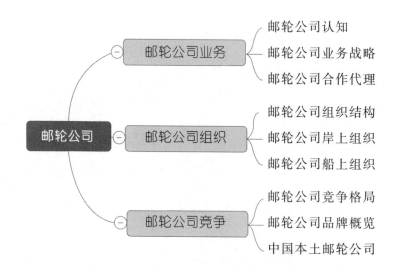

第一节 邮轮公司业务

在交通运输性质的客运班轮向休闲度假性质的海洋邮轮转型的过程中,现代意义上的邮轮公司诞生。这些邮轮公司建造度假邮轮、组建巡航船队、销售邮轮客票、提供旅游服务,成功撬开了大规模邮轮旅游消费市场,推动了现代邮轮旅游市场经济的繁荣。

一、邮轮公司认知

（一）邮轮公司的定义

邮轮公司（Cruise Company）可以定义为以邮轮和海上旅游资源为依托，为旅游者提供海上旅游休闲度假服务及其相关服务的营利性经济实体。在行业发展的竞争态势下，现代邮轮公司的运营多采取集团化的模式进行。

基于以上定义，可从以下三个方面对其功能及要素进行考量。

其一，邮轮公司以邮轮及海上旅游资源为依托，这是邮轮公司的运营基础。

20世纪60年代以后，许多客运班轮由于经营不善，通过改装在船上增添了多种娱乐设施，开始向休闲度假功能为主的邮轮转型。而海上休闲度假消费人群的日渐增多也吸引了更多船公司新建更多度假性质的邮轮。这些邮轮航行在气候温暖的海域，以航线串联起风景优美的港口以及更加丰富的海上旅游资源，成为船公司开展海上旅游经营活动的重要载体。邮轮公司以邮轮及海上旅游资源为依托开展业务运营，而邮轮公司旗下船只数量的多少以及档次的高低、开辟的邮轮航线数量多少以及目的地的优劣，也成为衡量邮轮公司实力的重要依据。

其二，邮轮公司为游客提供海上旅游休闲度假服务，这是邮轮公司的功能属性。

区别于早期的航运公司，现代意义上的邮轮公司瞄准特定的邮轮旅游消费市场，为邮轮旅游者们量身打造各具特色的邮轮旅游航次，并在邮轮旅游航次运营的过程中，从食、住、行、游、娱、购等方面全方位提升旅游者们的旅行体验。邮轮公司经营业务以提供高质量的邮轮旅游航次产品为重心，无论是邮轮设施、航线规划、船上活动还是服务质量，均得到了高度关注与精心设计。

其三，邮轮公司是以营利为目的而组建的经济实体，这是邮轮公司的企业属性。

在激烈的市场竞争中，邮轮公司拥有的邮轮数量和载客能力差异很大，大型邮轮集团经营多个邮轮品牌，拥有数十艘甚至上百艘豪华邮轮，而一些小型邮轮公司只有一艘邮轮投入运营。尽管邮轮公司的规模不同、品牌定位不同，但无论是大型邮轮集团，还是小型邮轮公司，皆通过提供邮轮旅游产品满足游客需要来获取高额的经营利润，这是邮轮公司最基本的企业属性。

（二）邮轮公司的发展

与邮轮的发展历程相一致，邮轮公司同样经历了从早期班轮公司向现代邮轮公司的转型。业界一般将20世纪60年代作为现代意义上邮轮公司诞生的时期。在这一时期，具有代表性的美国诺唯真邮轮公司（Norwegian Cruise Lines）于1966年正式成立，旗下诺唯真向阳号（MS Sunward）邮轮在美国佛罗里达州迈阿密经营加勒比海旅游度假航线并且取得了成功。从这一时期开始，邮轮公司不再仅仅是代表航运的概念，而是成为现代旅游休闲度假产业的重要组成部分。

诺唯真向阳号（MS Sunward）

诺唯真向阳号（MS Sunward）（图2-1）邮轮是美国诺唯真邮轮公司（Norwegian Cruise Lines）运营的第一艘邮轮。该船注册总吨位10558吨，载客量558人，船员220人，平均航速约为20节。

1966年，挪威船运巨头孔特·克洛斯特（Knut Kloster）成立克洛斯特向阳渡轮公司，

图 2-1 诺唯真向阳号（MS Sunward）

从一家挪威造船厂购买了该船并经营从南安普顿到直布罗陀海峡之间的航线。由于运营情况不佳，1966 年 12 月向阳号（MS Sunward）来到美国佛罗里达州迈阿密，为孔特·克洛斯特（Knut Kloster）和以色列商人泰德·阿里森（Ted Arison）共同组建的合资企业诺唯真邮轮公司（Norwegian Cruise Lines）服务。随着 1968 年迎星号（MS Starward）、1969 年天空号（MS Skyward）和 1971 年南方号（MS Southward）的加入，诺唯真邮轮公司在加勒比海的船队扩张为 4 艘，在邮轮度假领域取得了空前的成功。

1972 年，泰德·阿里森（Ted Arison）离开诺唯真邮轮公司，创立了嘉年华邮轮公司（Carnival Cruise Lines）。1973 年，诺唯真向阳号（MS Sunward）被转售，该船相继又为多家公司服务，最终于 2004 年退役。

二、邮轮公司业务战略

自 20 世纪六七十年代以来，邮轮公司的成功在很大程度上归因于其经营战略的成功。根据邮轮公司的功能属性，其业务运营的核心部分是为邮轮游客提供独具特色的邮轮旅游产品，使邮轮游客获得愉悦的海上旅游度假体验。围绕这一目标，各大邮轮公司有效整合内部资源与外部环境，努力拓展最具潜力的业务领域，探索最具竞争优势的发展模式。

（一）业务范围

尽管邮轮公司的规模大小不同，但各大邮轮公司的业务内容基本一致，主要包括处于核心地位的产品开发、市场拓展、巡航运营以及为其提供保障的物资采购、港口协调、公关维系、财务控制、雇员管理等多个方面。

1. 核心业务

游客搭乘邮轮旅游，是为了获得惬意的邮轮假期。邮轮公司在经营的过程中，需要充分调研游客的需求，围绕游客需求以及自身的经营优势来进行邮轮旅游产品的开发与航次安排。通常情况下，邮轮公司会根据市场状况进行船只的运营调度，以年度为单位进行邮轮航期表的发布。在具体的邮轮旅游航次中，还需要充分考虑船上活动安排、岸上观光安排、服务接待以及辅助项目等内容。

邮轮公司参与市场竞争，需要综合运用整体营销手段，拓展邮轮旅游消费市场，获取高额的经营利润。在市场拓展中，要与市场进行信息沟通来赢得目标消费者的注意，要以良好品牌形象的树立来促进邮轮旅游产品的销售。不同邮轮公司会根据各自的具体情况，采取人员推销、广告宣传、营业推广等方式来实现销售增长及市场拓展的目的。

邮轮在大海中航行，带领游客领略蔚蓝海洋以及沿途港口城市的美景。在邮轮旅游航次运营中，邮轮公司为游客提供从登船到离船的全过程服务，部分邮轮公司还会为游客提供登船前到离船后的延伸服务。无论是客舱住宿、餐饮选择、休闲娱乐，还是岸上观光导览，均以实现顾客满意为目的。邮轮旅游产品具有服务产品的典型特征，具有生产与消费的同时性，故而巡航运营是邮轮公司关注的业务核心。

2. 运营保障

为了保障核心业务的顺利进行，提升邮轮海上巡游安全以及游客航次体验的舒适度，邮轮公司需要进行一系列工作，包括船舶设备维修保养、船舶燃料物料供应、船员招聘培训考核、对客服务质量监控、邮轮港口业务协调、安全与环保制度制定等。

邮轮在海上航行，安全至关重要。为了保障船舶航行安全，国际海事组织等颁布了一系列海事安全法规。邮轮公司要执行各项安全法规规定，进行船舶设备的定期维修与保养，消除可能造成船舶航行风险的各类安全隐患，为游客提供完美的海上假期。

邮轮被誉为漂浮在海上的度假村，食品饮料、生鲜蔬果、洗护用品、舱内设施等消耗量巨大，需要庞大的邮轮用品供应商和物流体系。邮轮公司需要根据自身需求来制定邮轮用品供应方案，恰当选择供应商进行物资采购，致力于打造最佳的全球邮轮供应体系。

邮轮港口是游客上下船的集散枢纽，辅助邮轮公司发布邮轮到达实时信息，提供邮轮停泊、上落访客及行李、货物，并为游客提供安全、整洁的候船环境。邮轮公司在经营的过程中，还要做好与港口的对接工作，及时提供邮轮航次安排，缴纳港口管理费和服务费，共同维护良好的港口运营秩序。

（二）竞争战略

竞争战略是邮轮公司战略的重要组成部分，其要解决的核心问题是通过确定顾客需求、竞争者产品以及自身产品三者之间的关系，来奠定公司在市场上的特定地位并维持这一地位。竞争战略并不等同于公司战略，而是公司战略中的业务层次战略。

1. 常见的竞争战略

常见的竞争战略包括总成本领先战略、差异化战略和集中化战略。

（1）总成本领先战略。总成本领先战略是通过最大努力降低成本以维持竞争优势。要做到成本领先，就需要在管理方面对经营成本进行严格控制，从而使处于低成本地位的公司获得高于行业平均水平的利润。

（2）差异化战略。差异化战略是通过提供别具一格的产品来赢得超常收益的可行战略。这种战略能够建立起良好的竞争防御，阻止竞争对手的进入，从而使自身处于竞争优势。

（3）集中性战略。集中性战略是以更高的效率、更好的效果为某一狭窄的细分市场服务，从而超越在更广阔范围内运营的竞争对手。集中性战略同样具有超越行业平均水平收益的潜力。

2. 邮轮公司战略选择

邮轮公司业务运营的最终目标是创造并保持顾客。在邮轮旅游市场中，既有初次出游的新游客，也有经验丰富的巡航者；既有家庭型的旅游者，也有探险型的旅游者。多样化的客源市场既让邮轮公司获利增加，也促使其在业务运营方面不断寻求创新，选择恰当的竞争战略以巩固自身的竞争地位。

（1）总成本领先战略的选择。总成本领先战略专注于经营成本的降低，而总成本的降低得益于规模化经营。一些邮轮公司通过集团化发展来获得规模效益和更加合理的资源配置，从而降低经营成本。另有一些邮轮公司通过邮轮的大型化来获得规模效益，实现通过低票价来吸引更多邮轮游客出游的目的。

（2）差异化战略的选择。差异化战略专注于产品的创新，需要邮轮公司从邮轮的风格、挂靠的港口、邮轮的服务等多个方面进行独特的产品设计，以区别于竞争对手。美国迪士尼邮轮公司充分发挥在主题娱乐方面的优势，成功确立迪士尼邮轮品牌在邮轮旅游市场中的位置，在差异化战略应用方面独树一帜。

（3）集中性战略的选择。集中性战略专注于特定的细分市场，战略的应用通常由市场细分（Segmenting）、目标市场选择（Targeting）、市场定位（Positioning）三个环节组成。一些经济型邮轮品牌服务于大众市场，制定固定的船期表，邮轮航次班轮化，以方便游客提早安排行程。一些奢华型邮轮品牌服务于高端小众群体，没有固定的航线，没有固定的目的地，没有固定的船期表，一切跟着市场走，不断拟定新的题材，创造高额的经营利润。

迪士尼梦想号（Disney Dream）

迪士尼梦想号（Disney Dream）（图2-2）邮轮隶属于美国华特迪士尼公司（Walt Disney Company），2011年1月26日首航，开始在美国佛罗里达州运营为期3~5天的巴哈马航线。

图2-2 迪士尼梦想号（Disney Dream）

迪士尼梦想号（Disney Dream）长339.8米，宽42米，注册总吨位129690吨，拥有1250个客舱，最多可搭载4000名游客，船员1458人。迪士尼梦想号（Disney Dream）拥有第一个"水上过山车"、展示现场百老汇风格演出的华特迪士尼剧院以及进行迪士尼电影首映的剧院等。从游客登船那一刻起，无处不在的迪士尼经典卡通人物就开始为游客创造欢乐。船上轻柔地播放迪士尼电影和迪士尼主题乐园的音乐，包括动画电影《匹诺曹》《灰姑娘》《美女与野兽》《加勒比海盗》《冰雪奇缘》的主题区和插曲。

（三）经营模式

经营模式是邮轮公司依据自身的经营目标和战略选择，将所拥有的资源进行有效配置，从而确定下来的业务范围、价值定位以及为实现这一定位而采取的方式方法的总和。经营模式的选择同样以邮轮公司价值增长为目的。

1. 经营模式的不同点

由于业务范围和竞争战略的不同，各大邮轮公司的经营模式也具有不同的特点。

一是业务范围不同。邮轮公司经营规模具有显著差异，必然会导致邮轮公司业务范围不同。小型邮轮公司开辟大众化的邮轮旅游线路，船上生活方式和娱乐方式较为随意，吸引初次参加邮轮旅游的游客以及更为年轻的游客。大型邮轮公司实力雄厚，拥有强大的分销系统，邮轮航线和船上活动也更为丰富，可以满足更多层次游客的需求。

二是竞争战略不同。全球最大邮轮集团美国嘉年华邮轮走规模化发展道路，在降低全球范围内的经营成本的同时，旗下子公司仍旧保持各自的经营风格。美国皇家加勒比邮轮公司突出其高端、创新特色，致力于为新顾客与回头客提供超凡的度假体验和娱乐体验。亚洲邮轮业的先驱品牌丽星邮轮经营模式更为独特，博彩收入占据邮轮运营总收入的很大比重。

2. 经营模式的共同点

尽管业务范围和竞争战略不同，但各大邮轮公司的经营模式仍然具有一些共同的特点。一是虽然各邮轮公司规模差异较大，但是都追求规模效益，以降低经营成本和经营风险。二是各邮轮公司都有准确的市场定位和清晰的品牌形象，并以此提高游客的认知度与忠诚度。三是各邮轮公司目前的收入来源主要是船票收入，但船票外收入所占的比重也不容小觑。四是在营销渠道的选择上，邮轮旅游代理商的作用十分重要，但同时各邮轮公司自身营销网络的建设也在不断加大。五是各邮轮公司均注重健康、安全、环保的经营理念，具有高度的社会责任感，具有完善的经营保障体系。意大利地中海邮轮公司深知其对于环境所肩负的责任，通过出色的环境运营管理工作成为第一家荣获法国国际检验局"8珍珠奖"的邮轮公司。此外，地中海邮轮公司还与联合国儿童基金会开展长期合作，致力于为全世界儿童提供各种各样的活动和帮助。

三、邮轮公司合作代理

在邮轮公司业务经营与产品销售的过程中，邮轮旅游代理扮演了至关重要的角色。作为邮轮公司和邮轮游客之间的桥梁，邮轮旅游代理扩大了邮轮旅游产品的分销范围，促进了邮轮公司与邮轮游客之间的沟通，在邮轮公司业务运营中不容忽视。

(一) 邮轮旅游代理商

传统的邮轮产品销售模式主要以代理销售为主，其后逐渐发展为以代理销售为主、直接销售为辅。无论哪种模式，邮轮旅游代理商均在其中占据了绝对的主力地位。

1. 常见的代理商

常见的邮轮旅游代理商包括传统旅行社、在线旅行社、其他旅游批发商、行业协会等。

（1）传统旅行社。传统旅行社是邮轮公司最常见的邮轮旅游产品销售代理。在邮轮旅游市场中，传统旅行社在邮轮船票销售中发挥了重要作用，曾经囊括了邮轮旅游市场90%以上的船票销售业务。传统旅行社拥有庞大的客源群体和强大的分销网络，在团队客票销售方面尤其具有优势。

（2）在线旅行社。随着科学技术的发展，在线旅行社发展迅猛，其最大的优势是将信息技术应用到邮轮旅游产品销售的创新之中，逐步构建起一个针对散客的一站式服务体系。在这个体系的支撑下，在线旅行社可以大规模地提供既具有鲜明标准化特征又能满足散客个性化需求的优质邮轮旅游产品。如图2-3所示。

（3）其他旅游批发商。除传统旅行社与在线旅行社之外，另有一些专门从事包价旅游业

图 2-3 在线旅游网站邮轮频道首页

务的旅游批发商。这些旅游批发商与邮轮公司、交通运输公司、旅游景点、酒店以及包价旅游所涉及的其他部门签订协议,预先购买这些服务项目,然后根据旅游者的不同需求和消费水平,设计出各具特色的包价旅游产品进行销售。

(4) 行业协会。行业协会在某些时候也会扮演邮轮旅游代理商的角色。以总部位于美国的国际邮轮协会为例,很多协会会员使用其预定系统进行邮轮旅游产品的销售,从而获得更加广泛的客源。国际邮轮协会同时还提供邮轮旅游代理的培训,一些从业者可以通过学习获得相应等级的销售证书。

2. 代理商的作用

邮轮旅游代理商的作用主要体现在以下几个方面。

(1) 实现邮轮旅游产品的广泛分销。邮轮旅游代理商地域分布较广,拥有庞大的销售网络,可以帮助邮轮公司实现邮轮旅游产品的广泛分销。邮轮旅游代理商构建的销售渠道越长,邮轮旅游产品市场拓展的可能性也就越大。

(2) 实现邮轮旅游产品的间接促销。邮轮旅游代理商具备一定的管理能力和宣传能力,能够预见邮轮旅游安排中的细节及其可能的变化,进而能够根据市场需求进行营销计划的相应调整。一些邮轮旅游代理商还愿意支付一定的广告费用,帮助邮轮公司实现邮轮品牌的宣传以及邮轮产品的促销。

(3) 实现邮轮公司各项资源的拓展。邮轮旅游代理商提前购买了邮轮公司的产品,并且预付了船票款项,故而帮助邮轮公司提前实现产品价值,使邮轮公司可以开始新的资金循环。此外,邮轮旅游代理商还承担了销售过程中的人力和物力投入,弥补了邮轮公司独立开展销售的力量不足。

(二) 邮轮旅游代理合作模式

在邮轮旅游产品分销的过程中,邮轮公司与邮轮旅游代理商之间形成了既定的合作模式。邮轮旅游代理商协助邮轮公司实现经营目标,邮轮公司也会相应地给予其各项激励。

1. 利润合作模式

邮轮公司与邮轮旅游代理商之间的利润模式有佣金模式和包船模式两种类型。

(1) 佣金模式。邮轮旅游代理商每销售一张邮轮船票,就可以提取一定数量的佣金。这种佣金模式通过双方协商,报出具有竞争力的市场价格,可以避免邮轮公司与代理商之间利益对立的状况,减少相互之间的报价摩擦。

(2) 包船模式。邮轮旅游代理商将邮轮公司某一航次上可以售卖的所有舱位提前买断,并且完全自主进行销售。在包船模式下，如果市场状况良好，邮轮旅游代理商可以获得更多的利润，邮轮公司亦可以将精力集中于邮轮运营方面，而不是分散在揽客和客票销售方面。

实力雄厚的邮轮旅游代理商采取包船的模式买断某一航次的邮轮舱位，既可以完全自主销售，亦可以采取切舱的方式将舱位船票分配给其他旅游代理。2016年11月，凯撒旅游集团联合意大利歌诗达邮轮公司共同研发的"46天环游南太平洋"大型包船项目是一次突破性的尝试，打破了中国邮轮母港包船最长航线的纪录。

2. 代理等级分类

邮轮旅游代理商帮助邮轮公司进行邮轮旅游产品的销售，邮轮公司亦需要对邮轮旅游代理商进行扶植与培育，以此来调动邮轮旅游代理商销售邮轮旅游产品的积极性。

在常见的激励手段中，邮轮公司对邮轮旅游代理商进行代理等级评定，不同等级的邮轮旅游代理商承担不同的义务，享有不同的权力。一般而言，邮轮旅游代理商可以评定为一级代理和二级代理两种等级。邮轮公司给予的市场支持费用，按照"一级代理优先考虑、二级代理其次考虑"的原则进行分配。作为对应义务，一级代理和二级代理需要完成的销售指标和业务量也不相同。代理等级的评定以年度业务量考核为依据，采取优胜劣汰的做法，以此来提高邮轮旅游代理商的竞争动力。

此外，邮轮公司还会为邮轮旅游代理商提供最新的产品宣传图册、视频资料，或者在各大城市开展路演活动以帮助邮轮旅游代理了解邮轮旅游产品。邮轮公司还会为邮轮旅游代理商提供游玩的便利，允许其工作人员免费或者以较低的价格登船游览，使其获得关于邮轮旅游产品的亲身感受和第一手资料，以便更好地向咨询顾客进行邮轮旅游产品的销售。

地中海抒情号（MSC Lirica）

地中海抒情号（MSC Lirica）邮轮（图2-4）隶属于意大利地中海邮轮公司，2003年首航，长251.25米，宽28.8米，注册总吨位58825吨，载客量1560人，船员732人。

图2-4 地中海抒情号（MSC Lirica）

2015年，意大利地中海邮轮公司与凯撒旅游集团建立战略合作伙伴关系，就合作运营地中海抒情号（MSC Lirica）邮轮中国母港航线项目达成协议，开展中国邮轮史上邮轮公司与旅行社时限最长、规模最大的合作。为了更好地服务于中国游客，地中海邮轮公司对抒情号（MSC Lirica）进行了全面翻新，包括引入更加中式化的设计、全部标识中文化、与世界顶级厨师梁子庚合作精心打造饕餮中式美食、特别增设行业首创的邮轮亲善大使等，使得地中海抒情号（MSC Lirica）在带来纯正地中海式度假体验之外，也更加符合中国游客的习惯和喜好。此外，地中海抒情号（MSC Lirica）还打造了独家专属的乐高儿童俱乐部，小宾客们可以尽情徜徉在乐高积木的海洋中。2016 年 5 月，地中海抒情号（MSC Lirica）在上海吴淞口国际邮轮港举行首航仪式，正式进驻中国母港。

第二节　邮轮公司组织

邮轮公司在全球范围内开展业务运营，需要在管理工作中进行分工和协作，以实现既定的组织目标。合理的组织结构与明确的岗位职责是保证邮轮公司业务正常运转的前提。

一、邮轮公司组织结构

组织结构是指在共同实现组织目标的过程中，连接组织成员和组织内部各个职能机构部门的方式，以及这种方式所构成的形态。组织结构往往表现为一个纵横交错的网络，其中纵向层次约定了组织成员和机构之间的隶属关系和领导关系，横向部门形成了同一个层次上的不同单位或部门之间的协作关系。组织总是依据一定的结构而建立，然而组织结构又并非一劳永逸，新的环境导致新的组织结构的出现。

一个邮轮公司就是一个组织。各大邮轮公司规模不同，组织结构也略有不同。小型邮轮公司运营邮轮及航线数量较少，内部组织结构分工也较为粗略，按照职能不同主要设置市场部、巡航部、技术部、财务部、人事部等部门（图 2-5）。

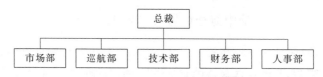

图 2-5　小型邮轮公司组织结构图

大型邮轮公司员工成千上万，实行董事会之下的总裁负责制，内部组织结构分工也更为精细。董事会主席或者首席执行官（CEO）作为董事会成员出现，既是行政一把手，又是股东权益代言人，对企业经营负有责任。总裁是仅次于首席执行官（CEO）的第二行政负责人，在邮轮公司负责具体的业务运营。总裁之下根据业务职能的不同还设有销售副总裁、采购副总裁、财务副总裁等。一般来讲，大型邮轮公司设有市场与销售、巡航运营、质量监控、技术支持以及收益核算等主要业务部门，以及财务审计、环保合规、物资采购、港口协调、人力资源等职能部门。

二、邮轮公司岸上组织

（一）岸上岗位职责

邮轮公司岸上组织是邮轮公司运营管理的中枢，为邮轮公司的发展提供战略决策，为邮轮市场的拓展提供策略实施，为邮轮巡航运营提供必要的人力、物力以及技术支撑，同时协调各方关系，保证邮轮公司运营良好，实现既定的经济效益与社会效益。

（二）岸上岗位分布

邮轮公司岸上岗位主要分布在人才资源部门、市场销售部门、物资采购部门、财务审计部门等。

1. 人力资源部门

人力资源部门是对邮轮公司中各类人员形成的资源进行管理的部门。人力资源部门对邮轮公司人力资源的合理配置和公司所需人才的及时补充负责，对公司招聘的员工素质负责，对及时合理解决公司与员工的劳动争议负责，对已获批准的奖惩决定执行情况负责，对薪酬测算数据的合理准确负责。邮轮公司人力资源部门管理的两大基石是工作分析评价和人员素质测评，邮轮公司通过实施人力资源管理，来全面提升其核心竞争力，支撑和保障其可持续发展和永续经营。人力资源部门一般设有招聘、绩效、薪酬、员工关系管理等岗位。

2. 市场销售部门

邮轮公司的市场与销售部门是其组织架构中的重要部门，一般设有产品市场、市场开发、市场宣传、销售支持等分部门或岗位。产品市场部门负责邮轮公司新产品的开发战略，其工作重点是发现创新的源泉，完成新产品的定义。市场开发部门负责现有产品的定位和市场推广战略，通过给予市场明确的产品和价格信息来获得区别于竞争对手的价值体现。市场宣传部门负责与市场进行有效沟通，激发市场需求，工作重点是宣传手段和方法。销售支持部门向邮轮旅游代理商提供销售支持，包括产品培训、竞争分析、销售技巧、销售工具等。小型邮轮公司的市场与销售部门并没有如此严格的划分，大型邮轮公司亦可能有其他人员配置方式，但实现的市场与销售功能是一致的。随着邮轮公司全球化品牌扩张进程的加快，为进一步了解当地顾客，以便对市场变化快速做出反应，邮轮公司还会在世界各地设立负责市场与销售工作的办事处，从而在全球范围内更好地销售和推广各自邮轮品牌。

3. 物资采购部门

物资采购部门是邮轮公司中负责物资设备采购供应的专业性职能部门，需要做好供应商管理、采购计划管理、招标管理、价格管理、质量合同管理以及综合管理等工作。物资采购是保障邮轮正常巡航运营的重要环节，需要建立完善的供应商管理体系，做好新产品考察、比价采购、供货问题协调以及质量监控等工作。基于邮轮巡航运营航线的全球化特点，邮轮物资船供更是一项复杂的任务，涉及通关、报税、监管、转关、物流查验等多项业务门类。物资采购部门会考察邮轮靠泊港的实际情况，在全球采购中与利益相关方合作共同建设区域性的邮轮物资配送基地，以更好地服务于每艘邮轮的巡航运营。

4. 财务审计部门

财务与审计部门负责邮轮公司的财务管理和对子公司的财务审计监督，其宗旨是强化内部控制，确保公司资产的安全和资金的合理使用。该部门负责在对邮轮公司的经营事项进行确认、计量和记录的基础上对外披露财务报告和相关财务信息，负责对资金、债权、债务、成本等项目进行综合分析管理，为邮轮公司经营提供决策依据，负责组织完成各项审计工作，并落实审计调整事项。通过财务管理与审计，可以评判邮轮公司财务状况和经营状况，透视邮轮公司战略的成败得失，预测邮轮公司财务的未来走向，其最终目的仍然是实现邮轮公司经营的利润最大化。

除以上四个较为典型的职能部门外，较大型的邮轮公司还设置有专门的技术支持部门、质量监控部门、环保合规部门和港口协调部门等。技术支持部门处理和解决邮轮巡航运营中出现的各类技术问题。质量监控部门对邮轮巡航运营的整体质量进行测量、监控、分析和激励，将抽象性的"质量"概念转化为实实在在的产品品质。环保合规部门践行绿色环保的宗旨，根据相关法规执行邮轮环境管理计划。港口协调部门负责与邮轮航行中靠泊港口的协调与对接工作。

三、邮轮公司船上组织

(一) 船上岗位职责

邮轮公司船上组织是邮轮为游客提供巡航运营服务的实际操作部门，主要包括安全航行团队和对客服务团队两大类。邮轮安全航行团队承担为游客提供邮轮海上安全航行保障的各项任务，负责邮轮安全航行、港口联络、设备维护、燃料供应、防止油污等各项工作。邮轮对客服务团队承担邮轮在航行过程中游客的服务与接待工作，其主要职责是完成客舱、餐饮、休闲娱乐、宾客服务等各项任务，确保游客度过一个愉悦的海上假期。船上的组织结构如图2-6所示。

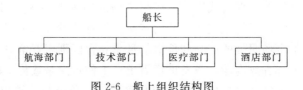

图2-6 船上组织结构图

(二) 船上岗位分布

邮轮公司船上岗位主要分布在航海部门、技术部门、医疗部门和酒店部门。船长是邮轮上的最高指挥官，主管邮轮上的各项行政和技术事务。船长在邮轮上拥有绝对的权力，有权对船舶、船员、游客等相关问题采取相应措施。在游客登上邮轮后，船长也会出席船上的一些社交活动，对游客表示最直接的欢迎。

1. 航海部门

邮轮上的航海部门主要包括甲板部、通信导航部、安全部等，主要职责是在船长的领导下，负责船舶的驾驶与通信导航，同时主管救生、消防、堵漏工作及其设备器材的管理。

(1) 甲板部。甲板部负责船舶的驾驶。甲板部一般设有副船长、大副（Chief Officer）、二副（Second Officer）、三副（Third Officer）等岗位。

(2) 通信导航部。通信导航部负责船舶到岸呼叫以及船上所有的通信系统，设有无线电报务长（Radio Officer）等岗位。

(3) 安全部。安全部负责安全疏散、防火以及身份查验等安全工作，由保安部经理（Chief Security Officer）负责。

航海部门员工应取得船员适任证书等资质，属于高级船员范畴。

2. 技术部门

邮轮上的技术部门主要包括轮机部、电气部、冷藏部等。由于豪华邮轮的设备越来越先进，所需人工操作的部分逐渐减少，所以技术部门同航海部门一样，人员配备相对较少。

(1) 轮机部。轮机部负责邮轮上的机械运行、燃料、维护和保养等工作。轮机部由轮机长（Chief Engineer）负责，此外还设置有大管轮（First Engineer）、二管轮（Second Engineer）、三管轮（Third Engineer）等岗位。

(2) 电气部。电器部负责邮轮上的空调设备、电气设备的运行。电器部设有首席空调设备工程师（Chief Air-conditioning Technician）、电气工程师（Electronic Engineer）等岗位。

(3) 冷藏部。冷藏部设有制冷工程师（Refrigeration Engineer）等岗位。

技术部门员工也应取得船员适任证书等资质，属于高级船员范畴。

3. 医疗部门

相关海事法规规定，游客人数超过 10 人的任何船舶均需要随船配备至少一名医生和多名护士。邮轮上的医疗部门主要负责为邮轮游客和船员提供多种医疗服务，大型邮轮设有首席医生（Chief Doctor）、医生（Doctor）、护士（Nurse）、药剂师（Pharmacist）、理疗师（Therapist）和牙医（Dentist）等岗位。邮轮上游客众多，缺少后援支持，因而医疗设施相对较为齐全。游客或船员在大海中遇到意外轻微损伤或疾病等紧急情况，医疗部门会予以帮助。医疗部门要做好药品的管理和使用，用药前要明确诊断，要对所用药物的规格、剂量和副反应详尽了解。

4. 酒店部门

酒店部门是邮轮上的对客服务部门，主要包括前台、客舱、餐厅、酒吧、赌场、娱乐、观光、后厨、库存管理、客户关系管理等多个子部门。酒店部门的工作岗位与服务职责与陆地上的酒店和度假村类似，在员工数量上也占有绝对优势。

酒店部门由酒店经理（Hotel Director）负责管辖，酒店经理需要具有专业化的航游知识和酒店管理知识，从而领导其专业团队为邮轮上的游客提供高水平的服务。酒店部门员工一般被称为"邮轮乘务员"或者"海乘"。

酒店部门各部位承担的主要职责如下。

（1）前台服务。负责邮轮前台问讯、账务、行李、投诉、证件、通关等工作。

（2）客舱服务。负责邮轮客舱的清洁保养、客舱对客服务、公共区域清扫等工作。

（3）餐厅服务。负责邮轮主餐厅、自助餐厅、特色餐厅的对客服务和清洁维护工作。

（4）酒吧服务。负责邮轮酒吧的对客服务和酒水销售工作。

（5）赌场服务。负责邮轮赌场的发牌、收银等工作。

（6）娱乐服务。负责邮轮各项休闲娱乐活动的组织、实施与服务工作。

（7）观光服务。负责邮轮岸上观光活动的组织、实施与服务工作。

（8）后厨管理。负责邮轮后厨的设备管理、菜品制作、清洁维护等工作。

（9）库存管理。负责邮轮酒店部门各项物料的保管与发放工作。

（10）酒店秘书。作为酒店经理助理负责各项日常行政事务。

（11）客户关系管理。负责邮轮重要贵宾的接待和团队客人的协调组织工作。

（12）特许经营商。特许经营作为一种商业经营模式，在邮轮上也比较常见。一些邮轮公司签约一些特许服务，允许一些知名的美容、发艺设计等机构在邮轮上经营业务，并收取一定的费用。特许经营商拥有独立的财务核算，也可以雇佣自己的员工。邮轮上常见的一些特许经营服务项目包括 SPA、面部护理、发型设计、美甲、营养讲座等。

皇家加勒比海洋魅力号（Allure of the Seas）

海洋魅力号（Allure of the Seas）邮轮是美国皇家加勒比邮轮公司旗下"绿洲系列"邮轮中的第二艘船。该船于 2010 年 12 月首航，长 362 米，宽 60.5 米，水面高 72 米，吃水深度 9.3 米，注册总吨位 225282 吨，有 16 层客用甲板。

皇家加勒比邮轮公司"绿洲系列"邮轮是目前世界上最大的邮轮，海洋魅力号（Allure of the Seas）较其姐妹船海洋绿洲号（Oasis of the Seas）长约 50 米。海洋魅力号（Allure of the Seas）拥有冲浪公园、真冰溜冰场、悬臂式按摩泳池、攀岩墙等众多创新项目，除客舱以外的公共区域划分为七个部分：中央公园、皇家大道、百达汇欢乐城、游泳池和运动区、海上水疗和健身中心、娱乐世界、青少年活动中心。中央公园种植了很多加勒比海地区的热带植物，有高大的灌木和热带花卉，还有藤蔓攀爬缠绕在树木和墙壁。游泳池和运动区有高空滑索、多功能游泳池、迷你高尔夫、乒乓球、模拟冲浪器、标准全场篮球场等。百达汇欢乐城专为家庭欢聚与感怀经典而设计，海上旋转木马兼容了现代时尚与怀旧温情的双重魅力。皇家大道琳琅满目的餐馆、酒吧、专卖店和商店让人眼花缭乱。海洋魅力号（Allure of the Seas）拥有海上第一家星巴克咖啡（图2-7），值得游客去优雅回味。

图 2-7　海洋魅力号（Allure of the Seas）上的星巴克咖啡

第三节　邮轮公司竞争

邮轮公司在经营的过程中，需要考察市场环境，尤其是市场的竞争环境。邮轮公司只有认清竞争形势，善于寻找机会，根据自身优势在产品、价格、形象等方面比竞争者更有效地满足旅游者需求，才能获得更好的发展。

一、邮轮公司竞争格局

（一）市场现状

伴随着邮轮产业的快速发展，全世界的邮轮公司目前已近百家。相关数据表明，2017年全球邮轮旅游市场占有率最高的四家公司分别是美国嘉年华邮轮集团、美国皇家加勒比邮轮公司、美国诺唯真邮轮公司和意大利地中海邮轮公司，其市场占有率分别达到了44.1%、23.9%、8.8%和7%，占据了全球邮轮旅游市场80%以上的份额，呈现了较为明显的寡头垄断特征。大型邮轮公司的经营规模对于降低经营成本、拓展邮轮市场具有直接的推动作用，引领着邮轮旅游市场未来的发展趋势；小型邮轮公司在既定的目标市场上开展特色经营，获得一定数量的市场份额。

（二）品牌运营

在激烈的市场竞争中，不同邮轮公司产品之间的有形差异正在逐步缩小，而品牌以其难以替代的独占性、个性化以及良好的可继承性和延展性，成为邮轮公司在市场竞争中的有力武器。

首先，品牌是赢得顾客忠诚度的保证。邮轮公司在创造财富和强化自身品牌价值的过程中，品牌的轮廓在消费者心中会越来越清晰，品牌的任何印迹的出现都会让消费者联想到品牌的核心价值，或者消费者有这种价值需求时也会首先想到该品牌。品牌能够建立起消费者的长期忠诚，邮轮公司设计品牌、创立品牌、培养品牌的目的在于赢得消费者。

其次，品牌是进行差异化竞争的保证。在邮轮旅游市场上，产品同质化是难以避免的经济现象。品牌是邮轮公司塑造形象、知名度和美誉度的基石，可以引导消费者差异化的购买联想，从而提高邮轮旅游产品在市场上的竞争力。邮轮公司在积极参与竞争的过程中，通过差异化的品牌建设与市场渗透，可以有效提高市场竞争能力。

以国际邮轮协会（CLIA，Cruise Lines International Association）注册的邮轮公司会员为例，无一例外具备清晰的品牌形象和独特的品牌内涵。

【资料卡片】 国际邮轮协会

> 国际邮轮协会（CLIA，Cruise Lines International Association）成立于1975年，是世界上最大的邮轮行业协会，致力于促进全球邮轮产业安全、健康及可持续发展，同时向社会广泛推广邮轮旅游度假体验。2006年，国际邮轮协会与国际邮轮理事会（ICCL，International Council of Cruise Lines）合并，目前总部位于美国华盛顿。
>
> 2017年，国际邮轮协会拥有60家邮轮航线运营商会员，其中包括海洋型邮轮和专业型邮轮，占据全球邮轮旅游市场95％以上的市场份额；拥有300家邮轮制造商、航线供应商以及港口和目的地合作伙伴；拥有25000家旅行社会员；每年为超过2400万邮轮游客提供服务。

加入国际邮轮协会的部分邮轮运营商品牌如表2-1所示。

表2-1 CLIA部分邮轮运营商品牌

邮轮公司名称	品牌标识	邮轮公司名称	品牌标识
AIDA Cruises 爱达邮轮		American Cruise Lines 美国邮轮	
Azamara Club Cruises 精钻会邮轮		Carnival Cruise Line 嘉年华邮轮	
Celebrity Cruises 精致邮轮		Celestyal Cruises 赛洛斯邮轮	
Costa Cruise Lines 歌诗达邮轮		Crystal Cruises 水晶邮轮	
Cunard Line 冠达邮轮		Disney Cruise Line 迪士尼邮轮	
Dream Cruises 星梦邮轮		Hapag Lloyd Cruises 赫伯罗特邮轮	
Holland America Line 荷美邮轮		MSC Cruises 地中海邮轮	

续表

邮轮公司名称	品牌标识	邮轮公司名称	品牌标识
Norwegian Cruise Line 诺唯真邮轮		Oceania Cruises 大洋邮轮	
Paul Gauguin Cruises 保罗高更邮轮		Pearl Seas Cruises 珍珠海邮轮	
P&O Cruises UK 铁行邮轮(英)		P&O Cruises Australia 铁行邮轮(澳)	
PONANT Yacht Cruises and Expeditions 庞洛邮轮		Princess Cruises 公主邮轮	
Pullmantur 伯曼邮轮		Regent Seven Seas Cruises 丽晶七海邮轮	
Royal Caribbean International 皇家加勒比邮轮		Seabourn Cruise Line 世鹏邮轮	
Silversea Cruises 银海邮轮		Star Cruises 丽星邮轮	
TUI Cruises 途易邮轮		Windstar Cruises 风星邮轮	

二、邮轮公司品牌概览

(一) 美国嘉年华邮轮集团

美国嘉年华邮轮集团（Carnival Corporation & PLC）是全球最大的邮轮运营商。凭借创新与资本运作，嘉年华邮轮集团在短短几十年中成功运营嘉年华邮轮（Carnival Cruise Lines）、公主邮轮（Princess Cruises）、冠达邮轮（Cunard Lines）、歌诗达邮轮（Costa Cruises）、荷美邮轮（Holland America Line）、世鹏邮轮（Seabourn Cruises）等各具特色的邮轮品牌。

1. 嘉年华邮轮

嘉年华邮轮（Carnival Cruise Lines）始创于 1972 年，总部位于美国迈阿密，创始人为泰德·阿里森（Ted Arison）。嘉年华邮轮以"快乐邮轮"（Fun Ship）作为区别于竞争对手的主要产品诉求，强调美式的动感欢乐。船队的优势在于宽敞的客舱、靓丽的装潢、多样化的休闲设施以及丰富多彩的娱乐节目表演。游客乘坐嘉年华邮轮巡航，如同置身于美好的嘉年华盛会。嘉年华邮轮的航线目前主要集中在北美地区。如图 2-8 所示为嘉年华梦想号（Carnival Dream）邮轮。

图2-8 嘉年华梦想号（Carnival Dream）

2. 公主邮轮

公主邮轮（Princess Cruises）始创于1965年，1974年被英国半岛东方轮船公司（Peninsular & Oriental Steam Navigation Company，P&O）收购，2000年从半岛东方轮船公司的客运部门变更为独立的铁行公主邮轮（P&O Princess Cruises），2003年与美国嘉年华邮轮集团合并。

20世纪70年代，美国长篇电视连续剧《爱之船》（The Love Boat）在公主邮轮太平洋公主号（Pacific Princess）上拍摄，公主邮轮品牌及其标志自此深入人心，成功塑造了搭乘邮轮进行海上旅游休闲度假的新观念。

公主邮轮崇尚美食、娱乐和服务的多重体验，适合喜欢静谧、安静氛围以及海上惬意慢生活的顾客群体，最为经典的航线是美国西海岸航线。近年来考虑到目的地多元化发展的趋势，公主邮轮开启"全球旅行大师"的品牌定位，积极拓展海外航线。

【资料卡片】邮轮教母

航海一直以来都充满了神秘色彩，邮轮界有自己的传统——教母和掷瓶仪式。这个传统要从船舶业的源头说起，为了祈求一帆风顺，古希腊人将海神波塞冬的神龛带到船上，船员们头戴标志性的橄榄枝将葡萄酒一饮而尽。

传统被保留下来，每当新船入水，人们便特意在这个犹如新生儿接受洗礼的时刻举办神圣的新船入水仪式——由一位经过精心挑选的女性在船头掷碎一瓶香槟、洒在船身上，为新船命名及祝颂，这个施洗人就是今天所说的邮轮教母。

每当公主邮轮船队有新成员面世，都会邀请一位杰出女性为其命名，昭示着邮轮的正式启航。1984年，优雅大方的戴安娜王妃成为公主邮轮皇家公主号（Royal Princess）的教母，而在近二十年后的2013年，戴安娜王妃的儿媳凯特王妃也在南安普顿为全新的皇家公主号（Royal Princess）施洗，延续了这段王妃和"皇家公主号"的缘分。公主邮轮史上的明星教母还包括在银幕中饰演过最经典的公主形象的奥黛丽·赫本、意大利国宝级女演员索菲亚·罗兰。教母也并非贵族和明星的专属，政界领袖"铁娘子"前英国首相撒切尔夫人在1991年为帝王公主号（Regal Princess）命名，为这艘邮轮增添了典雅和庄重的色彩。

（资料来源：盛世公主号首航宣传册《海上丝绸之旅》）

3. 荷美邮轮

荷美邮轮（Holland America Line）起源于1873年成立的荷兰美洲航运公司（Netherlands-America Steamship Company），总部设在荷兰的阿姆斯特丹，在1989年被美国嘉年华邮轮集团收购之前经营从荷兰至美洲的客运和货运业务，目前总部位于美国的西雅图。

荷美邮轮的目标顾客群体是希望体验高品质邮轮假期的富有顾客，旗下船只具有高贵典雅的内部设计，布置了充满文化气息的艺术品，航线中拥有私人专属小岛半月岛（Half Moon Cay）。2016年，荷美邮轮最新船只科宁士丹号（MS Koningsdam）（图2-9）下水，注册总吨位99500吨。

图2-9　荷美科宁士丹号（MS Koningsdam）

4. 世鹏邮轮

世鹏邮轮（Seabourn Cruise Line）始创于1987年，最早投入运营的两艘船只是分别于1988年下水的世鹏骄傲号（Seabourn Pride）和1989年下水的世鹏精神号（Seabourn Spirit）。1991年，美国嘉年华邮轮集团购入世鹏邮轮25%的股份，1996年这一比例上调至50%，1998年购入剩余50%股份，目前公司总部位于美国西雅图。世鹏邮轮是超豪华邮轮的领导者，航线遍布世界各地，在短则7天、多则100多天的行程中为游客打造私密度假空间以及顶级尊享服务，船上服务人员与游客比例高达1∶1，提供无与伦比、无可挑剔的个性化服务。

5. 冠达邮轮

冠达邮轮（Cunard Lines）的历史可以追溯到1840年成立的英国北美皇家邮件船务公司。一个半世纪以来，冠达邮轮在世界邮轮史上都是一个闪亮的存在，带领着成千上万乘客穿越世界各大海洋，并成为横跨大西洋的海上先锋。1998年，冠达邮轮被美国嘉年华邮轮集团收购并再次获得成功。

冠达邮轮以英伦风格为游客提供王公贵族般的服务，是目前唯一拥有横跨大西洋定期班轮的邮轮品牌。在冠达邮轮的历史上，拥有过众多的船只，目前在役邮轮有三艘。

【行业聚焦】

冠达邮轮再造新船

2017年，美国嘉年华邮轮集团宣布为旗下邮轮品牌冠达邮轮建造一艘新一代邮轮。这艘新一代邮轮总吨位约113000吨，能够搭载3000名游客，计划在2022年加入冠达邮轮船队，并且成为第249艘悬挂冠达邮轮旗帜的邮轮。

冠达邮轮历史悠久，目前旗下远洋船队包括玛丽王后 2 号（Queen Mary 2）、维多利亚女王号（Queen Victoria）、伊丽莎白女王号（Queen Elizabeth）三艘邮轮，凭借无与伦比的白星服务（White Star Service）、精致珍馐以及世界级的娱乐表演闻名于世。如今，冠达邮轮是全球唯一提供定期横跨大西洋航线的邮轮品牌，并且依旧延续其在 1922 年开创的环球巡航的传统。

随着这艘尚未命名的新一代邮轮的加入，冠达邮轮自 1998 年以来将首次运营由四艘邮轮组成的船队，这也是冠达邮轮全球发展战略规划的重要组成部分。

6. 歌诗达邮轮

歌诗达邮轮（Costa Cruises）成立于 1854 年，1948 年启动客运业务，在意大利和南美洲之间提供定期航班服务，2000 年被美国嘉年华邮轮集团收购，公司总部位于意大利热那亚。歌诗达邮轮旗下船只具有醒目的亮黄色烟囱，搭配象征企业识别标志的英文字母 C，以意大利风情作为品牌定位。船只上保留了很多意大利式的风格，比如船舱中精致的大理石、琉璃装饰以及不少名贵的油画、古罗马雕塑等艺术品。船只上提供精致的饮食，多为独具特色的意大利餐。歌诗达邮轮是首家获批进入中国市场开辟母港运营业务的国际邮轮品牌。

7. 爱达邮轮

爱达邮轮（Aida Cruises）于 20 世纪 60 年代进入邮轮行业，总部位于美国迈阿密。爱达邮轮主要面向德语顾客，船上的设施旨在吸引更加年轻、更加活跃的旅行者。爱达邮轮外观极具特色，船体绘有醒目的亮黄色眼睛和红嘴唇图案。爱达邮轮还是嘉年华邮轮集团旗下第一个使用液化天然气作为邮轮动力的品牌，可以极大减少废气排放而为环保做出突出贡献。

8. 铁行邮轮（英）

英国铁行邮轮（P&O Cruises UK）成立于 1837 年，总部位于南安普顿。铁行邮轮最早是半岛东方轮船公司的组成部分。1977 年，半岛东方轮船公司为其客运部门重塑品牌，创建了英国铁行邮轮（P&O Cruises UK）和澳大利亚铁行邮轮（P&O Cruises Australia）。2000 年铁行邮轮（P&O Cruises UK）独立出来成为铁行公主邮轮（P&O Princess Cruises）的子公司，2003 年并入嘉年华邮轮集团，为游客提供高雅的英式服务。图 2-10 所示为不列颠号（MS Britannia）邮轮。

图 2-10　铁行不列颠号（MS Britannia）

9. 铁行邮轮（澳）

澳大利亚铁行邮轮（P&O Cruises Australia）与英国铁行邮轮（P&O Cruises UK）联

系密切，目前同样属于美国嘉年华邮轮集团。澳大利亚铁行邮轮 2018 年运营五艘邮轮，面向大众经营，航线大部分位于澳洲附近，在澳大利亚和南太平洋区域航行。

（二）美国皇家加勒比邮轮公司

美国皇家加勒比邮轮公司（Royal Caribbean Cruises Ltd.）是全球第二大邮轮集团，目前运营皇家加勒比国际邮轮（Royal Caribbean International）、精致邮轮（Celebrity Cruises）、精钻会邮轮（Azamara Club Cruises）、途易邮轮（TUI Cruises）、伯曼邮轮（Pullmantur Cruises）、CDF（Croisieres de France）等品牌。

1. 皇家加勒比邮轮

皇家加勒比邮轮（Royal Caribbean International）创建于 1968 年，总部位于美国迈阿密。皇家加勒比邮轮是引领现代潮流的品牌，拥有世界上最大最先进的邮轮。邮轮上休闲娱乐花样繁多，有攀岩墙、溜冰场、冲浪等先进的邮轮娱乐活动设施和丰富的表演，适合全家人休闲度假。

2. 精致邮轮

精致邮轮（Celebrity Cruises）创建于 1988 年，是源自希腊的邮轮品牌，1997 年与美国皇家加勒比邮轮公司合并，目前总部位于美国迈阿密。精致邮轮品牌定位高端，面向具有丰富邮轮旅游经验的游客以及希望寻求高品质奢华体验的游客。旗下船只有较高艺术品位的装潢、油画和鲜花装饰，餐厅为欧式服务风格。精致邮轮将优雅的巡航与创新作为一种承诺，在地中海、阿拉斯加和北欧都有比较领先的航次与服务。

3. 精钻会邮轮

精钻会邮轮（Azamara Club Cruises）是定位于高端的一个品牌，旗下邮轮拥有无与伦比的设施以及精益求精的服务，主要航行于大型邮轮无法抵达的更加独特的目的地，并且靠泊时间更久，可以让游客在沉浸式的游览中充分感受目的地文化。

4. 途易邮轮

途易邮轮（TUI Cruises）由德国途易集团和皇家加勒比邮轮公司于 2007 年共同出资建立，并于 2009 年开始运作，总部位于德国汉堡。途易邮轮致力为德语地区游客提供高端的邮轮旅游体验，邮轮上的产品包括饮食、娱乐、设施等都按照德式喜好量身定制，德语是邮轮上使用的主要语言。目前，途易邮轮航行于加勒比、波罗的海、地中海以及加那利群岛。

【行业聚焦】

途易邮轮购入天海新世纪号（Golden Era）

德国途易集团是世界上最大的旅游服务企业之一，旗下拥有旅游和航运两大板块业务。2007 年，途易集团与美国皇家加勒比邮轮公司合作，共同出资打造了途易邮轮（TUI Cruises）品牌。此外，途易集团旗下还运营马雷拉邮轮（Marella Cruises）和赫伯罗特（Hapag-Lloyd Cruises）邮轮。

2017 年，马雷拉邮轮（Marella Cruises）从皇家加勒比邮轮公司手中收购天海新世纪号（Golden Era）。经过改造后，天海新世纪号（Golden Era）更名为马雷拉探索者 2 号（Marella Explorer 2）投入运营。2019 年，新麦希夫 2 号（Mein Schiff 2）将加入途易邮轮（TUI Cruises）舰队，同年，赫伯罗特邮轮（Hapag-Lloyd Cruises）也将迎来两艘新的豪华探险邮轮。2023 年，麦希夫 7 号（Mein Schiff 7）将加入途易邮轮（TUI Cruises），这也将成为途易集团在全球运营的第 18 艘邮轮。

途易集团收购天海新世纪号（Golden Era）也意味着皇家加勒比邮轮公司与携程旅行网合资的中国本土邮轮品牌天海邮轮（SkySea Cruises）暂时停止运营，但并未结束皇家加勒比邮轮公司与携程旅行网之间强大的合作关系。天海新世纪号（Golden Era）在船型配置、品牌知名度、市场美誉度、产品主题化特色、餐饮本土化等方面都颇有亮点，客户满意度达到 97% 以上，曾获得"最佳本土邮轮""最具性价比邮轮""最佳餐饮邮轮""最佳 MICE 邮轮""最受中国家庭欢迎邮轮""年度最佳国内邮轮品牌"等诸多奖项。

5. 伯曼邮轮

伯曼邮轮（Pullmantur Cruises）在 20 世纪 90 年代后期开始运营邮轮业务，总部位于西班牙马德里，2006 年被皇家加勒比邮轮公司收购。伯曼邮轮是西班牙著名的邮轮运营商，主要面向来自于西班牙的顾客群体，一些邮轮航次也会对除西班牙以外的其他旅行社出售。伯曼邮轮经常采取包价旅游的形式，船上酒精饮料等包含在邮轮船票之内。

（三）美国诺唯真邮轮控股有限公司

美国诺唯真邮轮控股有限公司（NCLH，Norwegian Cruise Line Holdings Ltd.）作为一家上市公司，主要股东包括美国阿波罗全球管理公司、云顶集团和 TPG 资本等。目前，诺唯真邮轮公司主要运营诺唯真邮轮（Norwegian Cruise Line）、丽晶七海邮轮（Regent Seven Seas Cruises）和大洋邮轮（Oceania Cruises）三个邮轮品牌。

1. 诺唯真邮轮

诺唯真邮轮（Norwegian Cruise Line）成立于 1966 年，曾用名为挪威邮轮，2016 年发布"诺唯真"全新中文名称，完美诠释"承诺、专属和真诚"的品牌理念。自成立以来，诺唯真邮轮在邮轮行业实现了一系列的发展与创新。1977 年，购买巴哈马大马镫礁，历史突破性地成为提供私人外围岛旅游的邮轮品牌。1998 年，开辟夏威夷火奴鲁鲁航线。2000 年，发布了自由闲逸式邮轮假期（Freestyle Cruising），游客可以自由灵活的设计心仪的旅程，享受自由闲逸的邮轮时光。图 2-11 所示为诺唯真美国之傲号（Pride of America）邮轮。

图 2-11 诺唯真美国之傲号（Pride of America）

2. 丽晶七海邮轮

丽晶七海邮轮（Regent Seven Seas Cruises）定位于奢华市场，是世界著名的六星级邮轮品牌之一，主要面向北美游客，提供高雅无忧的全包度假体验。丽晶七海邮轮曾经被评选为"全球最佳小型豪华邮轮公司"以及"最佳年度邮轮"，其在奢华邮轮市场具有一定的品牌号召力。

3. 大洋邮轮

大洋邮轮（Oceania Cruises）成立于 2002 年，定位于高端市场，强调以服务理念为游客创造最豪华、最舒适的感觉。旗下邮轮体现出低调、优雅与随性的乡村俱乐部风格，鼓励游客放松步调，享受海上以及沿途停靠的港口景致。

（四）地中海邮轮

地中海邮轮（Mediterranean Shipping Cruises，MSC）成立于 1987 年，1995 年拓展邮轮业务，是一家纯正的意大利品牌公司，总部位于意大利那不勒斯，在意大利米兰、威尼斯、热那亚、罗马以及全球各地设有很多办事处。地中海邮轮拥有绵延三百余年的航海基因，从地中海丰富的历史底蕴中汲取灵感，凭借专业雄厚的航海实力、业内先进的邮轮舰队、极富创新的产品设计、优雅舒适的度假体验而深受游客的青睐。作为全球最年轻、最先进的船队，地中海邮轮为游客提供最佳的意大利风格邮轮假期，并且首创地中海游艇会（MSC Yatch Club）船中船专属奢华概念，满足高端客人对大型邮轮上专属性和私密性的要求。

（五）云顶香港有限公司

云顶香港有限公司（Genting Hong Kong Ltd.）是亚洲本土首家邮轮公司，1993 年开始在亚洲区域经营邮轮业务。云顶香港有限公司了解亚洲游客需求，旗下丽星邮轮（Star Cruises）、星梦邮轮（Dream Cruises）、水晶邮轮（Crystal Cruises）三个品牌为不同细分市场的游客提供多元化的服务。

1. 丽星邮轮

丽星邮轮（Star Cruises）是亚太区的领导船队，以推动亚太地区邮轮旅游发展为目标，为东南亚发展成为国际邮轮旅游区发挥了重要作用。丽星邮轮的目标顾客群体是现代化的大众市场，贴合亚洲人的喜好设计航线和服务，船票价格上具有较大优势。

2. 星梦邮轮

星梦邮轮（Dream Cruises）服务于亚洲高端顾客市场，以亚洲殷勤好客之道以及较高的船员游客比为游客带来无与伦比的星梦体验。目前，星梦邮轮在役邮轮有云顶梦号（Genting Dream）（图 2-12）和世界梦号（World Dream）。

图 2-12　云顶梦号（Genting Dream）

3. 水晶邮轮

水晶邮轮（Crystal Cruises）创建于 1988 年，总部位于日本东京，后被云顶香港有限公司收购。水晶邮轮服务于全球顶级奢华市场，旗下船只具有高贵简约的完美设计以及宽敞的空间，为游客提供无懈可击的高端服务、闻名世界的珍馐佳酿等，并因此获得无数殊荣。

（六）银海邮轮

银海邮轮（Silver Sea Cruises）创建于1994年，是源自意大利的奢华邮轮品牌。银海邮轮旗下船只雅致、宽敞，客舱为带有私人阳台以及露天餐台的全海景套房，由全球知名奢华邮轮品牌提供无与伦比的设施用品，迎合每一个游客独一无二的需求。银海邮轮极具创新意义，为游客提供私人定制化的环球航海旅行，邮轮线路独具匠心，可以驶入很多大型邮轮无法驶入的绝美港口。

（七）迪士尼邮轮

迪士尼邮轮（Disney Cruise Line）隶属于美国华特迪士尼公司，1998年正式宣告成立，是华特迪士尼公司最具增长性、表现最好的业务领域。早期，华特迪士尼公司曾经与高级邮轮公司合作（Premier Cruise Line），利用其船只销售迪士尼的度假产品。迪士尼邮轮旗下拥有4艘邮轮，主要为带小孩的家庭旅行者提供短途的海上度假体验，航线主要集中在美国东海岸巴哈马海域、加勒比海以及美国西海岸、墨西哥蔚蓝海岸等地。

（八）维京邮轮

维京邮轮（Viking Cruises）创建于1997年，旨在为来自世界各地的游客提供高品质的内河及海洋邮轮服务。维京邮轮运营总部位于瑞士巴塞尔，销售总部位于美国洛杉矶，业务覆盖全球多个市场，拥有数量庞大的内河邮轮船队以及新打造的海洋邮轮船队。维京邮轮聚焦对历史、艺术、音乐以及美食等文化体验感兴趣且有洞察力的游客，为其提供原汁原味的欧洲内河巡游。同时，极具现代感设计和舒适北欧风格的海洋邮轮也在高端邮轮市场中占据重要的一席之地。

（九）海达路德邮轮

海达路德邮轮（Hurtigruten Cruise Line）创建于1893年，因开创性地将挪威沿海的交通需求与创新的旅游产品合为一体而迅速成长，主要以提供挪威沿海以及南北极海域的探险家航程为主。海达路德邮轮以打造亲身体验独一无二的海上航行为愿景，每一条航线都经过精心设计，穿行于最原始的自然中，遇见随时可能出现的野生动物、宏伟冰盖以及妙不可言的原住民文化。旗下邮轮是航行在南北极地区设施最为先进的唯一具有破冰能力的邮轮，因其高标准的服务水平和低价格的优势，拥有全球极高的满舱率和满意度。

午夜阳光号（MS Midnatsol）

午夜阳光号（MS Midnatsol）（图2-13）邮轮隶属于挪威海达路德邮轮公司，长135.75米，宽21.5米，注册总吨位16151吨，载客量970人，航速18节，于2003年投入运营。

午夜阳光号（MS Midnatsol）邮轮拥有极具现代感的设计，用挪威现代艺术作品装饰，明亮多彩的装饰灵感来自于挪威阳光明媚的夏季温暖日子。船上配有餐厅、酒吧、剧院、健身房、游戏室以及会议室等，透过双层全景休息室的宽大玻璃窗，可以欣赏到绝佳的海景。船上还有专门的汽车甲板，共计32个停车位，可以停靠长度不超过6.5米、宽度不超过2.5米、高度不超过2.3米的汽车。

午夜阳光号（MS Midnatsol）邮轮具有先进的技术，非常适合在南极洲进行远征巡游。船上也会开办有趣的讲座和演讲活动，活动主题取决于航行的季节及水域，以帮助游客了解巡游过程中遇到的自然、文化现象，提升游客的专业旅行体验。

图 2-13　午夜阳光号（MS Midnatsol）

三、中国本土邮轮公司

在邮轮公司全球化运营的过程中，一些国际邮轮品牌逐渐被中国游客所熟知。另有一些中国企业开始进军邮轮市场，本土邮轮公司开始崭露头角。

（一）海航旅业邮轮游艇管理有限公司

海航集团成立于1993年，拥有航空、租赁、IT分销等世界一流产业。海航旅业是海航集团战略业态中的核心企业，于2012年正式成立海航旅业邮轮游艇管理有限公司，率先投入中国邮轮旅游市场，力图打造专为中国人量身定制的海上移动度假胜地。

作为中国本土豪华邮轮公司，海航旅业邮轮游艇管理有限公司负责海娜号（Henna）邮轮的管理与运营。海娜号（Henna）邮轮长223米，宽28米，客舱739间，载客1965名。船上公共设施较为齐全，包括餐厅、免税店、娱乐场、剧院、SPA中心、宴会厅、酒吧、多功能会议室、棋牌室、儿童中心、健身房、游泳池等，可最大限度满足船上游客各项生活和娱乐需求。在航线设计方面，以韩国、越南等地为旅游目的地，形成丰富的特色邮轮旅游线路。2013年1月，海娜号在海南三亚举行首航仪式。2015年，海娜号（Henna）转售并结束在中国市场的对外运营。

（二）渤海轮渡集团股份有限公司

渤海轮渡集团股份有限公司成立于1998年，是以客滚业务为根基、以国际邮轮业务和国际客箱业务等新业态为驱动的大型综合集团公司，旗下客滚船在渤海湾客滚运输领域中占据绝对主导地位。2014年，渤海轮渡集团在香港成立子公司香港渤海国际轮渡有限公司，运营从欧洲购买的国际豪华邮轮中华泰山号（Chinese Taishan）（图2-14）。中华泰山号（Chinese Taishan）长180米，宽25米，总吨位2.45万吨，载客927人，开辟从烟台等港口至日本、韩国等地的国际航线。

（三）精致钻石邮轮管理（上海）有限公司

精致钻石邮轮管理（上海）有限公司成立于2015年7月，是上海辉煌旅游发展有限公司的子公司。旗下首艘钻石辉煌号（Glory Sea）邮轮建造于德国，长180米，宽28米，总吨位4.5万吨，客舱418间，载客1300人，2015年12月加入钻石邮轮船队。"钻石"代表公司对每位邮轮游客贵宾级的礼遇以及周到细致的服务追求，"辉煌"则寓意钻石辉煌号邮

图 2-14 中华泰山号（Chinese Taishan）

轮的光辉起点。2016 年 7 月，钻石辉煌号（Glorg Sea）首航日本成功。

（四）上海大昂天海邮轮旅游有限公司

上海大昂天海邮轮旅游有限公司成立于 2013 年 12 月，是携程旅行网联合磐石资本等共同组建的中国本土豪华邮轮公司。2014 年 11 月，美国皇家加勒比邮轮有限公司入股天海邮轮公司，推进天海邮轮公司无缝对接国际化邮轮船务管理水准。天海邮轮的首艘邮轮命名为天海新世纪号（Golden Era），2015 年 5 月完成首航。2018 年，天海新世纪号被转售。

天海新世纪号（Golden Era）

天海新世纪号（Golden Era）（图 2-15）邮轮长 246 米，宽 32 米，总吨位 71545 吨，载客 1814 人，以精致礼遇、智慧互联、炫酷体验的特色，为中国邮轮游客提供耳目一新、更具本土化特色的高端服务体验。

图 2-15 天海新世纪号（Golden Era）

天海新世纪号（Golden Era）邮轮在役期间，先后斩获"最佳本土邮轮""最具性价比邮轮""最佳餐饮邮轮""最佳 MICE 邮轮""最受中国家庭欢迎邮轮"等诸多奖项。2016 年，天海新世纪号（Golden Era）邮轮共运营 80 个航次，其中约 20 个航次推出了单次主题活动，有 42 个航次安排了全年主题活动，主题航次占比接近 60%，被誉为行业内主题活动航次最多的邮轮。2017 年，天海新世纪号（Golden Era）邮轮精心打造"邮轮＋音乐""邮轮＋文化"为核心的贯穿全年的"天海好声音"和"天方夜谭"活动，主题航次占比超过 70%，数量和品类进一步增加。与此同时，天海新世纪号（Golden Era）邮轮还与行业伙伴展开深入合作，全面提升主题邮轮活动的品质。

【知识回顾】

一、多项选择题

1. 20世纪60年代，（　　）邮轮在加勒比海度假领域取得巨大成功。
   A. 挪威向阳号　　　　　B. 挪威迎星号　　　　　C. 挪威天空号
2. 邮轮公司岸上业务包括（　　）。
   A. 物资采购　　　　　　B. 雇员管理　　　　　　C. 财务控制
3. 邮轮公司海上业务包括（　　）。
   A. 市场拓展　　　　　　B. 邮轮巡航　　　　　　C. 船上服务
4. 以下属于嘉年华集团运营品牌的是（　　）。
   A. 嘉年华邮轮　　　　　B. 爱达邮轮　　　　　　C. 伯曼邮轮
5. 以下属于诺唯真邮轮公司运营品牌的是（　　）。
   A. 水晶邮轮　　　　　　B. 大洋邮轮　　　　　　C. 丽晶七海邮轮
6. （　　）两家公司占有全球邮轮旅游市场近70%的市场份额。
   A. 美国嘉年华邮轮　　　B. 美国皇家加勒比邮轮　　C. 意大利银海邮轮

二、简答题

1. 什么是邮轮公司？简述邮轮公司的发展。
2. 邮轮公司常见的组织结构是怎么样的？船上及岸上各有哪些主要岗位？
3. 邮轮公司常见的竞争战略有哪些？简述STP竞争战略。
4. 邮轮公司常见的合作代理有哪些？简述其合作模式。

【知行合一】

任务一：

任意选择一家邮轮公司，调研其组织结构以及业务范围，根据该邮轮公司的主要职能部门组成不同的学习小组，分小组对各职能部门业务内容进行讨论，并对该项业务内容的必要性发表各自的看法。

任务二：

任意选择一个邮轮品牌，调研其所属邮轮公司的发展历程、品牌特色、船队规模、航线分布以及所采取的竞争战略，形成相应的调研结论进行汇报。

【章节体会】

_____
_____
_____
_____

第三章 邮轮产品

【章节导览】

邮轮公司经营业务的核心部分是通过向游客提供满足其物质与精神需求的邮轮旅游产品来获得经营利润。在对邮轮以及邮轮公司进行充分认知的基础上,本章详细介绍了邮轮旅游产品的涵义与类型、邮轮旅游航次的消费体验过程,旨在能够深刻理解邮轮海上巡游业务,进而能够根据邮轮游客特点进行邮轮旅游产品的开发设计与销售。

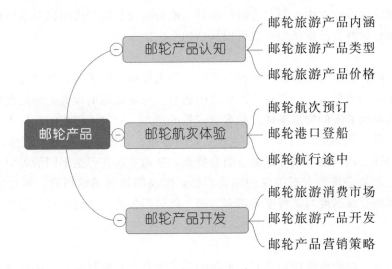

第一节 邮轮产品认知

随着现代意义上邮轮公司的诞生以及邮轮旅游度假业务的开展,邮轮旅游产品这一概念也被越来越多地提及。游客购买邮轮旅游产品,享受邮轮上的各种设施与服务,欣赏浩瀚大海的自然风光与沿途港口的人文景观,体验邮轮旅游所带来的休闲放松乐趣;而邮轮公司则从邮轮旅游产品的供给中获取经营利润。

一、邮轮旅游产品内涵

（一）邮轮旅游产品的定义

邮轮旅游产品可以从供给者和需求者的角度来分别进行界定。从供给者的角度来讲，邮轮旅游产品是指邮轮公司借助一定的旅游资源和旅游设施，为旅游者提供的满足其在邮轮旅游过程中综合服务需要的组合。从需求者的角度来讲，邮轮旅游产品是指旅游者以货币形式向邮轮旅游经营者购买的全部有形产品与无形产品的总和。

关于邮轮旅游产品，需要注意以下几个方面。

（1）邮轮旅游产品的供给以"邮轮"这一特定的旅游资源和旅游设施为载体。没有邮轮，邮轮旅游产品也就无从谈起，邮轮公司经营也就无法实现。邮轮既是交通工具，又是旅游目的地，还是重要的旅游吸引物。

（2）邮轮旅游产品是有形产品和无形产品的总和。邮轮公司为游客提供餐饮、住宿、娱乐等多种服务，满足游客在邮轮旅游全过程中食、住、行、游、娱、购的需要。游客参与邮轮旅游，除了可以消费基本有形产品，还可以获得美好的心理体验，领略浩瀚大海的魅力。

（3）邮轮旅游产品是一种高端休闲度假产品。邮轮旅游是一种全新的旅游度假概念。相较于传统的旅游产品，邮轮旅游提供一种类似但甚于旅游度假地的休闲体验。

（二）邮轮旅游产品的构成

以上是从理论层面对邮轮旅游产品进行抽象概念的理解。而在实际经营中，邮轮公司提供的邮轮旅游产品是以邮轮旅游航次作为具体的表现形态，并且以航次为单位在市场上进行售卖。

在任意一个邮轮旅游航次中，都包含航行船只、航行时间、航行线路以及航行服务四大构成要素。对于邮轮旅游产品的认知，也可以从这四个方面来进行。

1. 航行船只

搭乘的邮轮不同，旅游者的航次体验亦不相同。作为构成邮轮旅游产品的必备要素，邮轮船只从两个方面影响游客对某一邮轮旅游航次的感知。一是邮轮的设施。邮轮设施是旅游者完成邮轮旅游活动所必需的物质条件。游客对邮轮的感知，取决于邮轮的吨位大小、空间布局、设施设备以及装饰装潢。大型邮轮拥有宽敞的客舱、餐厅、剧院以及更多的娱乐设施，小型邮轮在内部装潢与艺术设计方面也颇有特点，从而对游客产生不同的吸引。二是邮轮的形象。邮轮的形象是旅游者对邮轮的综合看法，涉及邮轮公司的历史、邮轮品牌的定位、邮轮的设计风格、知名度与美誉度等诸多方面。邮轮形象的优劣也会对旅游者的购买产生影响。

2. 航行时间

旅游者在考量某一邮轮旅游产品之时，关注的第二个要点是航行时间。航行时间包括两方面的含义，既可以表示邮轮航次安排时间的淡旺季之分，又可以表示具体某一航次中邮轮航行时间的长短。一方面，邮轮旅游产品具有典型的季节性，邮轮旅游需求在一年中不同时段呈现波动状态，故而在邮轮旅游航次中会体现出季节性要素；另一方面，某一邮轮旅游航次的航行时间长短也会影响游客的购买选择，一些游客青睐时间较短的行程，另一些游客则希望有更多的游览时间。

3. 航行线路

虽然"邮轮即是旅游目的地"，但是邮轮旅游产品亦不能忽略了航线要素。邮轮航线是邮轮从母港出发到结束行程靠岸过程中所航行的路线，通常会受到季节、水域以及港口目的地的旅游吸引物等因素的影响。邮轮航线对于邮轮旅游产品能否吸引客源也会产生很大的影响。任何一个邮轮旅游航次都要做好航线的规划，以此来满足旅游者对邮轮旅游产品的不同期待。

4. 航行服务

航行服务是指在邮轮旅游全过程中为旅游者提供的服务内容、方式、态度、速度与效率等。不同的邮轮旅游航次，其服务项目的多少以及服务内容的深度也有所不同，故而航行服务也是邮轮公司产品竞争的重要内容。

从服务的产生过程来看，邮轮航行服务包括服务观念、服务技术和服务态度。服务所表现的是一种人与人的关系，因而服务观念是从事服务工作的前提；服务技术是服务工作的基础，也是评判服务质量的标准；服务态度是对旅游者的尊重和理解，也是旅游者关注的焦点。

从服务的静态角度来看，邮轮航行服务包括服务项目和服务价格。服务项目是在邮轮设施基础上的扩大和深化，服务项目内容多少决定着能否为旅游者提供方便、快捷、高效以及特色的服务形式与内容。服务价格是服务质量的货币形式，不同价格反映着所提供的不同等级的服务，这是国际旅游业的通行原则。

图 3-1 地中海辉煌号（MSC Splendida）

地中海辉煌号（MSC Splendida）

地中海辉煌号（MSC Splendida）（图 3-1）邮轮是意大利地中海邮轮公司旗下舰队中最受瞩目的明星邮轮之一，注册总吨位 137936 吨，客舱 1637 间，载客 3274 人，船员 1370 人。

2018 年 4 月 1 日，地中海辉煌号（MSC Splendida）从迪拜启程，途径阿布扎比、马斯喀特、科伦坡、普吉岛、兰卡威、槟城、巴生港、新加坡、胡志明市和中国香港共 10 个重要国际港口城市，于 4 月 24 日抵达上海吴淞口国际邮轮母港，成为重走海上丝绸之路的"丝路使者"，带领游客领略海上丝绸之路的自然与人文景观。

2018 年 5 月 18～22 日，地中海辉煌号（MSC Splendida）完成首个中国母港航次，以

"瑜伽大师课＋经济学讲堂"的双主题航次活动开启 2018 年中国航季，为中国游客带来高品质的格调之旅。瑜伽世家与航海世家交汇，让旅游者得到身心的放松。亚太最大的海上剧院举办著名经济学家"海上经济学讲堂"，为旅游者、特别是高端商务人士带来独一无二的海上体验。

地中海辉煌号（MSC Splendida）以美轮美奂的设计和细致入微的服务备受赞誉，船上配有精美餐具、华丽装饰、舒适床品以及泰诺健（Technogym）健身器材，由 47400 颗施华洛世奇水晶打造的水晶旋梯是其最具标志性的特征。在来到中国之前，地中海邮轮斥巨资对其进行了改造升级，在保持原汁原味的欧洲格调的基础上，增添了高度智能化的科技感，并为中国宾客特别增加了更多的设施与服务，力求树立中国母港邮轮的全新标杆。

（三）邮轮旅游产品的层次

对于邮轮旅游产品的认识，还可以从整体产品观念的五个层次进行理解。在整体产品观念的指导下，邮轮旅游产品需要在核心产品、形式产品、期望产品、延伸产品和潜在产品五个层次进行最佳组合，才能形成产品的竞争优势，才能更好地确立产品的市场位置。

1. 核心产品

核心产品是消费者购买邮轮旅游产品时所获得的基本利益，这是整个产品概念中最重要的部分，也是邮轮公司开展邮轮旅游的先决条件。消费者选择邮轮旅游，是为了休闲和放松。在餐厅用餐，是为了满足其饮食需求。核心产品需要通过形式产品体现出来。

2. 形式产品

形式产品是核心产品借以实现的形式，是能够满足消费者需求的实实在在的产品和服务。形式产品包括邮轮所提供的客舱住宿、餐厅美食以及各种休闲娱乐活动项目，还包括邮轮旅游过程中所欣赏到的自然风光和人文景观。

3. 期望产品

期望产品是消费者在购买邮轮旅游产品时必然产生的种种期望，诸如舒适度、安全感、受人尊重以及良好的服务等。消费者在参加邮轮旅游的过程中，除了消耗有形的物质产品之外，主要是对邮轮提供的各种服务的消费。邮轮在满足消费者参观、游览、住宿、用餐等基本需要的同时，还应该满足其对气氛、便利和愉悦等期望的主观愿望。

4. 延伸产品

延伸产品是邮轮形式产品与期望产品的延伸和进一步完善。这些产品往往不属于必须提供的产品项目，但能够使之与其他邮轮产品区别开来，从而在激烈的市场竞争中获得优势。在为消费者提供形式产品并使其期望得到满足的同时，可以进行邮轮旅游产品创新，比如邮轮主题航次的开展等。

5. 潜在产品

潜在产品是指现有邮轮旅游产品可能的演变趋势和前景，通常超越消费者的期望和预料。此外，潜在产品还可以是为满足个别消费者的特殊需要而提供的特殊性、临时性的服务。

邮轮旅游产品的五个层次各具特点、相互独立又紧密连接。在这五个层面上，确保形式产品和期望产品的质量，是使消费者满意的前提条件。延伸产品和潜在产品是邮轮旅游产品灵活性的具体表现，同时也是形式产品在现有价值之外的附加价值。这五个层面的全部意义在于提供一个具有质量保证、具有一定灵活性和竞争优势的邮轮旅游产品。

二、邮轮旅游产品类型

根据不同的分类方法,邮轮旅游产品可以划分为多种类型。常用的分类方法有按照邮轮航行路径分类、按照邮轮航线长短分类、按照邮轮出发港口分类以及按照邮轮航线特色分类等。

(一) 按照航行路径分类

按照航行路径进行划分,邮轮旅游产品分为往返航线产品和单程航线产品两种类型。

1. 往返航线产品

往返航线产品是指邮轮出发和返程都在同一港口的邮轮旅游产品。往返航线产品在邮轮旅游市场比较多见,既有经停一两个港口的直线式往返航线产品,又有经停多个港口的环状式往返航线产品。往返航线产品增加了游客从家到集散港口的交通便利性,且在很多情况下经济适用。如图3-2所示。

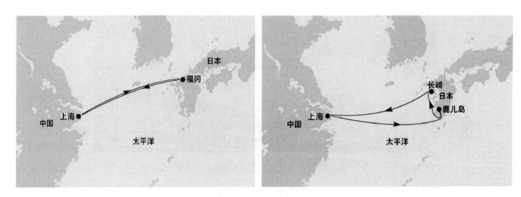

图3-2 地中海辉煌号(MSC Splendida)直线式往返航线与环状式往返航线

2. 单程航线产品

单程航线产品是指邮轮从一个港口出发,经停中途停靠港后,游客在另一个港口下船,完成邮轮旅游全过程。在同样的时间内,单程航线产品停靠的港口较多,基本不走回头路,相对的观光行程也更加丰富,游客可以领略不同的停靠港风光。但是单程航线产品也存在一些不便之处,比如航线跨度大,游客需要用航空、铁路等交通方式往返,会带来一定的麻烦。一些邮轮公司会采取包价的方式为游客提供往返交通服务,为游客提供便利。

单程航线产品一般在高端邮轮旅游产品中比较常见,邮轮在转港或转区域航行时也会设计此类产品。转港航线(Repositioning Cruise)是邮轮结束一个母港航季之后,转向另外一个母港时开辟的航线。转港航线经常跨越大洋,相较于只在母港附近单一海域航行的短航线,此类航线目的地的丰富程度已经近似于环球航线。

(二) 按照航线长短分类

按照航线长短进行划分,邮轮旅游产品分为中短线邮轮旅游产品、长线邮轮旅游产品和环球航线邮轮旅游产品三种类型。

1. 中短线邮轮旅游产品

游客搭乘邮轮进行海上旅行,享受船上精美的膳食、丰富的活动,欣赏国内外港口城市的风光,可以选择航程在10天以下的中短线邮轮旅游产品。中短线邮轮旅游产品航程较短,灵活便捷,在邮轮旅游市场上比较多见。由于休闲时间的限制,中国游客更加青睐6天5晚、5天4晚以及4天3晚的航线产品。一些邮轮公司也会推出2天1晚、3天2晚的海上巡游航线，以满足特定消费者的需要。

2. 长线邮轮旅游产品

长线邮轮旅游产品的航程大约为 10～15 天甚至更长。游客选择此类邮轮旅游产品，可以轻松游览多个港口，享受更加惬意、深度的邮轮旅游假期。长线邮轮产品在阿拉斯加航线、北欧航线、澳新航线中比较多见，适合邮轮旅游经验比较丰富的旅游者。在邮轮旅游产品销售中，通常会把搭乘飞机从境外港口登船的产品称为长线邮轮旅游产品，在此要加以区别。

3. 环球航线邮轮旅游产品

长达数月的环球或者洲际巡游航线也在市场上占有重要的一席之地，在此称为环球航线邮轮旅游产品。由于环球航线产品巡航时间较长，故而也可以分段进行销售。

图 3-3　维京太阳号（Viking Sun）

维京太阳号（Viking Sun）

维京太阳号（Viking Sun）（图 3-3）是维京邮轮旗下继维京之星号（Viking Star）、维京海洋号（Viking Sea）、维京天空号（Viking Sky）之后的第四艘海洋邮轮，注册总吨位 47800 吨，客舱 465 间，载客 930 人。

维京太阳号（Viking Sun）邮轮致力于环球航线的运营，强调以目的地为导向的旅行体验，带领阅历丰富且具有洞察力的游客们深度探索世界不同的角落。船上从阳台客舱到探险家套房，全部配以高端的设施，包括高档亚麻特大双人床、宽敞淋浴、奢华洗漱、加热浴室地板、平板液晶电视等。船尾配有一座悬挑玻璃无边泳池，与碧海蓝天融为一体，可以在夜晚遥望数百年来指引探险家们征服世界的相同星座。维京太阳号（Viking Sun）邮轮不提供赌场和激流勇进项目，没有儿童娱乐设施，取而代之的是丰富的维京文化课程，包括世界级的历史和文化课程、目的地佳酿品鉴、民俗风情表演、经典音乐表演等。

2018 年 3 月 8 日，维京太阳号（Viking Sun）在上海北外滩黄浦江畔举行命名仪式，这是首次到访中国的维京邮轮，也是首艘在中国命名的维京邮轮。2019 年 8 月，维京太阳号（Viking Sun）邮轮将从英国伦敦出发，造访全球 6 大洲、59 个国家和 113 个港口，其中还会在 22 个港口过夜停靠，完成史上最长历时 245 天的环球航次，带领游客享受五星级的邮轮环球之旅。

（三）按照出发港口分类

按照出发港口进行划分，邮轮旅游产品分为境内母港航线产品（Homeport Cruise）和境外母港航线产品（Fly Cruise）两种类型。

1. 境内母港航线产品

境内母港航线产品（Homeport Cruise）一般是指本国游客直接从国内相对较近的港口城市出发搭乘邮轮的旅游方式。这也是邮轮旅游市场中相对来说占据主导地位的产品，比较适合大众邮轮旅游市场的需要。

2. 境外母港航线产品

境外母港航线产品（Fly Cruise）也称为海空联程邮轮旅游产品，是需要衔接长距离飞行在境外搭乘邮轮的旅游方式。目前，中国的境外母港航线产品主要目的地在地中海、加勒比海等传统的邮轮旅游市场集聚地。

境外母港航线产品消费人群旅游经验丰富，注重精神享受，具有很高的旅游期望，并且对价格不甚敏感。相较于境内母港航线产品，境外母港航线产品可以将邮轮体验与远距离陆上观光相结合，最大限度增加产品性价比，给游客提供更多的选择。

（四）按照航线特色分类

按照航线特色进行划分，邮轮旅游产品分为度假型邮轮旅游产品、观光型邮轮旅游产品和主题型邮轮旅游产品三种类型。

1. 度假型邮轮旅游产品

由于邮轮本身乘坐悠闲、舒适并提供完善的各种娱乐活动设施，因而能够满足消费者休闲度假的需求，市场上度假型邮轮旅游产品较为多见。购买度假型邮轮旅游产品的消费者，其目的在于休闲和娱乐，并不在乎景观的多样性，故而度假型邮轮旅游产品所串联的旅游目的地较少，有的甚至只经停一两个港口。

2. 观光型邮轮旅游产品

作为旅游市场上较为高端的旅游项目，邮轮旅游多以休闲度假为目的，这也是邮轮旅游的本质属性。但是为了更好地满足市场上多元化的需求，邮轮公司也会竞相开发观光型邮轮旅游产品，带领游客观光和饱览异域风情。此类产品会包含更多的邮轮旅游目的地，因此设计成本相对较高。

3. 主题型邮轮旅游产品

主题型邮轮旅游产品是聚焦于某一主题要素打造的邮轮航次，各项活动安排有比较专一的内容和属性，具有较强的文化性、专题性和趣味性。市场上常见的主题型邮轮旅游产品包括邮轮文化旅游产品、邮轮会议旅游产品、邮轮婚庆旅游产品、邮轮健身旅游产品等，适应消费者个性化、多样化的旅游需求。

皇家加勒比海洋赞礼号（Ovation of the Seas）

海洋赞礼号（Ovation of the Seas）邮轮是美国皇家加勒比邮轮公司"量子系列"邮轮中的第三艘船，长348米，宽41米，平均航速22节，注册总吨位168666吨，客舱2094间，载客4180人，船员1500人。

海洋赞礼号（Ovation of the Seas）邮轮上具有极富创意和高科技含量的设施，与其姐妹船海洋量子号（Quatum of the Seas）、海洋圣歌号（Authem of the Seas）共同被誉为"来自未来的船"。升于海面之上的"北极星"让游客将大海和赞礼之景一览无遗，甲板跳伞让游客体验"飞翔"的感觉，机器人调酒师、270度震撼观景厅、海上碰碰车和海上复式套房等都让游客叹为观止。

2016年6月28日，海洋赞礼号（Ovation of the Seas）在天津举行盛大首航，针对北方游客喜好推出特色航次。2018年，海洋赞礼号（Ovation of the Seas）在天津出发的3个航次上为游客推出共计6场德云社相声专场，游客可以欣赏来自德云社著名相声演员带来的精彩表演，这也是海洋赞礼号（Ovation of the Seas）"欢乐海洋、笑的盛宴"德云社主题航次的第三季。如图3-4所示。

图3-4　海洋赞礼号（Ovation of the Seas）"德云社"主题航次

三、邮轮旅游产品价格

邮轮旅游产品的价格通常反映了邮轮旅游产品的质量，往往也决定着邮轮旅游产品能否被市场接受。从供给者的角度来讲，邮轮旅游产品价格的高低取决于邮轮航次成本、邮轮航次税费以及邮轮航次利润三部分之和的大小。从购买者的角度来讲，邮轮旅游产品的价格最直观地表现为邮轮旅游航次所销售的船票以及附加项目费用。

（一）航次船票费用

价格是产品价值的货币表现，由产品的内在价值和消费者附着在产品上的心理价值两部分组成。合理的价格构成是游客参加邮轮旅游的重要驱动。一般而言，邮轮旅游产品以航次为单位进行报价。一些邮轮公司采取"一价全包式"报价，为游客提供更多的便利。另有一些邮轮采取明确标示的价格项目报价，让游客提前了解邮轮旅游航次中船票费、港务费、燃油费、服务费以及岸上观光费的支付方式，并在出发前进行收取。

1. 船票费

船票费是游客对于某一邮轮旅游航次的基本费用支出，一般为邮轮公司提供的产品目录中标注的价格以及游客签署的邮轮旅游合约中所注明的金额。游客购买邮轮船票，可以享受邮轮旅游过程中的免费的餐饮、住宿以及娱乐体验，但是并非所有的邮轮服务项目均包含在船票之内。船票预订之后因游客原因取消行程，一般会支付船票价值一定比例的取消费。

2. 港务费

港务费是邮轮进出港口和在港口停泊期间，因为使用港口水域、航道和停泊地点而向港口缴纳的费用。港务费通常按船舶的总吨位或净吨位，进出港合并征收一次。游客在购买邮轮船票时一并支付港务费。邮轮航次中靠泊的港口以及港口数量不同，游客支付的港务费也将不同。

3. 燃油费

燃油费是成品油消费税产生的附加费，主要为促进节能减排、环境保护而设立，且实行公平负担。一些邮轮公司单独收取燃油费；另有一些邮轮公司的燃油费含在船票价格之内，如果燃油费用上调，邮轮船票价格也会相应上调。以意大利歌诗达邮轮公司为例，如果燃油费增加幅度在10%以内，邮轮票价不会增加；如果燃油费增长幅度在10%以上，将以3%为基准开始进行成比例增加。

4. 服务费

按照国际惯例，在邮轮上消费需要支付一定数额的服务费，或者也称为小费。服务费是在服务行业中顾客感谢服务人员的一种报酬方式，是一种约定俗成的文化现象。一些邮轮公司采取预付的方式，游客在支付船票费时一并支付小费；另有一些邮轮公司会在游客在船期间收取服务费。

> **【资料卡片】** 中国市场运营航线服务费标准示例
>
> ① 歌诗达邮轮服务费标准如下：
> - 13周岁及以上乘客：普通房型 14.5 美金/每人·每晚；套房房型：17.5 美金/每人·每晚。
> - 4～12周岁儿童：普通房型 7.25 美金/每人·每晚；套房房型：8.75 美金/每人·每晚。
> - 4周岁以下儿童：免收服务费。
>
> ② 皇家加勒比邮轮服务费标准如下：
> - 普通舱房（家庭标准套房及以下，即指标准套房、阳台、海景和内舱等舱房），服务费为 14.50 美金/每人·每晚。
> - 套房（高级套房及以上），服务费为 17.50 美金/每人·每晚。
>
> 服务费将在船上被自动添加至游客房卡账单中。服务费将发放给船上的工作人员，以认可其热情周到的服务。
>
> （备注：以上数据为2018年航次服务费标准）

5. 岸上观光费

邮轮公司会在游客搭乘邮轮旅行途中安排岸上观光项目，有些已经包含在船票费用之中，有些已经在游客上船之前支付船票费用之时以包价的费用一并收取，但也有一些邮轮航次的岸上观光项目需要额外付费。或者游客不参加邮轮公司安排的免费岸上观光项目，也可以额外付费再选择新的线路。

（二）航次附加费用

游客参加邮轮旅游，还需要有一些额外的费用支出，以保障邮轮旅游活动的顺利进行。此部分费用不由邮轮公司收取，故而未列入航次船票费用之中。

1. 护照签证费

邮轮旅游是一项出境游旅游项目，需要办理护照以及目的地国家的签证。

护照是一个国家的公民出入本国国境和到国外旅行或居留时，由本国发给的一种证明该公民国籍和身份的合法证件。签证是一个国家的主权机关在本国或外国公民所持的护照或其他旅行证件上的签注、盖印，以表示允许其出入本国国境或者经过国境的手续，也可以表述为一个国家的出入境管理机构对外国公民表示批准入境所签发的一种文件。

游客参加邮轮旅游，自行承担办理护照及签证的费用。

2. 领队费

邮轮旅游代理商作为邮轮公司重要的产品分销合作伙伴，对于邮轮旅游航次产品的销售通常会采取团队的形式进行。尤其是中国邮轮旅游市场中邮轮旅游代理商包船模式的存在，使得邮轮旅游代理商对于邮轮船票价格制定具有一定的权力。为了保障游客有更加便捷的邮轮旅程，邮轮旅游代理商对于参团的邮轮游客会安排领队全程进行服务，游客在此情况下需要支付少额的领队费用。

3. 保险费

游客参加邮轮旅游，可以支付少量合理的费用购买保险，以应对旅途中意外伤害、财务损失等突发事件。邮轮公司和邮轮旅游代理商在游客购买邮轮船票时，会给予游客购买旅游意外保险的建议，也有一些邮轮旅游代理商会将此项保险费用含在邮轮船票报价之内一并收取。

4. 往返港口交通费

游客从居住城市前往港口城市登船，或者从港口城市下船之后返回居住城市，期间产生的交通费用由游客自行承担。一些邮轮公司会推出包价邮轮旅游产品以方便游客。前端包价邮轮旅游产品包含游客从家到登船港口的交通费用以及旅游费用。后端包价邮轮旅游产品包括抵达最终邮轮港口后游客所需要的旅游及返程交通费用。全包价邮轮旅游产品涵盖游客登船之前和登船之后所有的交通及旅游费用。

第二节　邮轮航次体验

邮轮公司的业务核心是为旅游者提供邮轮旅游产品以获取经济效益，而邮轮旅游产品又以邮轮旅游航次作为具体的表现形态。为了进一步认知邮轮旅游产品，可以从邮轮航次预订、邮轮港口登船以及邮轮航行途中体验来考察邮轮旅游航次消费全过程。

一、邮轮航次预定

（一）航次选择

基于邮轮旅游产品的构成要素，游客在选择邮轮旅游航次时也会从航行时间、航行线路、航行船只以及航行服务等方面进行考虑。

首先，确定航行时间。从邮轮公司的角度来讲，一般会根据自身船队状况、当年市场状况以及对未来市场的研判来提前拟定下一年的航次计划并且对外发布。从游客的角度来讲，可以充分考虑自己的闲暇时间和经济承受能力来提前进行旅游计划的拟定。部分游客可能会提前半年至一年计划自己的邮轮假期，而更多的游客则会在航次开始之前三个月至半年确定邮轮旅行计划，明确可能出行的时间。

其次，确定航行线路。除了确定航行时间之外，制定邮轮旅行计划时还必须要考虑的是航行线路。虽然邮轮即是目的地，但是很多游客对于邮轮靠泊的港口目的地也非常关注。选择航行线路时，要考虑航行线路的长短，初次参加邮轮旅游者建议选择较短的航线，经验丰富的邮轮旅游者可以选择较长的航线。此外，还要考虑靠港目的地入境手续办理的便捷性，以免在航次预订之后因为出入境证件问题而造成预订取消情况的出现。

再次，选择航行船只。虽然市场上运营的邮轮多种多样，奢华档次各有不同，但对于旅游者来讲，最适合的邮轮才是最好的邮轮。各大邮轮品牌在经营时有不同的市场定位，面向的顾客群体也有所不同，比如美国皇家加勒比邮轮公司旗下船只大而梦幻，充满了科技感，意大利歌诗达邮轮公司旗下船只充满了意大利式的浪漫艺术气息，而世界首个卡通主题邮轮（图 3-5）则非常适合带小孩儿的游客。游客需要充分了解不同航行船只的经营特色及其差异性，以便在旅途中获得最佳的邮轮旅游度假体验。

图 3-5　首艘卡通主题邮轮

最后，选择航行服务。游客初步确定邮轮旅游航次之后，会着重关注邮轮航次提供的活动与服务。为了让游客更加直观地了解现代邮轮的构造与布局，明确邮轮上客舱类型以及其他设施的具体位置，邮轮公司会向游客提供邮轮的甲板分布图或者船舱透视图。一些邮轮公司还会采用更加先进的技术，向游客展示邮轮的 360 度全景图，让游客虚拟进行趣味盎然、鲜活体验的邮轮之旅，从而达成购买意向。

【行业聚焦】　　　　2018 年度最佳邮轮品牌排名

2017 年，全球权威排名和消费者咨询机构 U.S. News & World Report 评估了 15 家邮轮公司在 17 条热门航线上的 165 艘邮轮，公布了 2018 年最佳邮轮的排名。排名有助于帮助游客针对不同的品牌特点以及航行区域进行最佳的邮轮选择。

U.S. News 的旅游编辑表示："游客在规划假期时有各种各样的邮轮线路要考虑，最佳邮轮排名通过邮轮的质量、声誉、价格等级、行程安排以及美国疾病控制和预防中心进行的健康评估等进行邮轮的评估，帮助游客缩小搜索范围，获得更加契合的邮轮旅游体验。"

2018 年 U.S. News 最佳邮轮品牌排名如下：

大众型邮轮：皇家加勒比邮轮、精致邮轮、诺唯真邮轮。

奢华型邮轮：水晶邮轮、世鹏邮轮、维京海洋邮轮。

家庭型邮轮：迪士尼邮轮、皇家加勒比邮轮、嘉年华邮轮。

地中海地区邮轮：维京海洋邮轮、世鹏邮轮、丽晶七海邮轮。

加勒比海地区邮轮：迪士尼邮轮、皇家加勒比邮轮、精致邮轮。

（二）证件办理

如前所述，邮轮旅游是出境旅游，需要办理护照、签证等相关证件。游客根据预定航次去往目的地国家的不同，自行办理护照和签证，或者委托旅行社等机构代办。

1. 护照与签证

中国的护照分为外交护照、公务护照和普通护照，普通护照又分为因公普通护照和因私普通护照。因私普通护照发给定居、探亲、访友、自费留学、就业、旅游和其他因私人事务出国和定居国外的中国公民。普通护照由中华人民共和国公安部负责签发。公民因私出国，由本人向户籍所在地的县级以上地方人民政府公安机关出入境管理机构申请普通护照。

护照是持有者的国籍和身份证明，签证则是主权国家准许外国公民或者本国公民出入境或者经过国境的许可证明。签证一般都签注在护照上，有的还颁发另纸签证。签证一般来说必须与护照同时使用，方有效力。签证具有有效期，是指从签证签发之日起到以后的一段时间内准许持有者入境的时间期限，超过这一期限，该签证就是无效签证。一般国家发给3个月有效的入境签证，也有的国家发给1个月有效的入境签证。

随着国际关系和各国旅游事业的不断发展，为了便利各国公民之间的友好往来，许多国家的签证制度越来越趋于简化。免签是从一个国家或者地区到另外一个国家或地区不需要申请签证，有互免签证和单方面免签证两种方式。落地签是不用在出发前申请目的地国签证，而是到该国口岸后再当场办理签证。目前，日韩等国对于中国邮轮游客实行免签政策，邮轮公司以船为单位向有关方面申请，获得批准后即可执行，极大地便利了邮轮游客出行。

2. 港澳台通行证

港澳通行证全称中华人民共和国往来港澳通行证，是由中华人民共和国公安部出入境管理局签发给中国内地居民因私往来香港或澳门地区旅游、探亲、从事商务、培训、就业、留学等非公务活动的旅行证件。港澳通行证需要与签注一并使用，签注分为探亲签注、商务签注、团队旅游签注、个人旅游签注、其他签注和逗留签注。持证人需要在往来港澳通行证和签注有效期内，按照规定的次数和停留时限往来香港或者澳门。港澳台通行证有效期为10年。

台湾通行证全称大陆居民往来台湾通行证，是中华人民共和国公安部发给大陆居民前往台湾地区的通行证件。台湾通行证有效期为10年。

（三）船票合同

航次预定过程中的重要环节是船票合同的签订。游客充分了解航次情况之后，可以支付预付款或者全款以确保舱位，并且签订相应的船票合同。一般而言，客船船票是旅客运输合同成立的凭证，旅客和承运人买卖船票后合同即成立。船票载有多项基本内容，包括承运人名称、船名、航次、启运港、到达港、舱室等级、票价、乘船日期、开船时间和上船地点等。游客预定邮轮航次之后，邮轮公司与游客签署邮轮船票合同，标示具体的服务条款。采取旅行社包销模式进行销售的邮轮航次，邮轮船票费用与岸上游费用、签证费用、领队费用等以包价的形式收取，旅行社与游客还会签署出境旅游合同，并且向游客提供出团通知书，告知相应的出游事项。

二、邮轮港口登船

游客在邮轮航线的始发港登船，需要提前抵达港口，进行一系列登船手续的办理。一般而言，港口登船过程依次为候船、通关和廊桥登船。

（一）候船

如果登船港口和居住地不在同一城市，需要提前预订好前往登船港口城市的机票或者火车票，在邮轮离港出发前提前抵达。部分游客会在登船港口做短暂停留，在港口城市观光游览，也要提前做好行程的规划和住宿安排。如果登船港口和居住地在同一城市，也需要在邮轮出发当天提前抵达港口。一般情况下，邮轮公司会在开船之前4～5小时为游客办理登船手续。

候船时需要完成的事项有行李托运、安全检查和舱位确认等。

1. 行李托运

游客抵达港口之后，可以先行办理行李托运。邮轮公司会在邮轮港口设置行李托运集中区，相关工作人员在行李托运集中区协助游客进行行李托运。托运行李之时，工作人员首先核对游客的身份信息以及预订舱位信息，然后在需要办理托运的行李之上系好专用的行李标签，统一安排运送。行李在经过 X 光机安检、海关及检验检疫的查验要求之后，会借助码头装卸设备运输到邮轮之上，再由邮轮上的乘务人员根据行李标签上的舱房信息送至每间客舱或者每间客舱门口。如图 3-6 所示。

图 3-6　邮轮行李条与港口行李车

游客如果在开航之后两个小时没有取到行李，可以前往邮轮前台进行咨询和查找。一些行李在运送过程中，出现行李标签脱落而无法送达游客之时，一般会被送至邮轮前台等候认领。游客在托运行李之时，还需要将贵重物品、出行文件、常用药物等随身携带。如果不需要托运行李，则可以直接进行安全检查进入候船大厅。

2. 安全检查

游客进入候船大厅之时，需要在入口处接受安全检查。安全检查是保障邮轮运输和游客生命财产安全的重要措施，主要任务是禁止游客携带危险品或者在行李、包裹中夹带危险品进入候船大厅和登船。在我国，危险品种类及品名以国家交通部发布的《危险品货物运输规则》《危险货物品名表》以及国务院、公安部有关枪支、管制刀具管理规定为准，主要指容易引起爆炸、燃烧、腐蚀、毒害或者有放射性的物品和枪支、管制刀具等可能危害公共安全的物品。安全检查的方式主要包括仪器查验和人工开包检查两种类型。

3. 舱位确认

游客进入候船大厅，需要携带护照、船票合同等相关文件在所乘邮轮的办票柜台（图3-7）进行舱位确认，领取邮轮登船卡（Sea Pass）。登船卡既是游客上下船的身份卡，又是

图 3-7　候船大厅办票柜台

邮轮上客舱房门的钥匙卡，还可以是邮轮上消费的记账卡，卡面上一般会有游客姓名、邮轮名称、邮轮出发日期等内容。游客将个人的登船卡与信用卡关联之后，登船卡即可作为消费卡使用。领取完登船卡之后，游客即可在候船大厅等候上船。

随着信息技术的发展以及相关政策法规的完善，邮轮公司也会采取一些先进的手段来简化此项流程。以美国皇家加勒比邮轮公司为例，在中国母港运营的海洋量子号（Quantum of the Seas）邮轮可以实现"在线值船"，这也将会是未来邮轮船票发展的重要趋势。

【行业聚焦】 海洋量子号（Quantum of the Seas）邮轮实行在线值船

2018年1月29日起，美国皇家加勒比邮轮在上海母港出发的海洋量子号（Quantum of the Seas）上正式、全面实施"在线值船、凭船票（登船证）进港登船"制度。所有乘坐海洋量子号（Quantum of the Seas）的游客，均须最晚在登船日72小时前完成在线值船，并及时打印船票（登船证），凭登船证进港登船。登船卡直接放置在客人舱房，而不在码头发放。由于模式调整和码头条件限制，皇家加勒比邮轮在码头设置个别柜台作为紧急服务点，仅限于处理极个别游客因特殊原因需要补打登船证的需求。无船票（登船证）的游客将无法进港登船。

在线值船之前，游客需要准备好以下信息：
- 邮轮名称、起航时间以及皇家预定号或舱房号；
- 护照或航线所需的其他旅行证件；
- 身份证号及户籍所在地；
- 家庭住址；
- 紧急联系人姓名及联系方式；
- 邮轮行程前后的旅行计划；
- 船上消费时所使用的信用卡信息。

邮轮离港出发日期前72小时需要完成在线值船，并完成打印出带有条形码的登船证，否则网站将自动关闭该航线的自动值船系统。办理在线值船操作简单，按照验证资料、填写登船信息、选择消费方式和生成登船证四个步骤。完成在线值船后，在登船日携带并出示完成登记的"登船证"、护照或航线所需的其他旅行证件，便可实现快速登船。

（二）通关

邮轮旅游是出境旅游，需要依次完成出入境检验检疫、海关检查、边防检查等各项手续。按照相关规定，邮轮公司需要在全体游客完成登船之后，在起航前60分钟提交起航清单，完成清关手续，故而游客需要在邮轮起航前90分钟左右完成通关手续并登邮轮。

1. 检验检疫

出入境检验检疫主要是对出入境的货物、人员、交通工具、集装箱、行李邮包等进行检查，以保障人员、动植物安全卫生和商品的质量。

游客乘坐邮轮旅行出入境时，需要配合检验检疫部门做好健康申报和禁止携带物品申报。游客有发热等情况时需要主动口头向检疫官员申报，接受检验检疫；当国内外发生重大传染病疫情时，需要如实填写相关的检疫申明卡；不携带国家禁止携带、邮寄出境的动植物及其产品。

2. 海关检查

海关检查是对出入境的货物、邮递物品、行李物品、货币、金银、证券和运输工具等进行监督检查和征收关税的一项国家行政管理活动。海关检查是为了维护国家主权和利益、保护本国经济发展、查禁走私和违章案件、防止沾染病毒菌的物品入境而采取的检查措施。

根据《中华人民共和国海关法》和《中华人民共和国海关对出入境旅客行李物品监管办法》的规定，进出境旅客的行李物品必须通过设有海关的地点进出境，主动接受海关监管并按规定向海关申报。海关设立申报通道和无申报通道，进出境旅客根据海关现场公告规定走相应通道。

3. 边防检查

边防检查是为了保护国家主权和安全而对出入国境的人员等进行的检查，主要包括护照检查、证件检查、签证检查、出入境登记卡检查、行李物品检查、交通运输工具检查等。

对于搭乘邮轮出游的游客来讲，需要准备好有效出入境证件、前往国签证、登船凭证等相关证件及材料，并在接受边防检查时主动出示。出境检查通道除一般通道外，还包括特别通道、自助查验通道等。符合自助通关条件的，可以使用自助通道。上海、天津等邮轮口岸为了便利游客，均启用了边检自助查验通道，游客只需要刷护照按指纹就可以通关，大大缩短了上船之前排队等候的时间，提升了通关速度和效率。

（三）登船

游客办理完一系列通关手续之后，可以按照联检大厅标志信息的指引前往廊桥登船。

在游客登船的过程中，船方工作人员会对游客表示欢迎，同时收取游客的护照进行统一保管，以便向不同港口机构出示。同时，船方工作人员还会对游客逐一进行登船卡信息照拍摄，游客在相应设备刷登船卡登船，正式开始海上观光之旅。

三、邮轮航行途中

游客完成登船过程进入邮轮，一般会来到船的中庭位置。根据这一公共区域标识牌的楼层提示，游客可自行找到在邮轮假期中所入住的客舱。在邮轮开船之前，游客需要完成安全演习；在航行途中，游客可享受惬意的海上慢生活；在港口观光，可以欣赏到异地的美景；在离船时，亦能获得船方工作人员的有序协助。

（一）安全演习

邮轮在每一个航次启航之前，均会进行紧急救生演习，每一位登船游客必须参加。船方通过反复广播和紧急报警信号召集游客，游客需要按照邮轮登船卡上标示的紧急集合地点编号前往紧急集合地点。此时船上的一切服务设施将会停用，邮轮工作人员向游客演示在紧急事件发生后救生衣的穿戴办法以及安全要领等。一些邮轮还会通过集中播放安全视频的方式为游客介绍更加详细的安全知识。

（二）海上巡游

邮轮在海上巡游期间，游客可以充分享受悠闲的海上假期。邮轮会为游客提供活动日报，比如歌诗达邮轮上的《TODAY》、皇家加勒比邮轮上的《航程指南》（图3-8）等。在活动日报上，会详细告知游客每日天气情况、场所位置、活动安排、注意事项等。游客仔细阅读活动日报，可以合理安排好每天丰富多彩的邮轮活动，同时知悉邮轮上的各项安全规定，尽情享受海上的美好时光。活动日报由客舱乘务员提前放置在每间客舱，在邮轮前台也可以免费取阅。

图 3-8 皇家加勒比海洋量子号（Quatum of the Seas）邮轮航程指南

> **【资料卡片】海洋量子号（Quatum of the Seas）邮轮航程指南特色内容**
>
> 基本信息：今日航程、到港时间、宾客回船时间、天气预报、日出时间、日落时间、风力、紫外线指数、明日航程、着装建议等。
>
> 今日须知：船卡账户激活、皇家IQ下载、宾客逃生演习、购买皇家手环、船上安全须知、靠港温馨提示、船卡认证、护照领取、离船须知、顾客满意度调查等。
>
> 今日特色活动：港口信息&岸上观光、美国西部乡村舞蹈派对、现场香槟艺术品拍卖会、VIP接待会、免税店购物展等。
>
> 今日推广：牙齿美白理疗、小公主水疗、奢华箱包特卖会、数码照片套餐等。
>
> 娱乐活动焦点：欢迎登船表演、星海传奇、现场音乐会、游戏秀、甲板室外电影等。
>
> 餐饮特惠：葡萄酒品鉴会、机器人酒吧、北极星酒吧等。
>
> 开放时间：各部位开放时间等。
>
> 温馨提示：医疗设施、吸烟规定、健康信息、泳池信息与规则等。

（三）岸上观光

岸上观光是邮轮假期的重要组成部分，绝大多数邮轮会在航次中停靠一个或多个港口。除具有不良出境记录或者受国家相关规定限制的人群不得下船参加岸上观光之外，邮轮游客皆可以参加停靠港岸上观光活动。

1. 岸上观光活动内容

邮轮在港口目的地靠泊，游客可以参加丰富多彩的岸上观光活动。常见的岸上观光活动有观光、购物、文化活动、体育活动、亲水活动、探险活动等。

（1）观光类活动。在停靠港游览旅游景点，观赏自然和人文风光等。

（2）购物类活动。在停靠港购买特色商品或者免税商品等。

（3）文化类活动。在停靠港观看精彩演出、参加节庆活动等。

（4）体育类活动。在停靠港进行滨海体育休闲运动或者举办赛事等。

（5）亲水类活动。在停靠港进行海边亲水娱乐体验等。

（6）探险类活动。在停靠港体验旷野历险，感受神秘丛林、星空帐篷或者冰雪之旅等。

【资料卡片】诺唯真邮轮购买大马镫礁岛专属岛屿

诺唯真邮轮从1966年开始起步，一直在应势变革，提出许多超前的理念。1977年，诺唯真邮轮购买了巴哈马群岛的大马镫礁岛，历史突破性地成为提供私人岛旅游的邮轮公司。大马镫礁岛海水碧蓝、沙滩细白、椰树袅袅，有很多亲水的游玩项目。小岛上的美食也非常诱人，免费的海鲜自助餐厅可以让邮轮游客尽情享用美食。

2. 岸上观光活动方式

邮轮在港口目的地靠泊，并非所有游客必须下岸观光。游客可以选择继续留在船上活动，可以选择参加旅行社组织的岸上观光游玩，可以选择参加邮轮公司组织的岸上观光活动，还可以进行岸上自由行活动。如图3-9所示。

图3-9　岸上观光活动组织

（1）留在船上自由活动。一些游客更愿意享受邮轮上的惬意生活，故而可以不参加岸上观光活动，继续留在船上。另有一些年龄较长或者年龄较小的游客也会选择留在船上。

（2）参加邮轮公司组织的岸上活动。游客登船之后可以预定邮轮上提供的经典岸上游线路，在邮轮公司的组织下参加岸上观光活动。

（3）参加旅行社组织的岸上活动。在旅行社提供包价邮轮旅游产品的情况下，岸上观光活动的组织是由旅行社来进行。

（4）岸上自由行活动。这是游客自行选择岸上活动项目的一种方式。

游客在岸上观光之时，可能会购买很多当地的特色商品。但是为了游客和船员的健康与安全，游客购买的酒类、刀具类等不允许在邮轮上携带，而是在结束岸上观光行程登船时交由船方保管，船方在整个航程结束之后归还游客。下岸观光要留有充分的时间回船，以免误船事件的发生。

【行业聚焦】　　　　　　　　邮轮岸上观光自由行

自由行与团体旅游相比，是一种更加随意的自助旅游方式。游客可以根据时间、兴趣和经济情况自由选择希望游览的景点，具有很大的自由度。

2016年4月19日，携程旅游网与日本福冈港湾局共同举行"携程邮轮自由行"发布会，在国内首创"邮轮自由行"出行方式，游客乘坐邮轮出行从船上到岸上都可以畅享自由旅程。

海上巡游和岸上观光是邮轮旅游不可或缺的重要组成部分，目的地观光被很多游客所看重。邮轮旅游在中国市场兴起之后，岸上观光基本都是以团队的形式开展，容易造成游览行程单一、购物店人满为患等情况，与邮轮旅游休闲、放松的氛围并不吻合。携程旅游网以日本福冈为试点，为游客提供岸上观光自由行的解决方案，安排穿梭巴士由码头送客人至繁华的市中心，贴心提供导游图册以及商家联合折扣卡等，并且备有紧急联络信息，游客在指定时间、地点搭乘车辆回船即可。这种岸上观光自由行的方式，可以使游客有更加充足的活动时间和空间，完全根据个人偏好安排好各自的岸上时间。

（四）办理离船

邮轮旅游行程结束，游客可以根据船上广播或者船上活动日报的通知在离船前一天取回船方代为保管的护照，同时办理好相应离船手续，收拾好个人行李物品为离船做好准备。

行李物品如果需要托运，可在行李牌上写清楚姓名、客舱号码、电话号码，并将行李牌在行李箱上系牢。离船前一晚，游客可将行李放置于客舱走廊，船方工作人员连夜进行行李物品的分类整理，邮轮靠港之后会及时借助码头装卸设备优先进行行李的装卸作业，并将行李送至港口联检大楼的行李领取处等候游客提取。

邮轮上游客众多，为了保障离船有序，游客需要在邮轮靠港之后分批次进行离船。船方工作人员通知游客离船时间，游客前往指定的离船等候区，按照先后顺序在工作人员的引领下前往离船通道。在离船等候期间，可以提前完成报关登记表等检查文件。有其他既定行程或者需要搭乘航班的游客可以申请优先离船。

游客离船后进入联检大厅，经过检验检疫、边防检查等通关手续，在行李领取处提取行李，再进入海关检查区域进行申报并接受海关对行李物品的检查，之后便可以出联检大厅离港，邮轮行程结束。

【资料卡片】文明游客公约

2012年，中国交通运输协会邮轮游艇分会（China Cruise & Yacht Industry Association, CCYIA）联合各家国际邮轮公司共同发起做文明游客活动。制定了《文明游客公约》，让中国游客成为中国文明和友谊的传播者。

《文明游客公约》内容如下：

一、现行的《国际海上人命安全公约》要求邮轮于每次航行起航时，都必须安排旅客进行海上救生演习，为了自身安全，请您自觉参加救生演习。

二、船长欢迎酒会及船长晚宴是大家相互认识与交流的良好机会，为表正式与尊重，请正装出席。

三、在正餐厅用餐时，穿圆领短裤拖鞋是不礼貌的行为。

四、在自助餐厅用餐时，请取适量食品和水果，多次取餐不浪费，提倡节约和环保。

五、邮轮上有指定吸烟区，请勿在客房内和禁烟区吸烟。

六、在公共场所和客舱阳台，请保持低声交流及手机对话。

七、进出电梯时，如遇到其他游客，请礼貌致意，不要在电梯里大声喧哗。

八、如需晾晒衣物，请咨询船上工作人员，在指定区域晾晒。

九、请不要向大海丢弃塑料袋及其他塑料制品。

十、请尊重邮轮员工的劳动。

十一、如果您与船方或旅行社发生纠纷，请通过客户投诉和法律途径解决，霸船并不能维护您的权益。

十二、登轮前，请详细咨询旅行社相关人员，了解邮轮公司相关规定，以便更好地享受您的邮轮假期。

第三节　邮轮产品开发

邮轮旅游产品以大海中航行的邮轮作为依托来满足游客需要，邮轮这座"海上漂浮的度假村"向游客传递出全新的旅游度假概念。相较于一般的旅游产品，邮轮旅游产品面向不同的消费市场，邮轮公司需要在全面认知邮轮旅游市场的基础上，开发出符合消费者需求的邮轮旅游产品，采取切实有效的营销手段使消费者满意并使企业赢利。

一、邮轮旅游消费市场

邮轮旅游消费市场是对邮轮旅游产品有购买能力、购买欲望的消费者群体。这些消费者是邮轮旅游产品的购买者，是邮轮公司得以生存和发展的关键因素。正是有了众多不同需求的消费者，邮轮公司的各项经营业务才能够顺利进行。

（一）邮轮旅游消费者类型

邮轮旅游消费市场庞大而分散，是邮轮旅游产品供给的终极目标所在。认知邮轮旅游消费者的变量多种多样，常见的是地理变量、人口变量、心理变量和行为变量等。

1. 按照地理变量认知消费者

按照地理变量来认知邮轮旅游消费者，就是考量消费者所在的地理位置和自然环境等。邮轮旅游消费者来自于世界各地，不同国家和地区的消费者对于邮轮旅游产品往往有不同的需求和偏好，比如亚洲邮轮游客注重邮轮客舱的装饰设计和设施设备，而欧美邮轮游客更倾向于客舱的整洁、卫生与舒适。目前在中国市场上运营邮轮旅游航次的国际邮轮品牌，通常会针对中国消费者的特点来开发邮轮旅游产品，就是注重了地理变量这一重要划分标准。

2. 按照人口变量认知消费者

按照人口变量来认知邮轮旅游消费者，就是考量消费者的年龄、性别、家庭规模、家庭生命周期、收入水平、职业、文化程度、宗教、民族、种族等人口因素。消费者对邮轮旅游产品的愿望、偏爱以及购买频率与人口因素密切相关。

（1）年龄。消费者的需求和消费能力根据年龄的不同而各有不同。老年人退休后没有工作压力，没有子女的羁绊和家庭负担，喜欢慢节奏的旅行方式，是邮轮公司的理想客源。中年人偕家人出游，喜欢热闹的气氛，希望有比较多的娱乐安排以及青少年活动。年轻人观念新、爱冒险，更愿意尝试新的邮轮和新的设施。

（2）性别。性别不同对邮轮旅游产品的需求也表现出一定差异。随着女性就业率的提升，参加邮轮旅游的女性游客数量在不断增加，很多邮轮公司非常重视女性客源市场，在邮轮旅游产品设计和服务中更多考虑女性的消费需求，比如增加更多的舞蹈课程、购物与水疗等。

（3）家庭结构。家庭是社会的细胞，也是消费的基本单位。单身游客与家庭游客在邮轮旅游产品的消费需求和消费特点上有较大不同。嘉年华、迪士尼等邮轮品牌会侧重于吸引带小孩的家庭游客，会在邮轮的娱乐设施和活动安排上体现更多亲子游的特色。

（4）经济收入。消费者经济收入和支付能力与邮轮旅游消费的层次、结构和水平之间存在直接的联系，是引起邮轮旅游消费需求差别的一个直接而重要的因素。在邮轮旅游市场中，银海邮轮、丽晶七海邮轮等品牌定位高端，为经济收入较高的邮轮旅游消费者提供尊享奢华的邮轮旅游体验，就是为了满足经济收入不同的消费者之间的差异化需求。

3. 按照心理变量认知消费者

按照心理变量来认知邮轮旅游消费者,就是考量消费者的心理特征。消费者的心理因素十分复杂,会受到社会阶层、生活方式、个性特点等方面的影响。

(1) 社会阶层。消费者所受的教育、从事的职业以及人生观、价值观等多种因素决定了其所处的社会阶层不同,故而产生的消费习惯也有所不同。

(2) 生活方式。生活方式是消费者对待自己的工作、休闲和娱乐的态度。生活方式不同,对邮轮旅游产品的需求也有所不同。

(3) 个人特点。消费者具有不同的个性,故而邮轮旅游产品也往往被赋予某种个性。

4. 按照行为变量认知消费者

按照行为变量来认知邮轮旅游消费者,就是考量消费者的消费目的、消费状况、消费数量、追求利益、品牌忠诚等。

(1) 消费目的。游客对邮轮旅游产品的消费是伴随其外出旅行的目的来产生的。观光型邮轮旅游消费者以外出观赏异地风景名胜、风土人情为目的,休闲型邮轮旅游消费者以娱乐消遣、放松身心为目的,公务型邮轮旅游消费者以商贸洽谈、会议交流为目的,探险型邮轮旅游消费者以探索奥秘、实现自我为目的。

(2) 消费状况。按照消费者是否购买过邮轮旅游产品以及购买邮轮旅游产品的频次,可以有不购买者、潜在购买者、初次购买者、重复购买者以及经常购买者等多种消费者。邮轮公司不仅要使潜在购买者变成初次购买者,还要培养更多的重复购买者和经常购买者。

(3) 消费数量。个体旅游消费者是以个体或者家庭形式参加邮轮旅游的散客,团队旅游消费者是以团队为单位购买邮轮旅游产品的出行团体,其购买数量存在很大差异。

(4) 追求利益。消费者购买邮轮旅游产品的不仅仅是要获得邮轮旅游产品本身,还会追求获得邮轮旅游产品时所附加产生的利益,比如身份地位或者经济实惠。

(5) 品牌忠诚。极端偏好型邮轮旅游消费者永远只乘坐某一品牌的邮轮度假,中等偏好型邮轮旅游消费者偏好两至三个邮轮品牌,偏好变动型邮轮旅游消费者是原先偏好某一品牌而后又转向偏好另一邮轮品牌,无偏好型邮轮旅游消费者是从不偏好任何邮轮品牌。

(二) 邮轮旅游消费市场特征

总体而言,邮轮旅游消费市场呈现出以下几个方面的特征。

1. 广泛性

邮轮旅游消费市场具有广泛性特征。生活中的每一个人都不可避免地发生消费行为,都有可能成为邮轮旅游消费市场中的一员。首先,现代邮轮服务的对象从早期高收入的有闲阶层向普通旅游者转移,邮轮旅游产品价格下降、行程缩短、趣味增加,越来越贴近大众消费水平和短期度假人群。其次,从生理本能来看,邮轮旅游能够实现大多数人对休闲度假生活的向往,故而随着经济收入达到一定层次之后,必然会有越来越多的具有不同生活方式、兴趣爱好的人加入到邮轮旅游的行列中来,形成人数更加众多、范围更加广泛的邮轮旅游消费市场。

2. 多样性

邮轮旅游消费市场具有多样性特征。邮轮旅游市场有成千上万的消费者,他们分布在不同的地区,有不同的需求和欲望,支付能力和购买方式也是千差万别。消费者购买邮轮旅游产品的动机不同,有的是因为好奇,有的是因为偏好,甚至有的是因为从众。对邮轮旅游产品的喜好不同,有的喜欢更加丰富的船上活动,有的喜欢更加深入的岸上观光,有的喜欢动感而有活力的冒险体验，有的喜欢静谧安静的船上休闲时光。对邮轮旅游产品的消费方式不同，有的是以个人为单位出游，有的是以家庭为单位出游，还有的是同事、朋友间的团体出游。消费者众多的类型同时也折射出邮轮旅游消费市场的多样性。

3. 可塑性

邮轮旅游消费市场具有可塑性特征。邮轮旅游消费者的消费需求容易受到引导、诱发和刺激，可以从无需求变为有需求，从潜在需求变为现实需求，从未来需求变为当前需求。分析邮轮旅游消费者购买行为，回答消费者为什么会购买邮轮旅游产品、需要购买什么样的邮轮旅游产品以及怎样购买邮轮旅游产品等问题，可以找出消费者的购买行为特征和规律，采取适当的措施来影响邮轮旅游消费者的购买决定，最终使消费者采取购买行动。

（三）中国邮轮游客消费特点

在邮轮旅游市场日渐繁荣的过程中，越来越多的中国游客开始认可邮轮旅游这种新型的休闲度假方式。一些机构针对中国邮轮游客的消费行为展开调研，并且得出可供参考借鉴的数据。

2017年5月，途牛旅游网对外发布《中国在线邮轮出境旅游消费分析报告2017》，对2016年途牛旅游网邮轮旅游产品的客户预定情况进行了分析，在很大程度上可以看出中国邮轮游客的消费特点，比如家庭型邮轮占据主导地位、比较偏爱短途邮轮旅游产品等。

途牛旅游网监测数据显示，2016年中国在线邮轮出境旅游消费市场具有以下特征。

从年龄上看，30～59岁的中年游客占比49%，是中国邮轮旅游市场的生力军，60岁以上的老年游客占比27%，也是乘坐邮轮出游的主要人群。没有舟车劳顿且环境舒适的邮轮游更加受到有时间看世界的老年游客的青睐。

从性别上看，女性游客整体人次占比要高于男性游客。在总游客数量中占比为49%的30～59岁的中年游客中，女性游客占比为31%，男性游客占比为18%。女性游客数量远高于男性游客。

从家庭结构上看，家庭游订单占比为41%，家庭型消费者是邮轮旅游的主要消费群体。尤其是随着亲子游市场的崛起，越来越多的家庭游客开始将邮轮旅游作为全家休闲度假的新选择，比较集中的出游时间段为暑假和国庆期间。家庭型游客为了给孩子带来更加舒适的邮轮旅程，更加青睐于海景客舱和阳台客舱，故而人均单价要高于其他类型邮轮游客。

从消费目的上看，较多游客已经逐渐摆脱邮轮是交通工具的狭隘观念，而是更加关注邮轮上的美食、表演以及娱乐活动。

从岸上购物上来看，中国邮轮游客购买化妆品占比为64%，购买珠宝手表占比13%。

从预订时间上来看，19%的游客提前31～60天预订邮轮旅游产品，34%的游客提前16～30天预订邮轮旅游产品，24%的游客提前8～15天预订邮轮旅游产品，另有11%选择短线游的游客提前一周预订邮轮旅游产品，12%选择长线游或者境外母港航线的游客提前60天预订邮轮旅游产品。

从产品选择上来看，59%的游客选择5天4晚的邮轮航线，22%的游客选择6天5晚的邮轮航线，基本还是以近海短程的线路为主。

从消费状况上来看，对于有过邮轮旅游经验的游客来讲，整体复购率超过60%，表明邮轮旅游具有较强的用户黏性。

邮轮旅游具有特殊的魅力，能够实现大多数人对海洋的向往，故而随着人们生活水平的提高，必然会有越来越多具有不同生活方式、兴趣爱好的中国游客加入到邮轮旅游的行列中来,中国邮轮旅游消费市场也将愈加成熟。

二、邮轮旅游产品开发

随着邮轮旅游消费市场的日渐成熟,邮轮旅游消费者对邮轮旅游产品的需求也越来越多样化。无论从市场发展的角度来看,还是从消费者需求的角度来看,任何一家邮轮公司都会面临产品开发的问题,竞争的压力、替代产品的出现、游客需求的变化以及邮轮公司内部的革新,都是邮轮旅游产品开发与创新的动力。邮轮公司要注重邮轮旅游产品的开发,通过更具价值和创新性的产品来满足邮轮旅游消费市场的需求,进而促使自身经营目标得以实现。

(一)确定产品目标市场

邮轮旅游产品开发的出发点是邮轮旅游消费市场,更加准确地说是邮轮旅游目标消费市场。成千上万的消费者分散于不同的地区,具有不同的需求和欲望,支付能力和购买方式也是千差万别。面对这样复杂多变的大市场,任何一家邮轮公司都不可能满足全部消费者的所有需求。因此,邮轮公司需要根据自身优势和核心竞争能力,以及邮轮航行的区域,选择适合自身战略目标的细分市场提供有效的产品供给。

对于邮轮公司而言,选择目标消费市场就是对各个不同的细分市场进行充分的评估,了解哪些细分市场值得花大力气去招徕,哪些细分市场的经营条件尚不成熟应该放弃。一般情况下,邮轮公司会评估各类细分市场的销售量及其发展趋势,评估各类细分市场的盈利能力,评估各类细分市场需求的季节变化模式,分析自身对各类消费市场的招徕能力,还要分析竞争对手对细分市场的招徕能力等。针对确定的目标市场,邮轮公司在进行产品开发时还要做好产品定位,为自身推出的邮轮旅游产品塑造强有力的、与众不同的鲜明个性与形象,并将其形象生动地传递给消费者,以更好地赢得消费者的认同。

【行业聚焦】 **意大利歌诗达邮轮全面升级品牌形象**

全球休闲旅游公司嘉年华邮轮集团旗下意式文化品牌歌诗达邮轮在2018年全面升级品牌形象,发布"在海上,遇见好时光"年度主题,旨在为中国家庭带来至臻完美的"海上好时光"意式邮轮假期,而家庭出游也成为歌诗达邮轮在中国市场的重要业务拓展方向。

歌诗达邮轮自2006年进入中国市场以来,一直致力于为中国消费者带来至臻完美的邮轮度假体验。随着对中国市场和中国消费者的不断深入理解,歌诗达邮轮相信中国家庭都渴望一个满足不同代际需求的完美假期以让家庭成员更加亲近,而一场纯粹热情的意式邮轮假期让每一个家庭都能在这段温馨的海上旅途中发现彼此的另一面,创造不同于日常生活的海上好时光回忆。

歌诗达邮轮所传递出的品牌形象与意大利人的家庭观、对亲密关系的向往以及乐于进行情感交流的精神是分不开的。歌诗达邮轮的品牌理念一直是推动人们心与心的交汇,让游客在邮轮上创造与亲友、与爱人的美好回忆,带着歌诗达邮轮所传递的爱与陪伴回家,对亲友、爱人之间的关系有更深一步的感悟。歌诗达邮轮全新品牌微电影同步上映,以真实消费者的经历描绘令人希冀的海上好时光,呈现与众不同的家庭温馨。

(二)进行产品开发设计

邮轮旅游产品开发的核心工作是做好邮轮旅游产品的设计。邮轮旅游产品设计,就是按照相应的规则合理配置旅游资源,并以一定的主题、内容、形式和价格表现出来的方法和过程。邮轮公司应该深入调研邮轮旅游消费市场的需求,有针对性地进行邮轮旅游产品的开发设计。

1. 寻找产品构思

产品构思是形成创意的过程，是对邮轮旅游产品基本架构的设想，是产品的开发的基础和起点。构思的来源多种多样，既可以来自于内部公众，又可以来自于竞争对手或者中间商，但是最根本的还是来自于消费者。通过对消费者的调研，可以充分了解消费者对现有产品的喜好，进而有针对性地创新并解决问题。

（1）邮轮旅游产品购买诱因

根据对邮轮旅游消费者的认知，消费者对邮轮旅游产品的喜爱主要源于：①邮轮旅游省心省事。乘坐邮轮旅游不用寻找入住酒店，不用频繁开装行李，不同更换交通工具，可以最大限度利用假期时间。②邮轮旅游远离烦忧。海阔天空的自然景观、风格迥异的沿途城市，可以让游客尽情释放日常生活中的压力。③邮轮旅游服务周到。无论是住宿、用餐还是休闲娱乐，游客都可以享受到无处不在的殷勤服务。④邮轮旅游自由度高。游客可以自由选择是否去参加邮轮上的活动，可以做任何自己想做或者不想做的事情。⑤邮轮旅游航线广阔。一些邮轮旅游目的地的最佳游览方式就是乘船，游客可以乘坐邮轮去往愈加广阔的天地。⑥邮轮旅游新颖独特。一些游客厌倦了相同的旅行方式，喜欢尝试新的度假体验，这也是很多游客乘坐邮轮旅游的主要动力。⑦邮轮旅游购物便利。邮轮上有便利的购物环境和免税商店，停靠的多个港口也各具特色，游客可以尽情挑选特色商品。⑧邮轮旅游广交朋友。游客选择了相同的邮轮、相同的航线，彼此之间分享有趣的事情，邮轮上丰富多彩的活动也增加了游客们互相结识的机会。⑨邮轮旅游增长见识。在邮轮航行的过程中，游客可以全面了解游览线路所到之处的历史文化，获得一次增长见识的经历。

（2）邮轮旅游产品购买障碍

消费者在购买邮轮旅游产品时也会产生疑虑，常见的认知包括：①邮轮旅游费用昂贵。邮轮旅游产品通常是以包价的形式来进行销售，几乎涵盖旅游过程中所有的消费项目，故而认为报价较高引发购买障碍。②邮轮旅游体验有限。部分游客会认为邮轮的狭小空间制约其获得更多的体验活动。③邮轮旅游少停港口。认为邮轮靠泊港口有限，且在港口停留时间一般不超过 12 小时，故而制约了游客深度体验港口城市历史文化、风土人情。④邮轮旅游缺乏安全。对大海及船舶有太多恐惧和联想，故而对邮轮旅游望而却步。此外，还有一些游客担心搭乘邮轮会晕船、认为邮轮上的饮食会导致肥胖、认为从家到目的地港口的距离太远等，也都会制约其对邮轮旅游产品的购买行为。故而在进行邮轮旅游产品设计时，应该充分考虑这些因素，开发出更加贴近消费者需求的邮轮旅游产品。

2. 进行产品设计

邮轮旅游产品在具体设计过程中，同样需要考虑航次产品的要素，在航行船只、航行时间、航行线路以及航行服务等方面进行更加符合消费者需求的设计与创新。

（1）航行船只设计。航行船只作为邮轮旅游产品的重要构成要素，对于游客的购买起到重要影响。邮轮公司进行邮轮旅游产品的开发，投入最大的便是针对目标消费市场进行新船的设计，在邮轮建造伊始就充分考虑消费者的需求特点，建造更加符合时代特征、更能满足消费者需求的新型船只。近年来，中国邮轮旅游市场上新船投放量逐渐增多，美国皇家加勒比邮轮、美国诺唯真邮轮、美国公主邮轮、意大利歌诗达邮轮、云顶香港星梦邮轮等纷纷为中国邮轮旅游市场打造全新邮轮，无论是客舱住宿空间、餐饮活动空间还是休闲娱乐空间皆有全新的尝试，赋予邮轮旅游产品更加出众的价值体验。

图 3-10 歌诗达威尼斯号（Costa Venezia）

歌诗达威尼斯号（Costa Venezia）

歌诗达威尼斯号（Costa Venezia）（图 3-10）邮轮注册总吨位 135500 吨，客舱 2116 间，载客 5260 人，是意大利歌诗达邮轮公司旗下最新最大的邮轮，也是歌诗达邮轮专门为中国市场打造的全新邮轮。2009 年 3 月，歌诗达威尼斯号（Costa Venezia）邮轮将展开环球首航，途径希腊、以色列、阿联酋、马来西亚、越南和日本等地，最后抵达中国上海，再现当年马可·波罗的东游路线。

歌诗达威尼斯号（Costa Venezia）邮轮是歌诗达邮轮船队中首艘以城市命名的邮轮，其设计理念和建造地点均源于意大利威尼斯这座独具魅力的城市。登上歌诗达威尼斯号（Costa Venezia）邮轮，游客可以全方位体验威尼斯人的生活，品尝地道饕餮美食，欣赏当地艺术和音乐，沉浸在无尽的娱乐狂欢之中。夜幕降临，游客可以加入以精美面具闻名于世的威尼斯狂欢节，留下终生难忘的海上好时光，尽情感受意大利风情。

（2）航行时间设计。邮轮旅游产品是受季节性影响较大的产品，故而具有非常明显的淡旺季之分。在邮轮旅游产品刚刚进入中国市场之时，仅仅在夏季推出短期的邮轮旅游产品，航季较短。随着中国邮轮旅游消费市场的日渐成熟，一些邮轮公司开始在中国市场运营全年航线，取得了较好的效果。尽管如此，航行时间仍然是邮轮旅游产品开发设计中的重要考量因素。对于家庭型邮轮游客而言，暑假及黄金周的短线游产品是各大邮轮公司重点打造的邮轮旅游产品。对于价格敏感性的邮轮游客而言，冬季航线产品也不失为最高性价比的选择。

（3）航行线路设计。邮轮旅游航线设计的内容包括多方面的内容，一是航线的起点与终点设计，一般都是以旅游客源地附近的邮轮母港城市作为航线的始发港与返程的目的地港，二是航线节点上的挂靠港设计，主要是综合挂靠港的旅游价值以及邮轮旅游活动的整体安排来考虑，三是航线整体形成的安排，考虑航次费用、时间和距离等。邮轮公司在中国市场上进行了很多航线方面的创新，不仅在短线游产品中开发了很多有价值的目的地，而且尝试开发长线产品。意大利歌诗达邮轮在邮轮旅游产品航线设计方面始终走在中国市场的前列，2015 年歌诗达大西洋号（Costa Atlantica）邮轮在中国市场首开环球航线，86 天的航程抵达全球 18 个国家的 28 个目的地。

（4）航行服务设计。邮轮旅游产品的核心是邮轮航次中为游客提供的各项活动，航行服务围绕各项活动而展开，故而邮轮旅游产品设计还应该考虑对邮轮旅游活动的设计。无论是船上品尝美食、观看歌舞表演还是参与甲板活动，都是邮轮旅游活动设计的重要内容。仍然以意大利歌诗达邮轮为例，在航线活动设计方面与意大利顶级足球俱乐部合作，举办"海上意冠 荣耀联盟"主题活动，为邮轮游客带来更多的邮轮旅游度假乐趣。

图 3-11　歌诗达赛琳娜号（Costa Serena）

【行业聚焦】　歌诗达赛琳娜号（Costa Serena）邮轮与尤文图斯俱乐部展开合作

2018年1月31日，意大利歌诗达邮轮与意大利顶级足球俱乐部尤文图斯达成战略合作关系，联合举办"海上意冠 荣耀联盟"主题活动，首家海上尤文图斯足球俱乐部落户歌诗达赛琳娜号（Costa Serena）邮轮（图 3-11）。登上赛琳娜号（Costa Serena）邮轮，游客不仅可以体验到海上"驰骋绿茵场"的乐趣，而且还可以深入了解尤文图斯120年的辉煌历史。

位于赛琳娜号（Costa Serena）五层甲板的尤文图斯文化长廊陈列着自1970年至今的经典赛事的冠军奖杯、锦旗，各个年代的刊例照片，还有不同赛季的球衣和明星球员签名的球鞋。游客可沉浸在这些珍贵的展品中，回忆每一场紧张刺激、热血沸腾的经典赛事，感受歌诗达邮轮和尤文图斯共同传承的"激情、快乐、凝聚"的精神。尤文图斯运动主题酒吧亦是不容错过的精彩区域，"尤文图斯式"黑白经典配色，让游客们有强烈的意式风情代入感。在这里，游客们品尝独一无二的定制酒水饮料，享用以体育元素为灵感的特色小食。放松身心后，还可以肆意徜徉在"尤文图斯精品购物廊"，选购限量版纪念品，度过美好的船上时光。

位于赛琳娜号（Costa Serena）十层甲板的儿童俱乐部是孩子们的乐园。尤文图斯的吉祥物——斑马Jay在这里迎接孩子们的到来。小朋友们可以在尤文图斯主题环绕的俱乐部里与Jay玩耍互动，观看尤文图斯的经典卡通片，还可以亲手为Jay画一幅肖像。歌诗达赛琳娜号（Costa Serena）还会提供更加专业的足球培训服务，5～14岁的青少年将在尤文图斯足球教练的专业指导下激发出无限的足球天赋。从基本的足球技能到实战对抗经验，都能让小小运动员们兴奋不已。在首个海上足球场上，父母可以带孩子们举办一场亲子足球赛，还可赢取幸运大奖。

由于文化背景的不同，中国游客的消费偏好和欧美客人有很大差异，比如欧美航线上盈利较好的酒吧在中国航线上却门庭冷落，邮轮公司针对不同的市场进行船上经营项目的调整很有必要。邮轮公司在船上国际化的氛围中也要融入中国元素，增加中国游客喜爱的参与性活动，丰富邮轮产品的体验内涵，更好地激发中国游客的兴致，使游客在有限的邮轮空间上活动，求亲、求奇、求乐的需求也能得到满足，获得更加美好的休闲体验。

三、邮轮产品营销策略

邮轮公司设计开发的邮轮旅游产品要得到广泛分销，还需要采取整体市场营销手段。邮轮公司分析自身运营邮轮的状况和特点，了解现有邮轮旅游产品的特色以及获利能力，根据目标消费者需求开发合适的邮轮旅游产品，这是邮轮旅游产品销售的基础。除此之外，还需要通过价格、渠道以及促销等手段，来达到成功销售邮轮旅游产品的目的。

（一）价格策略

价格策略是在对市场竞争情况、消费者需求情况以及产品自身情况进行广泛分析的基础上，对邮轮旅游产品进行合理定价，从而实现最大利润的营销策略。"价格歧视"是邮轮公司常用的价格策略，即同一航次的邮轮旅游产品针对新顾客和老顾客实行区别定价，或者根据提前预订时间早晚给予区别定价等。意大利银海邮轮采取"一价全包式"价格策略，船费中几乎涵盖了所有的服务项目，另外还会开展一系列的优惠折扣活动，比如提早预订奖励的优惠率在10%~30%之间，若提早预订且在出发前6个月全额付款，还能再优惠5%，银海邮轮的老客户还可以在提早优惠预订的基础上再得到额外的优惠。

（二）渠道策略

渠道策略是邮轮公司与邮轮旅游代理商展开有效合作，以便更好地将邮轮旅游产品和服务传递给目标消费市场。邮轮旅游销售渠道涉及的领域广泛，成员众多且各自具有独立的利益，故而需要协调各方关系，约束渠道成员行为，以更好地完成产品的销售。邮轮公司在进行销售渠道选择之时，可以充分把握畅通高效的原则、覆盖适度的原则、稳定可控的原则、协调平衡的原则以及发挥优势的原则，将销售渠道的设计与产品、价格以及渠道等策略结合起来，以增强产品营销的整体优势。移动电子商务渠道是当前邮轮公司渠道策略中的新选择，随着智能手机、PAD（Personal Digital Assistant）等移动设备应用领域的不断扩大，移动电子商务在消费规模上具有更大的潜力，故而被越来越多的邮轮公司及其代理商采纳。

（三）促销策略

渠道策略是邮轮公司通过各种有效的方式向目标消费者传递邮轮品牌及其产品的信息，以启发、推动或创造目标消费者对邮轮旅游产品的需求，激发邮轮旅游消费者的购买欲望和购买行为，最终达到扩大邮轮旅游产品销售的目的。

人员推销、广告宣传、营业推广、公共关系是邮轮公司常用的促销手段，也是最直接的促进消费者购买邮轮旅游产品的营销策略。人员推销是一种传统的销售方式，是销售人员直接与目标消费者接触、向目标消费者介绍推广邮轮旅游产品、促进邮轮旅游产品销售的促销活动。营业推广是为了刺激邮轮旅游消费者购买邮轮旅游产品，采取的赠送、竞赛等一系列具有短期诱导性的销售促进活动。广告宣传是按照一定的预算方式，支付一定的数额费用，通过不同媒体对邮轮旅游产品进行广泛宣传，以此促进邮轮旅游产品的销售。公共关系则是为了获得社会公众的信任与支持，为自身发展创造最佳社会关系环境的一系列传播和沟通活动。邮轮公司通过不同促销手段的开展，可以使更多消费者了解、熟悉和信任其邮轮旅游产品，从而达到稳定和扩大邮轮旅游市场份额的目的。

【知识回顾】

一、单项选择题

1. 消费者购买邮轮旅游产品所获得的基本利益属于整体产品观念中的（　　）。
   A. 核心产品　　　　　　B. 形式产品　　　　　　C. 期望产品
2. 邮轮出发和返程都在同一港口的邮轮旅游产品是（　　）。
   A. 单程航线产品　　　　B. 往返航线产品　　　　C. 转港航线产品
3. 需要衔接长距离飞行在境外搭乘邮轮的邮轮旅游产品是（　　）。
   A. 转港航线产品　　　　B. 境内母港航线产品　　C. 海空联程航线产品
4. 聚焦于某一主题要素打造的邮轮航次是（　　）。
   A. 观光型邮轮产品　　　B. 度假型邮轮产品　　　C. 主题型邮轮产品
5. 购买邮轮旅游产品不需要向邮轮公司支付（　　）。
   A. 船票费　　　　　　　B. 保险费　　　　　　　C. 服务费
6. 查验游客护照、签证的出入境检查是（　　）。
   A. 检验检疫　　　　　　B. 海关检查　　　　　　C. 边防检查
7. 关于邮轮航次体验，以下说法正确的是（　　）。
   A. 所有游客必须参加安全演习
   B. 所有游客必须参加岸上观光
   C. 所有游客必须参加船上付费娱乐活动项目
8. 关于邮轮旅游产品开发，以下说法错误的是（　　）。
   A. 邮轮旅游产品开发需要考虑邮轮航线设计
   B. 邮轮旅游产品开发需要考虑航次活动设计
   C. 邮轮旅游产品开发与消费者没有关系

二、简答题

1. 什么是邮轮旅游产品？简述邮轮旅游产品的构成要素。
2. 简述邮轮旅游产品的消费体验过程。
3. 简述邮轮旅游产品的开发设计思路。
4. 邮轮公司常用的邮轮旅游产品营销策略有哪些。

【知行合一】

任务一：
查询本年度中国母港出发的邮轮旅游航次并在课堂上进行推荐展示，详细介绍该航次的邮轮名称、航行时间、航线线路、船上活动以及航次报价等，并给出推荐理由。

任务二：
以小组为单位，分角色情景模拟邮轮旅游航次体验的全过程，其中包括航次选择、证件办理、拟定合同、收拾行李、抵达港口、托运行李、安全检查、舱位确认、检验检疫、海关检查、边防检查、廊桥登船、安全演习、巡航体验、岸上观光、离船等情境，并在情境体验中交流对邮轮旅游航次产品消费全过程的认识。

任务三：
以小组为单位，讨论中国邮轮游客的消费特点，并且根据中国邮轮游客的消费特点进行邮轮旅游产品开发构思，在邮轮船只、航行时间、航行线路以及航行服务等方面提出针对中国邮轮旅游市场的邮轮旅游产品开发建议。

【章节体会】

第四章

船上服务

【章节导览】

　　航行服务是邮轮旅游产品的重要组成要素,也是邮轮公司运营的主要业务领域。邮轮在浩瀚的大海中航行,需要满足游客问询、住宿、用餐、休闲娱乐等多项需求,故本章详述了邮轮巡航过程中各项对客服务业务,包括邮轮宾客服务、邮轮客舱服务、邮轮餐饮服务以及邮轮休闲娱乐服务,以增进对邮轮公司对客服务业务管理的认知。

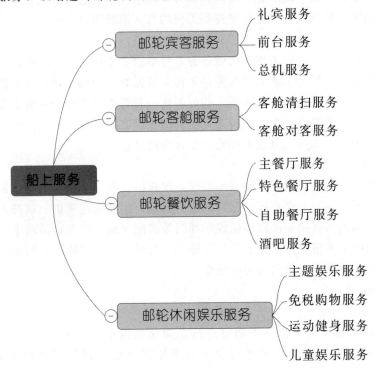

第一节　邮轮宾客服务

　　邮轮宾客服务是提升邮轮游客海上旅游度假体验的重要组成部分,在功能上与酒店前厅部门对客服务类似，但岗位设置与服务流程却与酒店有较大不同。在邮轮航行的全过程，从游客登船到离船，宾客服务皆贯穿其中，肩负着重要的接待任务，在邮轮运营中起着不可替代的重要作用。

在邮轮公司船上组织结构中，承担宾客服务的有宾客服务部等部门，属于邮轮上酒店部的重要组成部分。宾客服务部需要做好礼宾服务、前台服务、总机服务等，工作职责具有全面性、综合性和协调性等特征，设有前台接待、总机接线员、文件处理专员、离船专员、翻译专员、客户关系专员等对客服务岗位以及主管、经理等管理岗位。

一、礼宾服务

礼宾服务负责游客的迎来送往，邮轮上提供的礼宾服务包括登船阶段的证件服务、行李服务、迎宾服务以及离船阶段的离船通知、行李服务、欢送服务等，同时还要做好游客在邮轮旅游期间中止旅程、误船等特殊事项处理工作。对于 VIP（Very Important Person）贵宾客人，还需要提前做好礼宾计划，提供更为尊贵和专属的礼宾服务。

（一）登船阶段

1. 证件服务

在游客登船之前，邮轮上的礼宾人员需要做好游客的证件查验、信息登记等工作，在宾客服务部电脑信息系统中详细记录游客的姓名、国籍、客舱种类、客舱号码、登船时间、靠港时间、预定编号、所属旅行社、护照号码、护照有效期等基本信息，此外还包括特殊服务信息，比如贵宾客人情况、团队客人情况、蜜月客人情况、纪念日客人情况、饮食特殊客人情况、行动不便客人情况以及其他需要特别关注的客人情况等。

2. 行李服务

登船阶段还需要配合港口工作人员做好游客行李服务工作。港口工作人员将游客托运的行李运送至邮轮之上，船上工作人员与港口工作人员做好行李的交接，并根据行李牌上的书写信息或者条形码将行李运送至游客所入住的客舱。若行李牌有破损或者丢失的情况，可以将行李放置在前台等待游客认领。在行李完全分配结束之后进行丢失物品的查询和登记，无人认领的行李交由岸上工作人员或者邮轮旅游代理商处理。

3. 迎宾服务

在游客登船阶段，要对游客登船表示欢迎，预祝游客有一个愉快的邮轮假期。在游客登船的当天和第二天，邮轮上会举行一系列的迎宾活动，比如欢迎演讲、欢迎表演、船长欢迎酒会等。迎宾活动由宾客服务部门协同娱乐部门等共同完成。在迎宾活动中，船方工作人员向游客介绍邮轮的基本情况、邮轮上的主要部门及其负责人、邮轮上的娱乐活动安排以及注意事项等，使游客获得宾至如归的美好感受。

（二）离船阶段

1. 离船通知

邮轮上的离船服务并不仅在下船日进行，而是会提前做好离船准备。在邮轮航程即将结束之时，宾客服务部等相关部门会举行下船说明会，详细讲解游客离船办理必要手续的流程和方法。离船相关事项也会刊登在下船日前一天的邮轮活动日报或者邮轮局域网上。

在离船之前，通知游客领取护照原件。常见的护照领取方法有三种，一是工作人员将护照送至客舱交给客人，未在客舱的游客可凭借船卡在前台领取；二是公布护照领取时间和地点，游客凭借船卡在指定时间和地点领取；三是将护照分团队交给旅行社工作人员，由旅行社工作人员进行发放。在离船之日，通过邮轮上的广播引导游客前往集合区域等候，并且有序安排离船。提醒游客在下船出口处领取由船方代为保管的物品，比如食品、刀具和酒类等，提醒游客注意下船安全。对于有特殊事项急于离船的游客，可以安排在靠前的批次离船。

2. 行李服务

离船前一日将行李牌或行李条发放给游客，告知收取行李的时间节点，提醒游客进行行李物品的整理并将待托运行李放于客舱走廊。一些邮轮行李牌或行李条的颜色或编号也和下船集合时间地点相对应。离船当日在客舱走廊检查有无行李遗漏。游客下船之后，对于遗留在客舱或者公共区域的大件行李物品进行登记备案，等待游客认领。游客发现行李遗失或破损，船方工作人员指导游客填写行李遗失或破损声明，联系相关部门进行查找，按照相关规定做好记录。

3. 欢送服务

邮轮航程结束之前，宾客服务部门协助各部门举行一系列欢送活动，比如船长欢送酒会等。在船长欢送酒会中，主持人与游客共同回顾整个航程的欢乐时光，邮轮高层管理人员与游客见面，感谢游客的光顾与配合。邀请游客填写满意度调研问卷，以更好地进行服务质量改进。

邮轮航程结束，在离船过程中欢送游客，并祝愿下一次重逢。

（三）特殊事项处理

在邮轮航程之中，有可能出现游客中止行程或者游客误船等特殊情况。游客突然中止行程需要从附近的港口下船，宾客服务部门需要了解游客中止行程的原因，指导游客填写相关表格，帮助游客准备离船文件，协助游客解决问题。出现游客误船情况，需要将误船游客信息告知港口工作人员以及船上各部门负责人，协助游客进行酒店以及返程航班的预订，确保游客安全。

（四）VIP 贵宾服务

邮轮为 VIP 客人提供贵宾专属的礼宾服务。一些邮轮对于预订高级豪华套房的游客，也会提供更高规格的礼宾服务。这些礼宾服务包括：参加私人欢迎接待会、安排特色餐厅预订、安排客舱内用餐、安排岸上观光行程、安排 SPA 预约、处理账单问题、计划特殊事项、提供下午茶服务、提供报刊阅读、提供定制化购物建议、办理商务事宜、安排优先登船和离船、安排机场接送等。很多邮轮上还设有礼宾休息室，全天 24 小时开放。

> 【资料卡片】邮轮上的礼宾俱乐部
>
> 精致邮轮：入住天空套房、极品套房、皇家套房、顶楼套房及印象套房的游客以及船长天顶俱乐部会员均可以进入精致邮轮迈克尔俱乐部。礼宾级船舱入住者可以得到礼宾服务，但不能使用俱乐部。迈克尔俱乐部每日提供欧式早餐，晚上提供餐前饮料和小吃。休息室有大屏幕电视、阅读椅，存放有多种报刊和杂志。
>
> 迪士尼邮轮：所有迪士尼邮轮均有礼宾休息室，入住套房的游客可以使用。礼宾休息室提供免费零食和非酒精饮料，设有私人日光甲板，提供休闲躺椅和免费防晒霜。
>
> 荷美邮轮：所有荷美邮轮上均有海王星礼宾室。入住海王星或者尖峰套房的游客可以进入荷美邮轮海王星礼宾室。礼宾室设有私人休闲区域和大屏电视，全天提供特色咖啡服务。

地中海邮轮：地中海游艇会是地中海邮轮特有的"船中船"概念，满足高端游客对专属性和私密性的要求。地中海游艇会设有贵宾客人专属的泳池与阳光甲板，私享餐厅全天提供纯正欧式美食。游艇会贵宾可以享有更高自由度的优先登离船服务。

皇家加勒比邮轮：所有皇家加勒比邮轮都有礼宾服务或钻石俱乐部休息室。皇冠船锚俱乐部超级钻石会员或者预定了指定客舱的游客可以进入礼宾室。礼宾室供应欧式早餐，晚上有免费酒水可供享用。如图4-1所示。

图4-1 海洋航行者号礼宾俱乐部

二、前台服务

前台也称为宾客服务中心，是邮轮上为游客提供问询、收银、网络、岸上观光等服务的重要部门。游客有任何问题，首先想到的就是前往前台咨询和解决，故而前台服务在整个航程假期中发挥着重要的作用。

（一）问询服务

前台是邮轮的咨询中心。前台员工在接受游客问询之时，要能够回答游客的问题并主动提供帮助，故而需要熟悉邮轮服务设施、服务项目、经营特色和有关政策，还要熟悉邮轮停靠目的地港口的风土人情和观光注意事项。在为游客提供问询服务之时，要给予游客快速而准确的答复，要热情主动且有耐心。除了解答游客问询，还可以为游客提供查询服务、留言服务、广播服务、信件服务以及物品转交服务等。

（二）换舱服务

邮轮前台虽然不用为游客办理客舱入住手续，但是可以在邮轮航程中为游客提供换舱服务。换舱服务一般包括调换客舱、客舱升级、客舱降级三种情况。

1. 调换客舱

游客提出调换客舱申请的原因很多，诸如客舱设备出现问题、希望离亲友所住客舱更近等。在条件允许且游客换舱理由充分之时，前台工作人员应尽可能满足游客的要求，为游客调换客舱并发放新的船卡。换舱成功之后在前台电脑信息系统进行报备，通知客舱部门协助游客换舱，并及时跟进了解游客的满意度。

2. 客舱升级

游客为了享受更加美好的邮轮假期和住宿体验，在邮轮航行期间向邮轮前台申请客舱升级，邮轮前台工作人员首先应该告知游客升舱的费用，确认还有较高等级客舱时，为游客办理升舱手续，同时在前台信息系统中进行备案，通知客舱部门协助游客换舱。由于船方设施或者技术问题导致的升舱，不收取游客额外费用。

3. 客舱降级

游客提出调换客舱申请之时，如果邮轮上没有同等级或者较高等级的客舱，前台工作人员在征求游客同意之后为游客办理降舱手续，在前台信息系统中进行备案，通知客舱部门协助游客换舱。由于游客原因导致的降舱，无法退还游客房费差额。

（三）收银服务

邮轮前台（图4-2）的一项重要服务内容是做好收银工作。前台收银系统与邮轮上产生经营收益的各营业点收银设备相连，游客在邮轮上的消费可以在前台收银系统中即时显示。

图4-2 诺唯真喜悦号邮轮收银台

邮轮上常见的付款方式有现金支付、刷卡支付和手机移动支付等。

1. 现金支付

游客在邮轮上消费，可以提前预付押金并使用现金进行结算。不同的邮轮公司使用的币种也会有所不同，最常见的是使用美元和欧元。邮轮前台会为游客提供外币兑换服务，另外前台所在的前厅区域还设有ATM机，以方便游客取款使用。游客可以通过客舱电视查阅在船上的消费情况，也可以通过离船前一日送至客舱的消费清单进行查阅，通常情况下邮轮服务费会显示在游客的账务清单中。若发现账单金额有误，可在邮轮前台进行核对并修改。在离船前一日或者离船日的早晨，在前台结清消费账款。

2. 刷卡支付

信用卡支付是邮轮上最常见的一种支付方式。游客登船伊始，可以在前台将登船卡与信用卡相关联，或者通过邮轮上的自助设备自行办理。前台员工为游客办理登船卡与信用卡关联手续时，要确认登船卡持卡人和信用卡持卡人为同一人。同舱房的游客可以凭借各自登船卡进行不同信用卡的关联，也可以使用一张信用卡为所有同客舱的游客付款。游客持登船卡在邮轮上进行消费，账单费用由邮轮公司从关联的信用卡公司直接划转。一些邮轮支持银联卡关联登船卡，另有一些邮轮不支持银联卡关联登船卡，但是可以在船上使用银联卡进行刷卡消费。

3. 手机移动支付

随着手机移动支付方式的变革，邮轮上的付款方式也在逐渐发生变化。目前在中国母港运营的部分国际豪华邮轮上，已经可以使用支付宝等新型支付手段。

【行业聚焦】　　地中海邮轮与支付宝达成全球战略合作

2018年1月22日,意大利地中海邮轮与蚂蚁金融服务集团旗下支付宝共同宣布达成战略合作,将在地中海邮轮旗下的所有邮轮引入"支付宝"收付款服务。该战略合作标志着地中海邮轮将成为全球首个全船队覆盖支付宝服务的国际邮轮品牌,旗下共计14艘邮轮将先后提供支付宝作为全新的船上支付方式。届时,地中海邮轮的宾客在全球所有航线搭乘其任一邮轮旅行时,都能够使用支付宝结算包括船上购物、餐饮、娱乐活动等船上消费。

2017年11月,地中海抒情号率先提供支付宝结算,备受宾客的欢迎。地中海传奇号（MSC Meraviglia）紧随其后,成为地中海海域第一艘开通支付宝服务的大型邮轮。在地中海邮轮旗下全船队上引入支付宝作为收付款选择,是地中海邮轮公司打造不同凡响的船上消费体验的一次重要升级,也是地中海邮轮对于中国宾客和中国市场长期承诺的又一绝佳例证。轻松、便捷、实惠的支付体验会让中国宾客在船上真真切切地有宾至如归的感觉。

（四）网络服务

随着信息技术的发展,互联网连接成为人们必不可少的旅行装备。对于邮轮游客而言,在船上使用无线网络的需求日增,促使网络在邮轮上也越来越普及。

邮轮上提供的网络服务主要有三类。一是公共区域电脑上网。在邮轮上的网吧或者图书馆,放置公用电脑供游客上网使用。二是游客自身携带上网装置,在邮轮上无线网络覆盖的区域上网。三是邮轮上设有海上局域网,游客可以在登船前下载APP,登船后连接邮轮上的局域网,在网上浏览邮轮上的各种信息,进行邮轮餐厅、演出和特色活动的预订,并且可以与邮轮上的旅伴聊天沟通。

邮轮前台工作人员为游客使用网络提供帮助和技术支持,诺唯真喜悦号邮轮前台特设网络服务中心（图4-3）,以更好地为游客提供网络服务。邮轮上的网络收费包括无限制自由上网和包价上网两种方式。无限制自由上网按分钟计费。包价上网给予一定的优惠,需要游客购买网络套餐。

图4-3　诺唯真喜悦号邮轮网络服务中心

（五）岸上观光服务

邮轮前台为游客提供岸上观光咨询及预约服务,或者在邮轮前台相邻的区域设置专门的岸上观光咨询台（图4-4）。在邮轮旅游代理商包船模式下,岸上观光行程由邮轮旅游代理商采取包价产品的模式进行安排,岸上观光咨询台的预订作用并不明显,仅提供相关的咨询服务。若游客未通过旅行社等邮轮旅游代理商预订岸上观光行程,则可以在岸上观光咨询台选择相应的岸上行程并填写预约单报名。工作人员根据游客预订情况编好团号,提前一日告知游客相关行程安排。下船观光当天，工作人员组织好跟团游客，同时对自由行游客也做妥善安排。岸上观光费用计入船上消费，下船前一并结算。

图 4-4　诺唯真喜悦号岸上观光服务台

三、总机服务

邮轮上的电话总机由宾客服务部负责，一般位于前台的后侧，是邮轮内部进行沟通和联络的通讯枢纽和喉舌。邮轮总机接听游客电话，提供电话问询服务以及转接服务等，此外还可以为游客提供电话叫醒服务。总机可以提高服务效率，使邮轮前台工作人员可以有更多的时间去对客服务。邮轮总机要经常对游客来电情况进行分析，更好地了解游客需求，提高服务水平。此外，在紧急情况下，游客也可以通过电话联系到邮轮总机，总机工作人员在确认游客所述紧急情况之后要快速做出反应，周知相关部门，比如甲板部、安全部、客房部等，必要时还要做好回访。

图 4-5　诺唯真喜悦号

诺唯真喜悦号邮轮

诺唯真喜悦号邮轮（图 4-5）是美国诺唯真邮轮公司旗下首艘为中国市场量身打造的豪华邮轮，2017 年 6 月 28 日中国上海首航。喜悦号注册总吨位 167725 吨，客舱 1925 间，双人载客数 3850 人，最大载客数 4930 人，为中国游客提供"海上头等舱"度假体验。

诺唯真喜悦号船体画灵感来自于古老的神话圣灵——凤凰。凤凰是美丽的象征，也是传递吉祥如意的美好祝愿。船体画三大色调中的红色代表喜悦，与邮轮的名字相呼应，黄色代表尊贵，与邮轮恢弘的外观相得益彰，蓝色寓意波澜壮阔的海洋，三原色交汇隐喻吉祥起航。

诺唯真喜悦号邮轮设有能够满足中国游客独特度假需求的船上设施，The Haven 豪华套房区拥有高端专属的"船中船"式尊享套房，配备拥有一百八十度视角的观景台。娱乐创新是喜悦号引人瞩目的一大亮点，精彩纷呈的娱乐体验包括令人惊心动魄的海上双层赛车道、老少皆宜的户外激光枪赛场、包含虚拟现实等各色沉浸式娱乐体验的星际探索中心、惊险刺激的模拟驾驶装置和交互式视频墙等。喜悦号高达60%的船员精通普通话，为中国游客提供全程无障碍的优质服务。

第二节　邮轮客舱服务

邮轮客舱服务是为邮轮游客提供干净、整洁、舒适、安全的住宿环境以及细致、便捷、周到、热诚的对客服务。邮轮客舱服务关系到游客住宿这一基本生活需要，是邮轮对客服务中的重要组成部分，直接影响游客对于邮轮旅程的整体印象。

邮轮客舱部门一般设有客舱经理、客舱助理经理、楼层主管、客舱服务员等岗位。客舱服务的主要任务是保持客舱干净整洁、确保设备运行良好、提供热情周到服务、保障游客入住安全等。一些邮轮的客舱部门还下设公共区域清扫岗位以及洗衣房工作岗位等，另有一些邮轮的公共区域清扫岗位和洗衣房岗位从客舱部门中独立出来。

一、客舱清扫服务

（一）常规清扫

邮轮客舱需要时常保持干净整洁、舒适典雅、用品齐全的状态。邮轮上的每间客舱都配有客舱服务员和助理服务员，来负责日常的维护和清扫工作。良好的客舱清扫作业可以为游客创造优质的海上住宿环境，从而支撑邮轮产品的有形要素，赢得更加忠诚的顾客。

1. 客舱清扫的流程

一般而言，客舱清扫主要按照以下步骤进行。

（1）敲门进入。客舱清扫工作是从打开房门进入房间开始的。客舱是游客入住的私密空间，客舱服务员在进入客舱之前必须先敲门，然后站在门口适当位置等候客人应答。若客人不同意清扫房间，可向客人致歉打扰后离开；若客人同意清扫房间，则致歉打扰后开始清扫作业。若客人不在房间内，客舱服务员可以开门进入，并在客舱清扫过程中始终保持房门打开。

（2）检查房间。客舱服务员开门进入房间，接通电源，拉开窗帘，保持客舱内光线充足。打开客舱通风系统，保持客舱内空气流通。检查客舱内是否有设施损坏以及房间内消费，进行记录和报告。若是客人离船当日的待清扫客舱，还需要检查客人有无遗留物品。

（3）清理杂物。撤换掉客人使用过的餐盘、水杯等，清理房间内的垃圾和杂物。

（4）撤换布草。根据需要及时撤换客人使用过的脏布草，比如床单、枕套、浴巾等。发现有破损或污染情况，应该及时上报。收取脏布草的同时，带回相应数量的干净布草放在指定位置。

（5）整理床铺。按照正确的铺床流程进行床铺的整理，依次整理好床单、被套和枕套等。对于客人离船当日的走客房，还需要根据下一航次入住客人的需求，将床铺变更为单人床或者双人床。

（6）清洁浴室。整理完床铺之后，可以进行浴室和卫生间的清洁。

（7）房间除尘。擦拭家具表面，并将物品摆放整齐，做到眼看到的地方无污迹，手摸到的地方无灰尘。利用吸尘器等进行房间地面的除尘。

（8）用品补充。对客舱内的日耗品进行定量补充。

（9）记录离开。环顾四周，熄灭灯光，确认清洁完毕后填写记录表，关闭房门离开。

客舱清扫用具与工具车如图 4-6 所示。

图 4-6　客舱清扫用具与工具车

2. 客舱清扫的频次

客舱乘务员每天都要对邮轮客舱进行清扫。对于走客房、住客房、空房等不同的客舱状况，清扫的要求和程度也有所不同。

（1）走客房。对于游客离船之后的走客房，需要在当天进行彻底清扫，以迎接新的游客的入住。走客房清扫的工作任务比较繁重，但是干净整洁的邮轮客舱会让初次登船的邮轮游客留下美好的第一印象，故而需要认真对待。

（2）住客房。对于邮轮航行期间的住客房，需要进行每日两次常规清扫，做好床铺整理、地毯除尘、桌面干擦等工作。上午清扫保持客舱干净整洁，傍晚时分清扫为游客营造温馨睡眠环境。此外，还可以按照住客的要求适当增加或适当减少清扫工作，做到定时与随时相结合。

（3）空房。对于空房，也要定期进行通风和吸尘，保持客舱内良好的清洁状态。

（二）设备保养

为了提高游客在客舱入住期间的舒适度，现代邮轮通常在客舱配备了很多现代化的客舱设施与设备。客舱服务员要做好邮轮客舱设施与设备的日常维护与保养工作，一旦设施设备出现故障，应立即通知相应部门维修，尽快恢复其使用价值，以确保邮轮游客的权益。

（三）布草洗涤

邮轮上设有洗衣房，负责床单、被罩、浴巾等布草洗涤以及游客衣物、员工制服的洗涤和熨烫。洗衣房不仅要做好对布草等各类棉织品的管理，降低客舱经营成本与费用，还必须按质保量完成各项洗涤任务，保证游客洗衣需求的满足以及邮轮经营活动的顺利进行。

（四）公共区域清扫

除邮轮客舱清扫之外，邮轮客舱部门还下设公共区域清洁岗位，负责邮轮公共区域的清洁与保养工作。公共区域清洁范围大、质量要求高，工作具有挑战性和艰巨性。公共区域是游客的共享空间，客流量大，天气的变化和活动的安排还会带来额外的工作任务。另外还有一些专业性较强的工作，需要使用具有一定技术含量的清洁保养设备。公共区域清洁人员要做好公共区域的清洁以及日常设备的使用维护和保养，同时还要在公共区域遇到客人时保持良好的礼仪礼貌。

二、客舱对客服务

（一）常规服务

游客在邮轮客舱入住期间，客舱服务要能够满足游客物质和精神两方面的需求。清洁、舒适的居住空间满足游客的物质需求，而热情周到、细致入微的服务则让游客有温馨如家的感觉。游客在客舱入住，可以享受客舱洗衣、客舱送餐、客舱电视、客舱电话、客舱保险箱、客舱迷你吧等多项服务。

1. 客舱洗衣

邮轮客舱放置有洗衣袋和洗衣单，游客若有需要送洗的衣物，可以将衣物放入洗衣袋中，并填好洗衣单，注明姓名、客舱号、送洗日期、待洗衣物件数及洗涤要求等。游客可以告知客舱服务员将衣物送洗，或者客舱服务员在客舱清扫时收取填妥洗衣单的待洗衣物送洗。在送洗前，应仔细检查衣物有无破损、污点、褪色、衣袋有无物品、扣子是否脱落等情况。邮轮上的洗衣房对衣物进行干洗、水洗、烘干、熨烫及折叠，提供普通服务及快洗服务，按时、按质将洗好的衣物返还客人，并收取一定的费用。部分邮轮上也有投币式自助洗衣设备。

2. 客舱送餐

几乎所有的邮轮都会提供 24 小时客舱送餐服务（图 4-7）。预约客舱送餐的方式有多种多样，比如使用送餐单点餐、使用房间电话点餐、使用房间电视系统点餐等。

图 4-7　皇家加勒比邮轮客舱送餐服务

（1）使用客舱内提供的送餐单点餐。游客在送餐单上勾选好约定送餐时间以及餐食品种，然后将送餐单悬挂于客舱外的门把手上；客舱服务员收取送餐单并为客人预约，在约定的时间段会有服务员送餐上门。这种方式一般适合于预约第二日的早餐送餐。

（2）使用客舱内电话点餐。游客可以在房间内拨打送餐电话预约送餐。一些邮轮为了方便游客，电话上会有一键拨打送餐电话的设置。

（3）使用客舱内电视系统点餐。游客可以在房间内的电视屏幕上浏览客舱送餐内容，选择好所需要的餐食及饮品，并按下确认键发送客舱送餐需求。服务员会准时将餐食送至客舱。

一些邮轮提供免费送餐服务，另有一些邮轮提供限时免费送餐服务。通常情况下，早餐时段送餐向邮轮上所有客舱游客免费提供，其他时段按次收取一定数额的送餐服务费。餐食和饮品免费向游客提供，另有一些付费餐食和饮品也列在送餐单中供游客自由选用。

3. 客舱电视

邮轮客舱配有电视供游客欣赏精彩节目。客舱电视有多个电视频道，分别用来播放时事新闻、精彩电影、卡通动画等，电视节目以英文为主，中国母港运营的邮轮上也在逐渐增加中文节目。除了播放精彩电视节目之外，客舱电视还承载了更多功能，比如每间客舱的电视均可以用来查阅该客舱入住客人在船上的消费账单，还可以为游客提供客舱点餐服务等。客舱电视中会有专门的频道用来播放邮轮实时位置、海上天气实况等，另有专门的频道介绍邮轮上的服务项目、高级船员以及安全须知等。邮轮娱乐活动部的员工也会出现在电视屏幕中，为游客介绍每天的活动安排，带领游客在节目中探索船上的每一个精彩角落。

4. 客舱电话

邮轮客舱配有卫星电话供游客对外沟通使用。客舱电话可以直接拨打全球各地电话，没有拨打时间上的限制，但是需要收取一定的费用，电话接通后不论是否有人接听皆开始计费，收费标准由邮轮公司各自制定，直接计入船卡消费账单之中。客舱电话可以免费拨打邮轮前台等服务部位的电话、免费拨打同行人的客舱电话等。此外，客舱电话还可以设置自动叫醒服务、预约客舱送餐服务等。

5. 客舱保险箱

邮轮客舱配有保险箱供游客存放贵重物品。邮轮公司强烈建议游客登、离船时将贵重物品放置于随身行李中保管，或者在邮轮航程之中存放于客舱的私人保险箱中保管，注重贵重物品的安全。客舱保险箱附有使用说明，游客不会使用时也可以寻求客舱服务员的帮助。在离船之前，查看保险箱中有无贵重物品遗漏。

6. 客舱迷你吧

邮轮公司为了方便游客在客舱内随时都可以享用酒水、饮料和小食品，同时为了增加船上经营收入，会在邮轮客舱配备迷你吧或者小冰箱，存放一定数量的食品饮料供游客自行取用。迷你吧食品饮料需要清晰标注价格，客舱服务员每日清点食品饮料数量，记录耗用情况，并及时按照规定的品种和数量进行补充。

（二）客舱管家服务

管家服务是邮轮公司为游客提供的全过程跟进式服务，体现了邮轮公司高品位、个性化服务的特征。一般情况下，各大邮轮公司都会为入住顶级套房的游客提供周到、完善的管家服务。另有一些奢华型邮轮公司为所有登船游客提供管家服务。

客舱管家服务涉及游客从登船前到离船后的全过程环节。游客抵达之前，做好接待安排，按照客人的喜好和生活起居习惯进行房间的布置，注意赠品的摆放。游客抵达时，为游客安排专属通道快速登船，帮助客人提拿行李，引领客人前往房间，并介绍客舱内的设施服务。游客入住期间，根据客人需求提供客舱清扫、客舱用餐、洗衣服务、叫醒服务、商务服务、预订服务等，妥善处理好客人的要求、意见和建议。游客离船时，安排优先离船通道，帮助客人联系岸上行程。游客离船之后，做好客史档案记录。

客舱管家服务是一项细致入微的服务，也是各大邮轮公司的隐形竞争力。邮轮管家为游客提供贴心服务，帮助游客熨烫整理衣物，帮助游客打包行李，帮助游客安排结婚庆典，每时每刻都使游客获得满意加惊喜。

云顶梦号

云顶梦号邮轮（图 4-8）是云顶香港集团星梦邮轮旗下的第一艘邮轮，是专为亚洲市场打造的高端邮轮。该船长 335 米，宽 40 米，客舱 1674 间，载客 3352 人，注册总吨位 151300 吨。2016 年 11 月，云顶梦号邮轮在广州南沙港首航。

图 4-8　云顶梦号客舱

云顶梦号邮轮 70% 的客舱设有私人露台，船上 142 间豪华套房可享受欧式管家 24 小时恭候。星梦皇宫套房精选世界各地最佳品牌，集全球顶级工艺层层打造无可比拟的"星梦舒睡体验"。星梦皇宫管家尽心为游客服务，从服饰保养到皮鞋抛光，从优先预订各种水疗护理、餐饮、岸上观光到提供精致下午茶、特调鸡尾酒，都会按照游客的需求安排打点妥当。

帝豪总统套房拥有 224 平方米极致空间，集优雅、时尚于一身，缔造星梦皇宫套房的升华体验。帝豪总统套房缀以罕见的现代艺术珍藏，配备漩涡按摩泳池、桑拿房、私人日光甲板以及豪华钢琴。游客可以在宽敞的客厅与孩子尽情玩耍，在明亮的餐厅举办私人晚宴，或者在私人专属阳台欣赏无敌海景。

云顶梦号邮轮的欧式管家服务从同属于云顶集团旗下的顶级奢华品牌水晶邮轮传承而来，欧式服务与中文语言相结合，完美融合中西元素。优雅的进餐和做客礼仪、合适的肢体语言、餐饮和品酒学问以及个性化的礼宾服务技巧等都是星梦管家必备的专业技能。

第三节　邮轮餐饮服务

邮轮餐饮服务是为游客提供的有关餐饮活动的设施、餐具、菜肴、酒水以及帮助游客用餐的一系列行为的总和。餐饮服务分为直接对客的前台服务和间接对客的后台服务两大部分。前台服务主要是在邮轮上的主餐厅、特色餐厅、自助餐厅、酒吧、咖啡厅、小吃店等部位进行直接对客服务。后台服务是邮轮上的厨房等部位进行的工作。

邮轮在海上航行的特殊性使得邮轮上用餐客人相对固定、用餐时间相对集中、开餐时间相对较长，且食材需要在港口一次性补给、烹饪不能使用明火加热等，但是优秀的餐饮管理使得丰富多彩的用餐选择成为邮轮上的一大特色，而精心烹制的特色美食也使得邮轮餐饮成为名副其实的优秀榜样。

一、主餐厅服务

邮轮上的主餐厅是游客在船上的主要就餐场所，在正餐时间为游客提供正式的点餐服务。主餐厅规模较大，气势恢宏，在装饰风格上反映出邮轮品牌的风格特色，在菜品供应上也不断继承传统又开拓创新。主餐厅通常也是邮轮上举行大型宴会的场所。

(一) 主餐厅美食

1. 主餐厅美食特点

邮轮上的主餐厅根据消费者的消费特点和饮食习惯，同时结合餐饮时尚发展趋势，在餐饮创新中取得了很多个性化的突破，但是绝大多数邮轮上的主餐厅目前还是以提供西式正餐为主。

西餐是一个笼统的概念，是中国人对欧美菜肴的总称，通常以意大利、法国、英国、俄国、美国等国的菜肴为代表。邮轮航行在世界各地，在传统西餐基础上又汇聚全球美食原料以及餐饮文化，形成了更具特色的新派西式菜肴。比如意大利银海邮轮的主餐厅会根据航行地点的不同，提供相应的地方风味，比如去往智利峡湾时提供烤智利海鲈鱼，去往孟买会提供印度鸡肉咖喱。在中国母港运营的邮轮上，主餐厅的菜品制作也融入了很多中国元素。地道的中国菜肴、悠久的烹饪艺术，在满足中国游客饮食需求、引领邮轮餐饮潮流发展中发挥着重要的作用，也受到很多中国游客的喜爱。但总体上来讲，主餐厅用餐与服务流程仍以西式为主。

2. 主餐厅上菜顺序

西餐用餐采用分食制，菜肴以单人食量为单位分装在个人的餐盘中，用餐时讲究一定的上菜顺序。常见的西餐上菜顺序为开胃菜、汤类、副菜、主菜、甜点和热饮。

（1）开胃菜。开胃菜也称为头盘，有开胃和刺激食欲的作用。开胃菜数量较少、质量较高。

（2）汤。开胃菜之后是汤，分为清汤和浓汤两种。常见的汤有意式蔬菜汤、俄式罗宋汤、海鲜汤、奶油汤等。

（3）副菜。西餐的第三道菜是鱼类及海鲜类菜肴，原材料是各种淡水鱼、海水鱼、贝类以及软体动物类等。鱼类及海鲜类菜肴肉质鲜嫩，比较容易消化，故而放在其他肉类菜肴之前。一些简餐也会将此类菜肴并入主菜中。

（4）主菜。西餐的第四道菜是主菜，比较有代表性的是牛肉等肉类菜肴和鸡肉等禽类菜肴。蔬菜在肉类菜肴中充当配菜的角色，比如豆角、花椰菜、土豆泥等，通常与主菜肉食类一同摆放在同一餐盘中。

（5）甜点。西餐的甜点在主菜之后食用，有助于消化和化解油腻。甜点样式精美，是厨师精湛技艺的体现。

（6）热饮。咖啡和红茶是最常见的餐后热饮。

传统欧美人吃西餐讲究菜肴的道数。在邮轮的主餐厅，一般提供三道菜式或四道菜式的西餐。在三道菜肴组成的一餐中，第一道菜肴是开胃菜，第二道菜肴是主菜，第三道菜肴是甜点。在四道菜肴组成的一餐中，包括开胃菜、汤、主菜和甜点。面包作为主食提供，搭配黄油食用。提供免费的热水和柠檬水，如需其他饮料或酒水需要额外付费。

【资料卡片】歌诗达赛琳娜号邮轮美食

歌诗达赛琳娜号邮轮近年来运营中国上海母港航线，船上主餐厅提供的餐食也极具地方特色，更好地适应了中国消费者的用餐习惯与口味。

意大利晚餐菜单

（1）开胃菜：凉拌辣味虾仁海蜇；意式烤芝士茄子派配番茄酱；混合蔬菜色拉配意大利香油汁、

千岛汁或芒果酱汁。

（2）汤：意式蔬菜汤；鸭肉菌菇胡萝卜汤。

（3）主菜：自制意式鱼肉饺子配什锦海鲜番茄酱；意大利细面配番茄肉酱汁；雪蟹配酱油汁；香葱牛肉炒韩国粉丝；欧式煎肉排配烤土豆和玉米番茄；西式炸猪排配蛋黄酱番茄粒和龙虾片；清蒸鲽鱼排配豉油汁和土豆泥胡萝卜。

（4）甜品：香草杏仁挞；意大利经典提拉米苏；无糖酸奶慕斯；冰淇淋；水果片。

面包、米饭。

威尼斯晚餐菜单

（1）开胃菜：酸辣味凉拌香菇厚百叶蔬菜；脆皮烤鸭；混合蔬菜色拉配意大利香油汁、千岛汁或芒果酱汁。

（2）汤：奶油扁豆蔬菜汤；西湖牛肉汤。

（3）主菜：意大利扁平面配地中海番茄汁；意大利细面配番茄肉酱汁；意大利细面配番茄罗勒叶酱；红烧五花肉土豆配刀豆菌菇炒什锦蔬菜；新疆五花炖羊腿肉配土豆和炒大白菜；红烧油豆腐茄子土豆；豆芽牛肉炒排粉；西式炸猪排配蛋黄酱番茄粒和龙虾片；清蒸鲽鱼排配豉油汁和土豆泥胡萝卜。

（4）甜品：橙子蛋糕；巧克力米碎蛋糕；无糖水果果冻；银耳木瓜羹；冰淇淋；水果片。

面包、米饭。

船长晚宴菜单

煎猪肉蔬菜饺子配香醋汁；上海酱鸭；南瓜杏仁奶油汤；红枣鸡肉汤；各式面包；意式千层面；上海猪肉炒面；烤龙虾配意面、西兰花和胡萝卜（每人一份，另加一份需付10美金，包含服务费）；低温烤牛排配黑胡椒、土豆块、煎番茄、洋葱和芥蓝；素麻婆豆腐；清蒸鲽鱼排配豉油汁和土豆泥胡萝卜；混合蔬菜色拉配意式香油汁、千岛汁或芒果酱汁；米饭。

（二）主餐厅对客服务

1. 餐前服务

主餐厅服务遵循西餐服务标准流程。开餐前，需要进行餐厅环境布置，摆放桌椅，铺桌布，擦拭并摆放餐具（图4-9），准备餐单，以饱满的精神状态迎接客人的到来。

开餐时，服务人员在主餐厅门口迎接客人，欢迎客人光临，并提示客人使用置于主餐厅门口的免洗洗手液，之后引领客人入位。引领时注意走位合理，手势规范。客人来到就餐餐桌，帮助客人拉椅让座，为客人准备餐巾和菜单。客人仔细阅读菜单后为其提供点餐服务，尊重客人的饮食习惯，询问客人有无素食、低盐、低糖等特殊饮食要求。点餐完毕迅速为客人备菜。

2. 餐中服务

客人用餐过程中，主餐厅服务人员完成传菜、上菜、斟酒等工作。传菜时使用托盘或小推车，要保证行走轻盈、步速适当、运送平稳。上菜速度要与客人用餐速度相适宜。需要派菜时，选择合适的站位，手法娴熟，动作规范。随时观察客人的用餐情况，为客人提供撤盘服务。开餐后餐具摆放如图4-10所示。

主餐厅服务人员可以适度向客人介绍与菜肴相搭配的酒水，并告知酒水收费情况。整瓶酒水出售时应首先向客人展示，待客人确认后开瓶，按照礼仪次序依次为客人提供斟酒服务。

3. 餐后服务

区别于传统的陆地酒店用餐，游客在主餐厅用餐结束之后没有结账环节。付费菜肴和酒水由主餐厅服务人员记入客人房账,离船前一并结算。餐厅服务员感谢客人来餐厅用餐,并在客人离开后进行餐桌的整理,为下一次开餐做准备。

图 4-9　主餐厅开餐前餐具摆放

图 4-10　主餐厅开餐后餐具摆放

(三) 主餐厅用餐礼仪

1. 座位

在大型邮轮上,主餐厅通常采取批次用餐的方式,第一批客人的用餐时间在晚上 5～6 点,第二批次客人的用餐时间在晚上 8～9 点。游客前往主餐厅用餐,需要按照登船卡上预先安排的批次和座位入座。在一些邮轮上,也可以采用自由坐席的方式,由主餐厅服务员根据用餐人数引领入座。主餐厅餐桌尺寸大小不一,每张餐桌可以容纳 2～10 人。

2. 着装

邮轮主餐厅是正式的社交场合,游客需要着正装进入。在一些邮轮的活动日报上,会刊登进入主餐厅用餐的着装提示以及特定时段活动的着装提示。在另一些推崇自由氛围的邮轮上,主餐厅用餐的着装要求并不严格,但是建议游客着正装以示尊重。

3. 互动

邮轮主餐厅服务人员为游客提供用餐全过程服务,对用餐客人热情周到、礼貌有加,会为客人介绍风味美食、地方特色,教客人折餐巾花或者为客人变小魔术以活跃用餐气氛。在邮轮航程即将结束之时,餐厅服务人员还会在欢送晚宴上为客人表演送别节目。游客可以参与互动,并向服务人员回以微笑和感谢。

二、特色餐厅服务

邮轮公司若要以美食来保持竞争力，品种的多样化是必须的。在任何一艘邮轮上，游客均可以找到多家特色餐厅。这些特色餐厅的用餐环境更好、服务质量更高，菜品也更加具有特色。游客在特色餐厅用餐，需要提前预订并支付一定的费用。

（一）特色餐厅美食

游客的需求不断激发着厨师的想象力和创造力，推动着特色美食的创新。在邮轮上，特色餐厅通常提供某一个国家或者某一个地区的特色菜点，比如专门的意大利菜馆、法式酒馆、美式牛排馆、日式料理店等，均有相应的特色美食供应。

不同国家和地区的美食具有不同的特色。意式西餐突出主料的原汁原味，常用的食材有各种冷肉、香肠、牛奶制品、水果和蔬菜等，对菜肴的火候要求很严格。法式西餐倡导菜肴的自然、个性、装饰和色彩的搭配，品种多种多样，烹饪技术复杂，注重用餐体验，将用餐视为休闲和享受。英式西餐较少使用香料和调味酒，注重营养和卫生。俄式西餐油重味浓，多使用调味酱和香料。美式菜肴口味清淡，保持自然特色，讲究营养和效率。

邮轮公司在其特色餐厅的经营中，融入了不同的餐饮特色，侧重点会有所不同。还有一些邮轮公司进行特色餐饮创新，比如美国公主邮轮蓝宝石公主号运营中国母港航线时，特设"世界领导人晚宴"，游客在航程中可以在一个特别夜晚品尝到舌尖上的至尊盛宴。"世界领导人晚宴"甄选全球知名国宴菜单，由国际顶尖名厨悉心打造，并经公主邮轮全新改良，其中的极品佳肴包括缅因水煮龙虾、烤肋眼牛排、羊脂奶酪水果沙拉等曾属于政要精英的美味。

（二）特色餐厅对客服务

特色餐厅的用餐体验并不仅仅限于美食体验，还在于其特色服务上。奢华邮轮品牌世鹏邮轮安排了游客与厨师一道上岸采购食材的特色活动，还可以通过开放式厨房欣赏厨师的高超厨艺。风星邮轮上的游客可以参加厨师亲自讲解的烹饪课程，当船上的风帆升起时，还可以坐在风帆下的烤鱼餐厅，品尝海鲈鱼、鲷鱼、剑鱼或枪鱼。如果起风了，服务人员还会周到地送上毛毯。

风之精神号（Wind Spirit）

风之精神号（Wind Spirit）邮轮（图4-11）是一艘时尚的4桅帆船，可以容纳148位游客，注册总吨位5736吨，更加类似于私人游艇。

图4-11　风之精神号（Wind Spirit）

风之精神号邮轮具有开阔的甲板，所有客舱均可以看到海景。船上提供两个主要的就餐场所，Veranda 餐厅提供休闲自助餐和全方位服务的早餐和午餐，Amphora 餐厅在晚上提供美食课程，所有用餐皆为开放式座位。为了享受星空下更加美好的用餐体验，可以提前预订座位和蜡烛。风之精神号邮轮上还有水上运动平台、赌场、图书室等。

对应不同国家和地区的餐饮特色，服务人员还需要掌握不同国家和地区的餐饮服务技巧。常见的西式餐饮服务包括法式西餐服务、英式西餐服务、俄式西餐服务和美式西餐服务等。

（1）法式西餐服务。法式西餐服务典雅、庄重、周到、细致，十分讲究礼节。每桌客人由一名服务员和一名助理服务员进行服务。服务员接受顾客点单、上酒水、即兴烹制表演、递送账单。助理服务员传菜、收拾餐具、听从服务员安排。菜肴在厨房全部或部分烹制好，用银盘端至餐厅，服务员在烹饪车上最后烹饪加工，切片装盘后端给顾客。

（2）英式西餐服务。英式西餐服务气氛活跃，节奏较慢，适用于宴会或家庭式服务。铺台时不摆餐盘，菜食连同菜盘放置在客人面前，一般不派菜。各种调料、配菜摆放在餐桌上，由客人根据需要互相传递自取。

（3）俄式西餐服务。俄式西餐服务采用大量银质餐具，优美文雅。由一名服务员完成整套服务。根据顾客需求派菜，每派一道菜都要换清洁的刀叉。适合服务于人数较少的家庭聚会。

（4）美式西餐服务。美式西餐服务自由、简单、大众化。上菜一律用左手从客人左侧上，撤盘时由用右手从客人右侧撤走。服务操作动作快，客人用餐也比较自由。

（三）特色餐厅用餐礼仪

1. 预定

特色餐厅规模不大，可以容纳的游客人数有限，故而前往特色餐厅用餐，至少需要在开餐前 24 小时提前进行预订。有的邮轮公司会在游客登船日提供航次中全部特色餐厅的预订服务，游客同时预订几家特色餐厅可以享有较高的优惠。此外，游客还可以通过连接邮轮局域网的手机 APP 进行特色餐厅座位的预订。

2. 付费

邮轮上的特色餐厅会收取一定的费用，收费制度通常有两种：一是按座位收取预订费。游客预订特色餐厅的座位，邮轮公司收取固定金额的订位费，菜品不再另外计费。二是按照餐单收费。游客根据特色餐厅的菜单点餐，按照实际点餐的多少支付菜品费用。游客如果想要享受更加丰富多彩的美食，邮轮上的特色餐厅可以提供从平价到奢华的多种选择。

三、自助餐厅服务

邮轮上的自助餐厅为游客提供了更加自由活泼的就餐形式。自助餐厅开餐时间长，可容纳人数多，菜品丰富多样，且完全免费向游客开放，故而是邮轮上主餐厅的重要补充。

（一）自助餐厅美食

邮轮上的自助餐厅为游客提供丰富多彩的美味餐食，主要菜品种类的设计与邮轮航程计划中所到港口的餐饮特色相呼应。自助餐厅供应一日三餐，早餐主要提供水果、煎蛋、面包、三明治、烤肠、酸奶、果汁等，午餐和晚餐主要提供各式开胃菜、主菜、甜点、水果以及面食等。在中国母港运营的邮轮自助餐厅，还可以享受到米饭、水饺和各类粥等。

(二) 自助餐厅对客服务

自助餐是游客自行在布置好的餐台上取菜并回到座位享受的用餐方式，故而相对减少了餐厅服务人员的服务工作，但是餐厅服务人员仍需要完成餐前、餐中和餐后的各项事务，为游客提供更好的自助餐饮服务。

1. 餐前服务

自助餐厅开餐前，服务人员完成的工作有：整理自助餐台，保证自助餐台上的菜品供应充足、温度适宜、菜卡摆放准确，使用食品雕刻等对自助餐台进行装饰点缀；整理游客用餐餐桌，保证餐桌上小件酱料等物品摆放齐全；经消毒处理后的餐巾、餐具、餐盘等准备充足，摆放到位。

2. 餐中服务

自助餐厅开餐时，服务人员完成的工作有：热情礼貌迎接游客，并向其递送餐盘等物品，必要时为客人介绍菜品口味；客人取菜后，整理自助餐台，及时添加菜品，保证餐台上的菜品丰盛、美观；客人用餐时，为客人提供水及饮料服务；及时撤换客人使用过的餐盘，保证调味料以及牙签等物的充足；客人用餐结束，微笑送别客人，并表示感谢。

3. 餐后服务

自助餐厅开餐后，服务人员完成的工作有：撤掉自助餐台菜品，将自助餐台清理干净。检查清洗消毒后的餐具，并按要求摆放整齐。做好餐厅卫生，检查餐厅设施设备的完好，为下一次开餐做准备。

(三) 自助餐厅用餐礼仪

1. 着装

邮轮上的自助餐厅没有着装要求，相对来讲比较自由。但是自助餐厅同样是公共场所，故而游客也需要避免拖鞋、背心等更加随意的着装，遵守公共场所的着装礼仪规范。

2. 用餐

在自助餐厅用餐时，需要注意的用餐礼仪有：

(1) 餐前洗手。自助餐厅同样提供免洗洗手液，游客餐前注意做好清洁。

(2) 按需取餐。根据喜好选择自己喜欢的食物，但是不要取过量，拒绝浪费。

(3) 排队取餐。取餐的过程中不要插队，也不要从反方向行进取餐。

(4) 规范取餐。每次取餐都用干净餐盘，不混用食物钳。

(5) 照看孩子。告知孩子礼仪规范，勿在餐厅跑跳喧哗。

四、酒吧服务

(一) 酒吧类型

邮轮上的酒吧是游客休闲和社交的场所，环境优美并伴有音乐，提供各类酒水服务。酒吧的种类多种多样，规模大小不同，经营特色不同，承载的功能也有细微的差别。

邮轮上常见的酒吧有贵宾私享酒吧、主题音乐酒吧、运动酒吧、休闲酒吧和精品酒廊等。

一是贵宾私享酒吧。贵宾私享酒吧主要面向入住高端套房的贵宾客人开放，是贵宾客人品酒休闲放松的专属空间。

二是主题音乐酒吧。主题音乐酒吧装饰典雅别致，具有浓郁的主题风格。酒吧内视听设备比较完善，有别具特色的乐队表演或钢琴演奏。游客在主题音乐酒吧可以享受音乐、美酒和无拘无束的社交,还可以欣赏调酒师全套的调酒表演。

三是运动酒吧。运动酒吧规模不大,一般设在邮轮上的运动健身场所旁边,供游客在运动建设之余休憩和放松之用。常见的运动酒吧有泳池酒吧等。

四是休闲酒吧。休闲酒吧提供酒水、饮料和餐食,供游客短时间停留和休憩之用。

五是精品酒廊。精品酒廊以酒为最大特色,通常是各类名酒的汇聚地。

(二)酒吧对客服务

邮轮上的酒吧设有酒吧经理和助理经理,主要负责酒吧的日常运营,包括制定酒吧运营计划、进行酒吧财务核算、确保酒水正常供应、提升酒吧服务质量等。一些邮轮上的酒吧24小时提供对客服务,另有一些酒吧在特定的时间段提供对客服务。

1. 开吧准备

在营业之前,酒吧服务人员完成的工作有:保持吧台的清洁卫生,酒柜和陈列柜也应每天除尘,陈列的酒瓶等也要保持清洁无尘。酒杯等用具需要进行清洁消毒,要求无水渍、无破损。领取每日所需的酒水和食品,酒水、果汁、牛奶等放入冷藏柜冷藏,瓶装酒存入酒柜或陈列柜,陈列时注意摆放合理,开胃酒、利口酒等分开摆放,贵重酒和普通酒分开摆放。调酒师备好调酒用具、酒杯、冰块、配料等,做好调酒准备。

2. 营业服务

在营业之时,酒吧服务人员完成的工作有:为客人提供点酒服务,向客人介绍酒水的品种、产地以及鸡尾酒配方等,询问客人所需酒水品种、数量以及特别要求等。调酒师接到点酒单后及时调酒,调酒师选取正确的配方、正确的酒杯、优质的材料和漂亮的装饰,掌握好调制酒水的时间,不让客人久等。如果客人点了整瓶酒,则需要按照示酒、开酒、斟酒的程序为客人提供服务。客人品酒的过程中留心观察并及时服务,收集客人使用过的空杯并送洗。客人消费完毕,核对账单无误后计入登船卡消费账户。

3. 营业结束

在营业之后,酒吧服务人员完成的工作有:在客人全部离开后清洁酒吧,包括收拾酒水、清洗酒杯、擦拭吧台、清理垃圾等。检查并记录当天销售酒水数量以及酒吧现存酒水数量,贵重瓶装酒的数量记录尤其要十分精确。记录当天特别事件等,掌握酒吧营业详细状况。

海洋量子号(Quantum of the Seas)

海洋量子号(Quantum of the Seas)邮轮(图 4-12)是美国皇家加勒比邮轮公司旗下量

图 4-12　海洋量子号(Quantum of the Seas)

子系列船只中的第一艘船，船上拥有诸多前所未有的突破性设施，被视为世界上最先进的邮轮之一。海洋量子号2014年9月下水试航，2015年5月抵达上海后开启全年亚洲航线。

海洋量子号邮轮上有多达10间酒吧，其中包括：

机器人酒吧。充满科技元素，奇趣无穷，设有机器人调酒师 Bio and Nic，只需下达指令，Bio and Nic 就会为游客调制专属的精彩特饮。

思古诺酒吧。是皇家加勒比邮轮上招牌式的酒吧，一直深受游客喜爱。该酒吧以航海为主题，客人们会聚在钢琴旁一起吟唱喜欢的歌曲。

悦音厅酒吧。在这里，游客可以感受到更加亲密浪漫的度假体验，或漫步舞池，或静听蓝调布鲁斯的悠扬。在精心设计的派对中，游客可以结识新的朋友。

波列罗酒廊。从招牌饮料到萨尔萨音乐，都带着拉丁式的火辣与热情。

270°酒吧。这是一处美食广场，游客很容易找到它的位置，也很方便取用食物，在用餐的同时还可以观赏到风景。游客可以选择种类繁多的三明治或者任何喜欢的自制沙拉和汤羹。

阳光府邸酒吧。金卡套房客人的专属区域，客人可以在面朝大海的落地玻璃前一边享受日光浴一边享用酒水服务。

泳池畔酒吧。泳池与冰镇啤酒或鸡尾酒会搭配，会令人变得更清凉。

星空酒吧。在阳光下玩了一整天，可以前往星空酒吧。

北极星酒吧。在北极星酒吧，提供香槟、鸡尾酒等，都能营造出令人振奋的氛围。

精致酒廊。这里拥有来自全世界各地的葡萄酒，能够满足所有人群和各种类别葡萄酒爱好者的口味。

第四节　邮轮休闲娱乐服务

邮轮休闲娱乐服务是邮轮公司向游客提供的各种船上休闲与娱乐活动服务的总和，对于丰富游客船上生活、增进游客度假体验、提高游客满意程度起到重要作用。邮轮在浩瀚的大海上航行，缺少周边娱乐项目的支持，而休闲娱乐体验又是游客搭乘邮轮的主要目的。为了让不同年龄层次、不同生活规律的游客都能在船上找到自己感兴趣的活动，邮轮公司不断创新，逐渐形成了艺术鉴赏类、文化演出类、博彩娱乐类、休闲购物类、运动健身类、游乐活动类等丰富多彩的休闲娱乐活动，为游客的邮轮假期增添了无限乐趣。

邮轮休闲娱乐服务是一项综合性的服务，需要邮轮上娱乐部、运动部、购物部、摄影部等多个部门通力协作完成，有时还需要客舱部、餐饮部等部门的积极配合与参与，在服务项目的设置以及服务人员的调配上具有一定的灵活性。邮轮上休闲娱乐活动项目众多，在此主要介绍主题娱乐服务、免税购物服务、运动健身服务和儿童娱乐服务内容。

一、主题娱乐服务

主题娱乐活动是指在一定的环境或设施下，游客通过参与或自助的形式而进行的娱乐活动。主题娱乐活动包括的范围比较广泛，常见的主题娱乐活动包括表演类项目、博彩类项目、棋牌类项目、游戏类项目等。在邮轮航程假期中，邮轮娱乐部会为游客安排丰富多彩的主题娱乐活动，游客可以通过邮轮活动日报或者连接局域网的手机 APP 来获知娱乐活动安排并准时参与。

（一）安排表演

邮轮上的剧院是安排表演活动的主要场所，来自世界各地的杰出音乐家、舞蹈家、魔术和杂技表演艺术家们受邀在邮轮上展示精湛技艺，体现出邮轮对于高雅艺术的不懈追求。在航程假期中，游客每晚均可以在剧院欣赏到大型音乐表演或者魔术杂技表演等。

作为邮轮上的一大特色，各大邮轮公司纷纷依托先进的科学技术，为游客打造一场又一场视听盛宴。迪士尼魔力号邮轮上的华特迪士尼剧院拥有可移动背景、舞台升降机、最新的灯光和音响系统，可进行原版百老汇风格的迪士尼现场表演、迷人的迪士尼音乐剧表演和最新的3D电影放映。海洋量子号邮轮上的270°景观厅打造《星海传奇》全息数码歌舞秀，6个机器屏幕根据音乐节奏，进行上升、旋转、移动，形成酷炫画面，加之革命性的宽30米、高6米的全息屏幕，完美演绎现实和未来。诺唯真喜悦号邮轮上的《元素》舞台剧贯穿充满奇幻和魔力色彩的土、气、火和水四大元素，《天堂》舞台剧以巴黎文化为灵感，充满神秘又充满都市风尚的波西米亚气息。邮轮上的表演活动在每一航次中均会精心编排，以保证节目看起来新颖有趣。

（二）组织活动

除了精彩的剧院表演，邮轮上还会为游客组织丰富多彩的娱乐活动。邮轮上的娱乐专员是整艘邮轮的娱乐核心，几乎无时无刻不出现在邮轮的公共区域，为游客带来各种各样的欢乐。在航程假期中，娱乐专员每天都会在邮轮上的不同地点组织不同的娱乐活动，比如与客舱部合作开展浴巾折小动物比赛，与餐饮部合作邀请游客制作比萨或提拉米苏、进行鸡尾酒调酒展示，根据不同的航次主题穿着不同的服装在邮轮公共区域举行大型狂欢派对并鼓励游客参与其中，在特定时间特定地点由舞蹈老师教授游客轻松简单的舞蹈动作，在酒吧、咖啡厅、泳池甲板等地组织游客参与一系列游戏挑战等。在特定的节日，还会根据节日主题举行一系列的活动，比如在圣诞节前后组织圣诞颂歌及圣诞树点亮仪式等。在中国母港航行的邮轮在活动组织中也融入了很多中国的节日元素，比如在春节航次中会组织游客开展包饺子大赛等。

邮轮上有专职的摄影师，会在船上组织娱乐活动时捕捉游客的精彩画面，为游客拍摄专业的、有纪念意义的照片，为游客留下更多美好的回忆。在邮轮航次中，娱乐活动部员工和摄影团队还会共同组织特定场景照片的拍摄，比如迪士尼邮轮会有娱乐员工扮演米老鼠、白雪公主等迪士尼卡通人物与游客拍照，皇家加勒比邮轮会有娱乐员工扮演怪物史莱克、马达加斯加的企鹅等梦工厂动画人物与游客拍照，在某些航次还会安排与真实的船长合影等。

二、免税购物服务

在食住行游娱购六大旅游要素中，购物也是非常重要的一环。邮轮游客可以在邮轮假期中享受到优质的购物体验，除了在异国港口参加岸上观光时可以购买当时特色商品，还可以在邮轮上享受到免税购物的乐趣。

（一）免税商品的概念

关税是一个国家或地区征收的进口税赋或费用。一些国家或地区会选择一些零售商给予特殊优待，在商品不在当地消耗或使用的前提下，向上述商家提供免税的应税商品。零售商通过政府授权或竞标得到销售这些免税商品的特权，并不得将免税商品售与他人或转为内销。

邮轮上的购物商店多为免税商店。邮轮公司将邮轮上商店的特许经营权转让给专业的免税集团，由其统一采购免税商品并在邮轮上进行销售。免税商品具有价格优势，通常比非免税的同款商品价格要低很多。免税商品具有品牌优势，通常为国际著名奢侈品品牌商品。免税商品具有品质优势，所有的免税商品均从各国际品牌供应商直接采购，具有品质保证。邮轮在海上航行时，免税商店每天营业。邮轮在港口靠泊时，按照海关法规休业。

（二）免税商品的种类

由于空间的局限性，邮轮上的免税商店不能像陆地上的商店一样陈列成千上万种商品，但是邮轮上的免税商店往往会精挑细选，选择广受游客欢迎的商品来进行售卖。邮轮上常见的免税商品包括零售美食、数码产品、烟草、洋酒、手表、眼镜、服饰、配饰、化妆品及香水等。

化妆品及香水类商店是邮轮免税购物商店中不可或缺的组成部分，商品几乎涵盖基础性护肤品、功能性护肤品、彩妆产品以及各种香水香氛产品的所有产品线。在中国市场运营的豪华邮轮上，既保留了经典的国际品牌，又增添了很多深受中国消费者喜爱的品牌，常见的化妆品及香水品牌包括迪奥、爱马仕、娇兰、纪梵希、娇韵诗、兰蔻、雅诗兰黛、科颜氏、雪花秀等。

珠宝及手表类商店汇聚世界各大时尚品牌，中国母港航线邮轮上常见的珠宝品牌包括宝格丽、卡地亚、菲尼莎、施华洛世奇等，常见的手表品牌包括欧米茄、浪琴、泰格豪雅、天梭、汉米尔顿、美度、古驰等。

烟酒类商店也是邮轮游客比较青睐的地方，中国母港航线邮轮上常见的洋酒品牌包括尊尼获加、格兰威特威士忌、轩尼诗、马爹利、皇家礼炮、人头马、芝华士、哥顿金酒、绝对伏特加等，常见的香烟品牌包括中华、玉溪、七星、大卫杜夫、登喜路等。

（三）免税商品的销售

邮轮上免税商店并非全天 24 小时开放。在营业时间内，免税店员工通过细心周到的服务让游客获得愉悦的购物体验，同时还要熟知顾客消费心理，采取适当的销售技巧来实现更好的销售目标。免税店员工要把握接近顾客的正确时机，识别顾客的购买信号，针对不同的顾客进行适当的商品介绍，并采取适宜的应对方式，最终促成商品的购买。各大邮轮也会采取不同的商品促销手段，比如限时购买、销售折扣、展台促销等，以在航程中更好地促进商品销售。

三、运动健身服务

运动健身是游客在邮轮上的重要休闲娱乐活动方式。通过运动健身项目的开展，游客可以在参与中获得锻炼的快乐、竞争的刺激和合作的愉悦。邮轮上常见的运动健身项目包括健身类运动、球类运动和体验类运动等。

（一）运动健身项目种类

1. 健身类运动

健身类运动是指通过徒手或者利用各种器械，运用专门科学的动作方式和方法进行锻炼，以达到发达肌肉、增长体力、改善形体和陶冶情操的目的。在邮轮上，游客可以参与健身、跑步、体操、瑜伽、游泳、跳绳等活动。邮轮上设有健身房、慢跑径、游泳池等，以满足健身类运动开展的需要。在健身房心肺功能训练区，放置仰卧式自行车、跑步机、划船模拟器等既锻炼肌肉又增加神经系统敏感性的设备；在体能训练区，放置手臂推举机、仰卧起坐器、腰部旋转机、肩背训练机等。游泳池根据邮轮规模大小和经营需要来设计，室内泳池不受季节和天气的变化，室外泳池多位于顶层，视野开阔。

2. 球类运动

邮轮上球类运动较多，常见的包括高尔夫球、保龄球、篮球、排球、乒乓球、台球、足球等。邮轮上提供的是新型高尔夫球运动，有 3D 高尔夫和迷你高尔夫练习场等类型。3D 高尔夫是运用现代科技手段模拟高尔夫球场的场景，使击球人产生在现场击球的感受。保龄球是一项室内运动，不受时间和气候的影响，在很多邮轮上也有设置。篮球、排球和足球是大型邮轮运动，所占的场地较多，但随着现代邮轮吨位的逐渐增大，很多邮轮上也会开辟出相应的场所，供游客在海上享受球类运动的乐趣，同时还可以组织相应的球类课程和比赛。如图 4-13 所示。

图 4-13　迪士尼梦想号高尔夫练习场和篮球场

3. 体验类运动

在很多邮轮上，除了传统的健身和球类运动，也会有很多新型的体验类运动出现，常见的包括溜冰、攀岩、甲板冲浪、甲板跳伞乃至于海上赛车等。邮轮上的真冰溜冰场不仅可以提供冰上表演，还会在一定的时段开放供游客溜冰所用。攀岩是从登山运动中衍生出来的竞技运动项目，通过船上的人造岩墙向上攀爬，满足游客挑战自然、挑战自我的愿望。冲浪是以海浪为动力的极限运动，海洋量子号邮轮特设甲板冲浪，冲浪马达每分钟提供 3 万加仑水，相当于一个泳池的水量，游客可以在 12 米的冲浪模拟器上体验飞起来的乐趣。双层卡丁车赛车道是诺唯真喜悦号的亮点所在，游客可以在海上享受技术狂飙的驾驶乐趣。

（二）运动健身项目服务

邮轮为游客提供运动健身项目服务，首先要选择高规格、高质量的运动设施与器械，其次在设计运动项目时要合理考虑游客需求与邮轮实际。运动健身项目注重游客的参与性，邮轮上的运动健身指导要告知游客各项运动的基本技巧以及各类运动器械的正确使用方法。任何情况下都要对游客进行安全提示，并给予游客适当的技术性指导，以防止意外事故的发生。邮轮上的运动部员工和娱乐部员工有时还需要共同组织体育活动，比如开展有氧健身课程、瑜伽课程、太极课程等，还可以开展球类运动比赛，以更好地丰富游客邮轮生活。

四、儿童娱乐服务

在绝大多数邮轮航程中，儿童乘客占有较大比重，尤其是在寒暑假航次中，很多家庭出游会带着小孩。各大邮轮公司均会提供儿童看护服务，安排丰富多彩的儿童娱乐活动，以更好地满足成人及儿童不同的娱乐需求。

儿童娱乐活动的种类多种多样。3 岁以下的低龄幼儿可以在家长的陪同下参加亲子互动游戏。3 岁以上的儿童可以参加儿童俱乐部组织的日常活动，比如寻宝游戏、蛋糕装饰、运动锦标赛、数码游戏、音乐游戏、舞蹈派对、T 恤着色、手工制作等。12 岁以上的青少年也有专属的活动室，配备大屏幕电视、数码点唱机、视频游戏机等，另外还会组织嘻哈舞蹈课程、户外游戏以及比萨派对等。

儿童娱乐活动的服务细心周到。在游客登船之际，训练有素的儿童娱乐专员欢迎孩子们登船，发放不同年龄层次的节目单，召开家长说明会介绍航程假期中的儿童托管方式，并登记儿童资料。在航程假期中，儿童娱乐专员在特定时间和专属场地举行游戏和活动，细致耐心地照顾儿童，充满活力地启发孩子们的参与与无限的创造力。儿童娱乐专员要格外留意儿童活动场所的卫生与安全，及时与家长沟通情况，一些邮轮还会为家长准备无线电话以保持联系。

【资料卡片】充满卡通乐趣的邮轮

迪士尼邮轮：迪士尼邮轮是所有孩子梦中的邮轮。有趣的娱乐设施、可爱的米奇泳池、透明水滑道及各种主题晚会，都会成为孩子们永远不会忘记的美好回忆。每一艘迪士尼邮轮上都有很多位船长，包括米奇船长、虎克船长还有杰克船长。如图 4-14 所示。

图 4-14　迪士尼梦想号卡通人物

皇家加勒比邮轮：皇家加勒比邮轮与梦工厂动画公司合作。梦工厂动画的家庭娱乐节目与豪华邮轮的远洋旅行结合起来，为孩子们带来更多的欢乐。菲奥娜公主、怪物史莱克、功夫熊猫和马达加斯加的企鹅等都会在船上认真卖萌。

诺唯真邮轮：诺唯真邮轮与尼克动画公司合作，全年推出尼克主题的家庭娱乐活动。孩子们会在邮轮上尼克主题儿童水上公园里遇见最喜欢的卡通人物海绵宝宝和爱探险的朵拉，也可以在儿童活动中心与海绵宝宝和朵拉等举行一场快乐的睡衣派对。

歌诗达邮轮：歌诗达邮轮多年来运营中国市场航线，也推出了很多动画主题航次，比如广受中国孩子喜欢的喜羊羊亲子游主题航线。在主题航线期间，歌诗达邮轮精心布置喜羊羊主题房间，让小朋友如同亲临动画片中的羊村，与机灵的喜羊羊、可爱的美羊羊、体贴的灰太狼、霸道的红太狼相伴左右。喜羊羊和他的伙伴们也会不定时出现在邮轮上，并在剧院里为大家上演海上特别节目。每个航次均提供仅在船上发售的喜羊羊限量版纪念品，让小朋友在旅程中有吃有玩还保有美好回忆。

【知识回顾】

一、单项选择题

1. 邮轮上的前台属于（　　）。
   A. 宾客服务部　　　　　B. 客舱部　　　　　C. 娱乐部
2. 关于前台收银服务，以下说法错误的是（　　）。
   A. 建议游客使用现金支付方式
   B. 可以使用信用卡关联船卡结算方式
   C. 手机移动支付可以在部分邮轮上实现
3. 邮轮客舱最常提供免费送餐的时段是（　　）。
   A. 早餐时段　　　　　B. 午餐时段　　　　　C. 晚餐时段
4. 邮轮客舱为贵宾提供的全过程跟进式服务是（　　）。
   A. 叫醒服务　　　　　B. 洗衣服务　　　　　C. 管家服务
5. 关于邮轮主餐厅服务，以下说法错误的是（　　）。
   A. 主餐厅一般提供西式正餐
   B. 主餐厅用餐不收取订位费用
   C. 主餐厅必须固定坐席用餐
6. 关于邮轮特色餐厅服务，以下说法错误的是（　　）。
   A. 特色餐厅提供多样化餐饮选择
   B. 特色餐厅用餐一般需要提前预订
   C. 特色餐厅用餐都是按照实际消费菜品数量收费

二、简答题

1. 简述邮轮宾客服务的内容及注意事项。
2. 简述邮轮客舱服务的内容及注意事项。
3. 简述邮轮餐饮服务的内容及注意事项。
4. 简述邮轮休闲娱乐服务的内容及注意事项。

【知行合一】

任务一：
以小组为单位，分析讨论邮轮前台对客服务过程中可能会出现的场景，并分角色进行情景模拟，在课堂上进行展示。

任务二：
以小组为单位，分析讨论邮轮客舱对客服务过程中可能会出现的场景，并分角色进行情景模拟，在课堂上进行展示。

任务三：
以小组为单位，分析讨论邮轮主餐厅对客服务过程中可能会出现的场景，并分角色进行情景模拟，在课堂上进行展示。

【章节体会】

第五章
港口靠泊

【章节导览】

　　游客搭乘邮轮旅游，会着重选择登船港口以及航程中靠泊的目的地港口。邮轮公司开展业务运营，需要做好邮轮港口的评估以及航线的规划。在本章中，主要介绍了邮轮港口、邮轮母港、邮轮目的地港、邮轮航线以及邮轮航区的基本知识，通过以点到线再到面的学习，熟悉全球邮轮旅游资源分布，并能够对目前中国邮轮港口及母港航线进行分析。

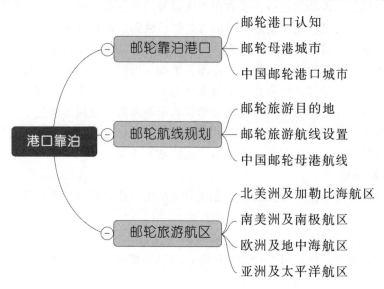

第一节　邮轮靠泊港口

　　邮轮港口是海运和陆运的交接点，是邮轮航线中供邮轮停靠、补给以及游客上岸观光游览的重要节点。在全球众多的港口城市中，邮轮公司选择自然环境优美、人文底蕴深厚、经济条件优越的港口城市作为总部基地和邮轮靠泊地，在优化邮轮航线获得游客满意的同时，也对当地经济发展做出了积极而有益的贡献。

一、邮轮港口认知

(一)港口的定义

港口位于江、河、湖、海沿岸,是具有水路联运设备的运输枢纽,是供船舶安全进出和停泊、供货物装卸和存储以及游客上下和集散的场所。港口由一定范围的水域和陆域组成。港口可以包括一个或多个港区。

1. 港口水域

港口水域包括船舶进出港航道、港池和锚泊地。

(1) 进出港航道。进出港航道要保证船舶安全方便地进出港口,需要有足够的深度和宽度,有适当的位置、方向和弯道曲率半径,能够避免强烈的横风、横流和淤积。

(2) 港池。港池是直接和港口陆域毗连,供船舶靠离码头、临时停泊和掉头的水域。港池尺度根据船舶尺度、船舶靠离码头方式、水流和风向影响等来确定。开敞式港池不设闸门或船闸,水面随水位变化升降;封闭式港池设闸门或船闸,适用于潮差较大的地区控制水位。

(3) 锚泊地。锚泊地是有天然掩护或人工掩护条件、能够抵御较强风浪的水域。船舶可在此锚泊、等待靠泊码头或离开港口。如果港口缺乏深水码头泊位,也可在此进行水上装卸作业。水上装卸运输机械设备包括起重船、拖船、驳船和其他港口作业船。

港口水深是港口的重要衡量指标之一,表明港口条件和可供船舶使用的基本界限。在保证船舶行驶和停泊安全的前提下,港口各处水深可以根据使用要求分别确定。

2. 港口陆域

港口陆域包括进出港陆上通道、前方作业区以及后方作业区等。

(1) 进出港陆上通道。进出港陆上通道有公路、铁路、运输管道等。

(2) 前方作业区。前方作业区有码头、候船大厅等。码头是供船舶停靠并装卸货物和上下旅客的建筑物,广义还包括与之配套的仓库、堆场、道路、铁路和其他设施。码头泊位数根据货种分别确定,除供装卸货物和上下旅客所需泊位之外,在港内还有辅助船舶和修船码头泊位。码头岸线长度根据可能同时靠泊的船长和船舶间的安全间距确定。

(3) 后方作业区。后方作业区有港内铁路、道路、较长时间堆存货物的仓库或堆场、港口附属设施、行政用房等。停车场、变电站、消防站等齐全。

(二)港口的分类

港口可以分成多种类型,常见的分类方法有按照港口位置划分、按照港口用途划分、按照港口性质划分、按照港口地位划分等。

1. 按照港口位置分类

按照港口位置划分,港口可以分为海岸港、河口港和内河港等。海岸港以及河口港均可以称为海港。

(1) 海岸港。海岸港位于海岸、海湾等处,也有离开海岸建在海面之上的。位于开敞海岸或天然掩护不足的海湾时,修建相当规模的防波堤,比如意大利热那亚港等。也有完全靠天然掩护的大型海港,如澳大利亚悉尼港等。

(2) 河口港。河口港位于河流入海口或受潮汐影响的河口段内,兼为海船和河船服务。河口港以水陆交通便捷的城市为依托,内河水道可深入内陆广阔的经济腹地。世界许多大港都建在河口附近,如美国纽约港、中国上海港等。

(3) 内河港。内河港位于天然河流或人工运河，包括河港、湖泊港和水库港等。湖泊港和水库港水面宽阔，有时风浪较大，往往也建有防波堤等。

2. 按照港口用途分类

按照港口用途划分，港口可以分为商业港、工业港、渔业港和军事港等。

(1) 商业港。商业港是供商船往来停靠、办理客货运业务的港口。商业港内有便利船舶出入停泊、货物装卸以及旅客出入集散的有关设施。

(2) 工业港。工业港是运输工业原料、燃料和产品的港口。

(3) 渔业港。渔业港是供渔船和渔业辅助船停泊、使用的港口。

(4) 军事港。军事港是军队使用的港口，供舰船停泊、补给和获得战斗、技术、后勤保障，具备相应的战斗和防御设施。

3. 按照港口性质分类

按照港口的性质划分，港口可以分为基本港和非基本港。

(1) 基本港。基本港是班轮公司的船要定期挂靠的港口，大多位于较大的口岸，港口设施设备情况良好，客货载量多而稳定。

(2) 非基本港。非基本港是除基本港以外的港口。

4. 按照港口地位分类

按照港口的地位划分，港口可以分为国内港和国际港。

(1) 国内港。国内港靠泊往来本国国内港口的船舶。

(2) 国际港。国际港靠泊往来世界各国港口的船舶。国际港受海关监管。

为了进一步实现贸易自由，一些国际港实行自由港政策。自由港是设在一国（地区）境内关外、货物资金人员进出自由、绝大多数商品免征关税的特定区域，是目前全球开放水平最高的特殊经济功能区。荷兰鹿特丹、新加坡、中国香港等都是比较典型的自由港。

(三) 邮轮港口

全球能够供船舶靠泊的港口有很多，但并非所有的港口都能作为邮轮港口。随着全世界各地的邮轮游客不断增加，邮轮港口也日渐增多并蓬勃发展，以各种功能影响着地区乃至国家的社会经济发展。

1. 邮轮港口的定义

邮轮港口是邮轮在航线上的主要停靠点，可供邮轮靠泊、游客上下集散及行李货物装卸。邮轮旅游属于跨境运输，故而邮轮港口设有出入境检验检疫、海关以及边防查验等，辟有供大型邮轮靠泊的邮轮码头、候船大厅以及大型停车场等区域。

在国外一些港口城市，邮轮码头与货运码头在同一港区并存的现象非常普遍，既可以方便邮轮在泊位紧张时挂靠货运码头，又可以让游客感受货运港区的非凡魅力。但随着邮轮游客增多以及货运装卸业务的繁忙，邮轮码头与货运码头逐渐分离，主要是基于游客上下船、快速通关以及更加便捷地组织岸上游等考虑。

2. 邮轮港口的分类

邮轮港口属于国际性的商业海港，按照是否设有邮轮公司总部、固定航线以及专用设施等，可以分为邮轮访问港、邮轮始发港和邮轮母港三种类型。

(1) 邮轮访问港。邮轮访问港是以挂靠航线为主的邮轮港口。访问港一般分布在旅游资源丰富的城市或岛屿，具备邮轮停泊、游客和船员上下船等基本功能。

(2) 邮轮始发港。邮轮始发港是以始发航线为主、兼顾挂靠航线的邮轮港口。除访问港基本功能外，始发港应具备邮轮补给、垃圾污水处理、游客通关、行李托送、旅游服务、船员服务等功能，多分布在腹地人口稠密、经济水平较高、旅游资源丰富、交通便捷的港口城市。

（3）邮轮母港。邮轮母港是邮轮游客规模更大、服务功能更加完备和城市邮轮相关产业集聚度较高的始发港，是邮轮公司的运营基地，除具备始发港基本功能外，还具备邮轮维修保养、邮轮公司有效运营等功能。

3. 邮轮港口的作用

无论是邮轮母港、邮轮始发港还是邮轮访问港，其所在城市都会受到邮轮港口发展的较大影响，对于社会经济发展以及城市形象提升具有重要的作用。一般来讲，邮轮港口的作用主要包括以下几个方面。

（1）促进供给协调整合。邮轮港口的发展并不是孤立存在的，而是取决于与之相关的交通、客源、旅游资源等的协调性。邮轮港口所在城市通常具有良好的景观、城市环境和生活配套设施，为了满足邮轮靠泊及游客集散、游玩的需求，也会加大道路、景观、物资配送基地等功能性设施的建设力度，进而实现了供应链上下游环节的互动和整合。

（2）促进城市经济发展。邮轮港口的发展给港口所在城市带来的是全方位的消费升级。每艘邮轮的抵达，都会带来大量游客在港口城市的集散与消费。对于母港和基本港而言，邮轮还需要进行船舶的维护以及油料、物料的补给。邮轮靠泊不仅增加了当地旅游业和各种商业收入，而且还给当地带来可观的外汇收入。

（3）促进国际形象提升。邮轮港口会赋予所在城市更具鲜明特色的城市标签，能够让国内外游客更加清楚地辨识和了解所在城市。同时邮轮港口所在城市为了吸引更多的邮轮靠泊以及游客来访，还会进行城市形象的营销和推广，进而更加提升了城市的国际知名度。

（4）促进社会和谐发展。邮轮的靠泊与游客的消费为邮轮港口所在城市带来了一定数量的直接就业岗位和间接就业岗位，不仅能够带动港口航运服务和管理水平的提升，还能刺激其他产业的用工需求，进而促进社会和谐发展。

【资料卡片】全球最繁忙的邮轮港口

全球邮轮权威媒体 Cruise Industry News 发布 2017—2018 年报，显示 2016 年全球邮轮港口的游客接待数量皆有所增长，世界邮轮之都迈阿密进出港邮轮游客人数仍居于全球首位。按照邮轮港口接待游客数量排序，排在前二十位的城市如表 5-1 所示。

表 5-1 全球邮轮港口最繁忙的 20 个城市

序号	港口城市	序号	港口城市
1	美国,迈阿密	11	美属维尔京群岛
2	美国,卡纳维拉尔角(卡纳维拉尔港)	12	美国,加尔维斯顿
3	美国,劳德代尔堡(埃弗格雷斯港)	13	大开曼岛
4	墨西哥,科祖梅尔	14	英国,南开普敦
5	中国,上海	15	圣马丁岛
6	西班牙,巴塞罗那	16	牙买加
7	意大利,罗马(奇维塔韦基亚港)	17	意大利,威尼斯
8	巴哈马,拿骚	18	法国,马赛
9	西班牙,加那利群岛	19	澳大利亚,悉尼
10	西班牙,巴利阿里群岛	20	意大利,那不勒斯

二、邮轮母港城市

邮轮港口以其各种功能影响着港口城市的发展，反之城市的规划与建设也会对港口建设成为国际性或区域性邮轮母港产生影响。经济活动在以邮轮港口为中心的地区得到加强，越来越多的人汇聚在这里，会形成新的城区，而城市的消费增加，邮轮港口又会更加繁荣，这就是邮轮港口与城市相辅相成、共同发展的规律。

(一) 邮轮母港城市的形成条件

邮轮母港城市是以综合实力较强的邮轮港口为依托，集中优质的旅游资源、完善的服务体系、丰富的物流、充足的客源以及众多邮轮航线的国际性港口城市。并不是每个港口城市都具备成为邮轮母港城市的条件。一般来讲，城市区位条件、经济条件、港口条件和政策条件等对于邮轮母港城市的形成起到重要的作用。

1. 区位条件

邮轮母港城市建设需要良好的区位条件。一是，海上交通便捷通达。邮轮母港一般位于国际主航道或距离其较近的位置，不仅拥有海上通达四方的便利条件，而且绝大多数港口拥有这些区位条件的独占性。二是，陆上交通便捷通达。邮轮母港的发展还需要以腹地市场的开拓为基础，便利的陆、空交通设施可以缩短母港与内陆之间的距离，有效提升母港城市的竞争力。

2. 经济条件

邮轮母港城市建设需要良好的经济条件。一是区域经济发达。邮轮母港所处地区的经济处于长期增势，客源市场广阔且国际间交往频繁。二是供应链完善。邮轮公司总部一般选址于供应链完善的港口城市，邮轮母港城市的景区景点、旅行社、住宿酒店、餐饮企业、度假村等具有一定的规模，供应商能够提供丰富的物资补给，且有邮轮公司有较高配合度。

3. 港口条件

邮轮母港城市建设需要良好的港口条件。一是港口竞争硬环境。邮轮港口接近城市中心，拥有广阔的水陆域、必要水深的航道泊位和现代化的码头设施，符合国际邮轮港口建设环境要求。二是港口竞争软环境。成熟的邮轮母港都有惊人的管理运作效率，都表现出应有的规范服务流程和通关便捷性，采用现代技术手段提供高效率的游客集散服务以及船舶联检引航拖带服务。

4. 政策条件

邮轮母港城市建设需要良好的政策条件。一是发展定位准确。根据全球邮轮产业发展趋势以及自身港口优劣势制定发展战略，实现有侧重的发展定位升级。二是政府政策扶持。制定发展鼓励政策，进行资源合理配置。三是主动营销推广。迈阿密全方位、主动式的营销推广增加了邮轮母港的知名度，新加坡邮轮中心行业联盟式的战略推广模式也是可圈可点。

【资料卡片】 国际邮轮港口建设环境要求

国际邮轮港口建设的环境条件主要包括港口靠泊、客运通关、船舶供应服务、城市交通、景观、环保以及旅游服务等。具体如表5-2所示。

表 5-2　国际邮轮港口建设环境要求

条件	内容	标准与要求
港口靠泊	区位	位于邮轮航线重要节点，靠近市中心或旅游景点
	码头	与货运码头分离，设立专用邮轮码头
	泊位	泊位长度符合靠泊邮轮要求
	水深	一般要求 10 米以上通畅水深
客运通关	设施	实现停车、行李、安检、办票、候船、通关、登船等功能
	通道	使用登船桥或登船机实现邮轮与候船大厅直通
交通服务	市内交通	港口公共交通便捷，游客实现零换乘
	码头区域	港口内部线路通畅，有足够停车位
旅游服务	旅游接待	提供旅游信息咨询以及接待服务
	餐饮购物	满足游客用餐、购物需求
景观要求		港口客运大楼等重点建筑精心设计，现代感与地方感完美统一
船舶供应		专业供应商提供油料、物料、淡水、食品供应，外轮代理公司负责结算
环保要求		系统控制水污染、大气污染、噪声污染等，做好固体废物处理

（二）世界著名邮轮母港城市

世界版图内的邮轮母港已经形成地域分布较为稳定的布局态势。欧洲和北美是世界级邮轮母港所在地，其中又以加勒比海和地中海区域最为集中，极具代表性的母港城市是美国迈阿密、西班牙巴塞罗那等。其他地区也有极具国际影响力的邮轮母港，比如澳大利亚悉尼、新加坡等。

1. 美国迈阿密

迈阿密位于美国佛罗里达州东南海岸。这里气候宜人，冬季温暖干燥，夏季湿润舒适，拥有美丽的海滩和棕榈树林，是享受大西洋阵阵海风和进行种种海上娱乐活动的理想场所。

迈阿密是全球公认的"世界邮轮之都"，拥有世界上最大的邮轮港口，邮轮年靠泊周转量居世界第一。20 世纪末，迈阿密港与邮轮公司合作建设新码头（图 5-1），为游客出行提供近乎完美的服务。港口竞争力的提升吸引了更多的邮轮公司，而这些邮轮公司的运营又反过来推动了母港的发展，形成了良性的循环经济。截至 2016 年年底，至少有 15 家邮轮公司

图 5-1　迈阿密皇冠邮轮码头

的总部选址迈阿密。

2. 西班牙巴塞罗那

巴塞罗那位于欧洲南部、地中海西岸，是地中海进出大西洋的海运咽喉。巴塞罗那有宜人的气候、旖旎的风光和古老的哥特式建筑，承载了无数艺术大师的梦想。

巴塞罗那有"欧洲邮轮之都"的盛誉，是国际邮轮公司和游客驻足的理想之地。巴塞罗那港地处市中心，有完善的设施和便利的交通，游客可以乘坐公共交通将足迹遍布整个城市。邮轮码头宽阔整洁，大道两旁注重生态环境的设计，布满棕榈树、草坪绿地、现代风格的路灯和雕塑装饰。码头最尖端处十分醒目的白色船形建筑是著名美籍华裔设计师贝聿明设计的巴塞罗那世界贸易中心。码头周边公共和商业服务区的便利也在地中海各国城市中处于领先水平。

3. 澳大利亚悉尼

悉尼位于澳大利亚东南沿海，是澳大利亚最大和最古老的城市。太平洋与蓝山之间的沿岸盆地赋予悉尼傲雄世界的风景线，全球最大的杰克森天然海港以及70余个海港和海滩，使悉尼成为全球最美丽的城市之一。

悉尼以海岸带、近海海岛、海洋为空间载体，以滨海休闲、旅游及海上赛事活动为依托，形成以帆船、游艇、邮轮为产业支撑的综合性航海产业体系。悉尼港是澳大利亚唯一拥有两个邮轮码头的港口，靠泊邮轮数量在近年来成倍增长，从2009年119艘次增加到2014年280艘次。2013年，悉尼港再投巨资用于改善邮轮码头设施，通过环形码头的投入建造，确保其设施可以容纳更大的邮轮靠港。

4. 新加坡

新加坡是东南亚的热带岛国城市，位于新加坡岛南部，西临连接印度洋和太平洋的马六甲海峡南口、北临柔佛海峡与马来西亚相隔，南临新加坡海峡与印度尼西亚相望，海上航运具有无可比拟的地理优势，是亚太地区最大的转口港和世界最大的集装箱港之一。

20世纪80年代，新加坡开始发展邮轮业务，成为亚洲最早进军邮轮业的国家。1989年，新加坡旅游局成立邮轮发展署，积极为邮轮母港建设与公司运营搭建平台。新加坡邮轮码头定址于具有优良水域环境的深水港区，为确保码头整体高效运行，还不断优化通关流程、缩小通关区域，大大提升游客登离船的便捷性、舒适性。

丽星双鱼星号（Star Pisces）

丽星双鱼星号（Star Pisces）邮轮（图5-2）长177米，宽29米，平均航速18节，注册总吨位约40000吨，隶属于云顶旅行社（上海）有限公司——云顶香港集团的全资附属公

图5-2 丽星双鱼星号（Star Pisces）

司，是丽星邮轮投入运营时间最早、运营时间最长的邮轮之一。

双鱼号（Star Pisces）邮轮上配备有多种娱乐设施，包括游泳池、按摩池、慢跑径、桑拿浴室、健身房、天河星酒廊、星夜卡拉OK、赌场、奥斯卡美容美发中心等。船上提供各式美食，从游客自行点菜到亚洲式和西式的自助餐，各适其式。2018年，双鱼星号（Star Pisces）邮轮提供从香港出发的2天1晚南中国海航行。

丽星邮轮率先于1993年开始在新加坡运营邮轮母港航线，并以发展亚太区成为国际邮轮目的地为理念，对于新加坡乃至亚太地区的邮轮旅游发展发挥了重要作用。

三、中国邮轮港口城市

在积极参与国际邮轮旅游市场的进程中，中国的邮轮港口也逐渐发展起来，进而带动了城市潜力的释放和功能的升级。2015年，国家交通运输部公布《全国沿海邮轮港口布局规划方案》，提出在2030年前，全国沿海形成以2~3个邮轮母港为引领、始发港为主体、访问港为补充的港口布局，构建能力充分、功能健全、服务优质、安全便捷的邮轮港口体系，规划布局全国12个邮轮港口城市。国家旅游局也相继设立邮轮旅游发展实验区，上海、天津、深圳、青岛、福州、大连相继获得实验区资格。

（一）北部沿海

中国北部沿海重要邮轮港口城市有天津、大连、青岛和烟台。津冀沿海重点发展天津港，辽东沿海重点发展大连港，山东沿海重点发展青岛港和烟台港。天津、大连和青岛是邮轮旅游发展实验区。

1. 天津

天津是中国北方最大的经济中心和国际航运中心，也是东北亚地区重要的经贸和港口城市，拥有便捷密集的立体交通体系，周边旅游资源丰富，腹地客源市场巨大。滨海新区设立邮轮旅游发展实验区，建设邮轮母港具有巨大的优势和潜力。津冀沿海重点发展天津港，服务华北及其他地区，拓展东北亚等始发航线和国际挂靠航线，提升综合服务水平，吸引邮轮要素集聚。

天津国际邮轮母港位于天津东疆港区南端，2010年6月开港，建有长625米的码头岸线和占地6万平方米的客运大厦，拥有40个边检通道，可满足4000名游客同时出入境通关需要。2014年5月，天津国际邮轮母港二期工程竣工，码头岸线增加442米，可靠泊22.5万吨世界最大邮轮，年设计游客通关能力为92万人次。各大邮轮公司相继在天津开辟邮轮始发航线，成为带动天津经济发展的新引擎。

2. 大连

大连是辽宁省副省级市，是重要的经贸和港口城市。大连港位于辽东半岛南端的大连湾内，南北西三面被群山和陆地环绕，湾外有三山岛形成的天然海上屏障，港阔水深，不冻不淤，是我国北方的天然良港。辽东沿海重点发展大连港，服务东北地区，开辟东北亚航线。

作为中国东北地区最大的开放口岸，大连港是该区域进入太平洋、面向世界的海上门户。2016年，大连港国际邮轮中心正式开港运营，当年完成27个航次，运送游客约6.5万名。2017年，国家旅游局正式批准在大连设立中国邮轮旅游发展实验区。

3. 青岛

青岛是山东省地级市，全国首批沿海开放城市和旅游城市。青岛港位于山东半岛南岸的胶州湾内，港内水域宽阔，四季通航，港湾口小腹大，是天然的优良港口。青岛港是山东沿海的邮轮始发港，服务山东省，开辟东北亚航线。

青岛国际邮轮母港 2015 年 6 月开港，共有 3 个专用邮轮泊位和一座 6 万平方米的客运中心，岸线总长度 966 米，具备全天候停靠世界上最大邮轮的条件。邮轮母港客运通关中心设计通关能力为每小时 3000～4000 人次，规划年游客吞吐量为 150 万人次。邮轮母港客运通关中心建筑使用风帆的造型，寓意乘风破浪、扬帆远航。青岛邮轮港如图 5-3 所示。

图 5-3　从邮轮上远眺青岛邮轮港

4．烟台

烟台是山东省地级市，全国首批沿海开放城市和旅游城市。烟台港位于山东半岛北侧，扼守渤海湾口，隔海与辽东半岛相望，与日本、韩国一衣带水。烟台港也是山东沿海的邮轮始发港，服务山东省，开辟东北亚航线。

2014 年 8 月，中华泰山号邮轮在烟台港运营始发航线。2017 年，烟台港总体规划发布，规划烟台港芝罘湾港区突堤西侧泊位以国际、国内大型邮轮停靠为主；突堤东侧泊位以快速客运、旅游客运以及陆岛运输等功能需求为主。未来烟台港将在突堤西部布置大型邮轮泊位 3 个，计划年综合通关能力 60 万人。

（二）东部沿海

中国东部沿海重要邮轮港口城市有上海、舟山、福州和厦门。长江三角洲地区重点发展上海港、相应发展舟山港，东南沿海重点发展厦门港。上海和福州是中国邮轮旅游发展实验区。

1．上海

上海位于我国海岸线的居中位置和长江的出海口，具有能够实现邮轮全年进出港的地理位置优势，是中国内地对邮轮产业最敏感、潜力最大的城市。2006 年 7 月，意大利歌诗达爱兰歌娜号邮轮在上海首航，成为启动中国邮轮经济发展的开端。

上海港拥有两个主要的邮轮码头，分别是上海港国际客运中心和上海吴淞口国际邮轮港。

（1）上海港国际客运中心。上海港国际客运中心位于黄浦江西岸，拥有 880 米沿江岸线，可同时靠泊 3 艘 7 万吨以下邮轮。

(2) 上海吴淞口国际邮轮港（图 5-4）。吴淞口国际邮轮港位于上海吴淞口长江岸线的炮台湾水域，2010 年建成并投入使用。2015 年 7 月启动二期工程建设，建成后码头总岸线长度 1600 米，拥有 2 个 22.5 万吨级和 2 个 15 万吨级大型邮轮泊位。

吴淞口国际邮轮港目前已是亚太地区最为繁忙的国际邮轮母港。

图 5-4　上海吴淞口国际邮轮母港

2. 舟山

舟山是我国第一个以群岛建制的地级市，隶属于浙江省，地处东部黄金海岸线与长江黄金水道的交汇处，毗邻上海和宁波。长江三角洲地区，相应发展宁波—舟山港。

舟山国际邮轮港是舟山群岛唯一的国际客运口岸，2014 年 10 月开港。港区集国际邮轮、对台直航、市外海上客运、群岛游船、普陀南侧岛际交通车客渡等功能，是在全球邮轮旅游快速发展的大背景下促进海岛旅游升级的重要尝试。

3. 福州

福州是福建省省会，是海峡西岸经济区政治、经济、文化中心，全国首批沿海开放城市。福州港是沿海主要外贸口岸和闽台贸易重要港口，由河口港和海港组成。2017 年 7 月，福州获批设立中国邮轮旅游发展实验区。

根据福州邮轮产业发展规划，2025 年福州将成为海上丝绸之路区域性邮轮母港，出入境邮轮达 50 艘次，出入境邮轮游客数量达 10 万人次以上，2030 年出入境邮轮达到 100 艘次，出入境邮轮游客数量达到 30 万人次以上。在规划布局上，福州邮轮母港由松下港区与琅岐邮轮停靠港组成"一主一副"邮轮组合港布局模式。

4. 厦门

厦门位于福建省东南端，是重要的海滨城市。厦门港位于九龙江入海口，与我国台湾、澎湖列岛隔水相望。厦门港建设东南沿海邮轮始发港，服务海峡西岸经济区及其他地区，加快发展台湾海峡航线，拓展东北亚始发航线和国际挂靠航线，提升综合服务水平，吸引邮轮要素集聚。

厦门国际邮轮中心于 2008 年 6 月投入使用，码头岸线长 510 米，设有 14 万吨级邮轮泊位和驳船泊位。二期工程也已适时启动，全面完成改造后具备 22 万吨级邮轮单艘靠泊或者 4 艘中型邮轮同时靠泊的接待能力。

（三）南部沿海

中国南部沿海重要邮轮港口城市有深圳、广州、三亚、海口和北海。珠江三角洲重点发展深圳港、相应发展广州港，西南沿海重点发展三亚港、相应发展海口港和北海港。深圳是邮轮旅游发展实验区。

1. 深圳

深圳是广东省辖市，改革开放设立的第一个经济特区，是具有一定影响力的国际化城市。深圳港位于珠江三角洲南部，毗邻香港，水深港阔，天然屏障良好。珠江三角洲地区重点发展深圳邮轮港，开辟南海诸岛、东南亚等航线。

深圳太子湾邮轮母港又名蛇口邮轮中心，2016年10月开港。太子湾邮轮母港设计有三个邮轮泊位，包括一个22万吨和一个10万吨邮轮泊位，以及一个2万吨客货滚装泊位，可停靠目前世界上最大的豪华邮轮。

银影号（Silver Shadow）

银影号（Silver Shadow）（图5-5）邮轮是意大利银海邮轮旗下的奢华邮轮，长186米，宽24.9米，注册总吨位28258吨，载客382人，平均航速18.5节。

图5-5　银影号（Silver Shadow）

银影号（Silver Shadow）邮轮设有全海景及阳台套房，一价全包式的完美假期包括全天候24小时名厨餐饮、精品酒水饮料、丰富的娱乐活动、1∶1专属管家服务等。细致入微的服务从戴白手套的员工隆重的敬礼、到庆祝游客到来的盛有冰镇香槟酒的长笛型酒杯，深入到游客在邮轮上生活的方方面面。这种服务理念是基于银海邮轮的本质精神，在银海邮轮的每一艘船上皆有体现。

2017年初，银影号（Silver Shadow）邮轮以深圳蛇口太子湾为母港，运营8个航次邮轮航线，带领游客前往文莱、越南、马来西亚、泰国、新加坡、菲律宾等国家和地区。深圳太子湾邮轮母港是奢华品牌银海邮轮在中国内地运营航线第一个母港。

2. 广州

广州是广东省省会，是国际商贸中心和国家门户城市。广州港是华南最大的综合性枢纽港，历史上就是世界著名的东方大港。珠江三角洲地区相应发展广州邮轮港，开辟南海诸岛、东南亚等航线。

2016年，广州南沙邮轮母港起步发展，利用原有码头开通至日本、越南的邮轮航线，当年靠泊国际邮轮104艘次。2019年新码头投入运营，设有22.5万吨和10万吨邮轮泊位各一个，可停靠世界最大邮轮，并配备免税商城、高端餐饮等，设计年游客通关量为75万人次。母港航站楼设计理念以"鲸舟"立意，建筑造型灵感来源于飞跃而起的鲸鱼。

3. 三亚

三亚位于海南省最南端,是我国最南部的海滨旅游城市。无论是区位条件、港湾资源还是政策扶持,三亚均有发展邮轮旅游的优越环境。西南沿海以三亚港为始发港,服务西南及其他区域,拓展东南亚始发航线及国际挂靠航线,加快开辟南海诸岛航线。

三亚凤凰岛国际邮轮母港于2006年11月建成通航,是国内第一个国际邮轮专用港口。二期工程建设于2014年4月开工,建成后三亚母港可同时停靠5~7艘邮轮,成为亚洲乃至世界接待能力最大的邮轮母港之一。

4. 海口

海口是海南省省会,地处海南岛北部。海口港是海南省对外贸易的重要口岸,其中秀英港是交通枢纽和客货集散中心。西南沿海相应发展海口港,拓展东南亚等始发航线。

2018年,海口出台鼓励邮轮产业发展财政补贴实施办法,对邮轮公司、包租邮轮的企业、邮轮港口经营企业和拓展邮轮业务的旅行社给予补贴,以促进邮轮港口的建设与发展。

5. 北海

北海是广西壮族自治区地级市,地处广西南端,是全国沿海开放城市之一。北海港是港湾航道畅通、港阔水深的天然良港,汉代曾是海上丝绸之路的起航点。西南沿海相应发展北海港,拓展东南亚等始发航线。

北海邮轮母港选址于北海石步岭港区,2010年7月开工建设,设置客运中心、邮轮给养中心、邮轮公司综合办公区、文化广场、酒店、会展中心、餐饮及购物区等。

(四)港台地区

港台地区的邮轮码头建设也顺应邮轮产业的发展逐渐改造升级,成为各大邮轮公司亚洲航线的重要始发港和全球邮轮航线中的重要访问港。

1. 中国香港

香港地处中国的南部沿海,是亚洲多条邮轮航线的要道,世界上许多家知名的邮轮公司都在此设立了总部或区域总部。香港有海运大厦和启德两个邮轮码头。

(1)海运大厦邮轮码头。海运大厦邮轮码头位于香港九龙尖沙咀,1966年3月开港,邮轮泊位长380米,两侧可同时靠泊2艘大型邮轮或4艘小型邮轮。

(2)启德邮轮码头。启德邮轮码头位于前启德机场跑道,2013年6月投入使用。启德邮轮码头岸线长850米,建有2个邮轮泊位,可以停泊世界上最大邮轮。客运大楼占地7.6公顷,拥有配套完善、高效而舒适的服务设施,每小时可处理3000名游客通关手续。

2. 中国台湾

台湾的邮轮港口城市主要有基隆、高雄、台中和花莲,其中基隆港和高雄港是重要的邮轮始发港,近年来也多有邮轮开辟始发港航线。

(1)基隆港。基隆位于台湾地势崎岖的东北沿岸,是台湾北部的渔业中心,历史丰富悠久。基隆港是天然良港,也是主要的航运枢纽港。丽星处女星号(Superstor Virgo)邮轮、盛世公主号(Majestic Princess)邮轮等均开辟过从基隆始发的邮轮航线。

(2)高雄港。高雄位于台湾西南,是台湾第二大城市,也是一个依港发展起来的城市,有台湾最大的国际港口。高雄港利用自然泻湖修建而成,港阔水深,各种船只云集。2014年是高雄邮轮母港元年,全年共接待45艘次国际豪华邮轮。高雄目前正在建设打造"亚洲新湾区"(图 5-6),汇集 MICE、游艇、邮轮旅游等新兴产业,将成为全台湾首个邮轮经济区。

图 5-6 高雄港"亚洲新湾区"

第二节 邮轮航线规划

邮轮公司以邮轮母港或邮轮始发港为起点、邮轮访问港为中途节点布局邮轮航线,使乘坐邮轮进行海上休闲度假旅游的游客在一定时间内获得最大收益。在航线规划的过程中,需要综合考虑多项因素,评估访问港作为邮轮旅游目的地的合理性。在中国邮轮港口快速发展的进程中,中国母港始发的邮轮航线也逐渐增多,为游客带来更加丰富的邮轮假期。

一、邮轮旅游目的地

(一)邮轮旅游目的地的定义

所谓旅游目的地,是吸引旅游者作短暂停留、参观游览的地方。旅游通道将客源地和目的地两个区域连接起来,是整个旅游体系的桥梁。对于邮轮旅游而言,邮轮旅游目的地可以视为邮轮旅游者短暂停留进行参观游览或休闲度假的地方。

与传统的旅游相比,邮轮旅游目的地具有其特殊性。

首先,游客从港口登船即开始享受邮轮假期,观赏海上自然风光,在邮轮上进行各种休闲娱乐活动体验,使得邮轮不是交通工具而是旅游目的地的认知广为人们接受。邮轮公司在规划邮轮航线时,也会设计开发中途不停靠港口而是仅仅只进行海上巡游的航次产品。在这种情况下,邮轮即是旅游目的地的表述更能成立。但在更多的情况下,邮轮从母港或始发港出发,中途停靠访问港,游客从访问港下船进行岸上观光,此时访问港城市较邮轮本身更具邮轮旅游目的地特征。

其次,对于邮轮港口而言,虽然有邮轮母港、邮轮始发港和邮轮访问港之分,但是对于任何一个邮轮港口而言,都希望吸引更多的邮轮靠泊,从而为港口城市的经济社会发展带来更多裨益。虽然邮轮母港城市和始发港城市更具邮轮旅游客源地特征,而邮轮访问港城市更具邮轮旅游目的地特征,但是由于邮轮航线的双向性和交叉性,邮轮母港城市和始发港城市可能是某一邮轮航线中的出发港,亦有可能是另一邮轮航线中的挂靠节点。故而构建邮轮旅游目的地成了更多邮轮港口城市在规划建设邮轮母港或始发港之时的同步选择。

邮轮旅游航线将邮轮旅游客源地和众多的邮轮旅游目的地连接起来，而邮轮旅游目的地选择则是邮轮旅游航线在进行规划设计时的重要考虑。

（二）邮轮旅游目的地的资源

豪华邮轮搭载着邮轮客，航行在世界上最美丽的海域。不同的邮轮旅游目的地具有不同的地理环境和资源条件，是开发邮轮旅游航线的基础和凭借。无论是邮轮母港、邮轮始发港还是邮轮访问港，均需要具备丰富的旅游资源。尤其是对于邮轮航线节点上的访问港而言，其旅游资源更是在很大程度上对于国际邮轮选择挂靠具有决定意义。

从狭义范围来讲，旅游资源是指对旅游者有吸引力、能激发旅游者的旅游动机，具备一定旅游功能和价值，可以为旅游业开发利用，并能产生经济效益、社会效益和环境效益的事物和因素，一般包括自然旅游资源和人文旅游资源两大类。自然旅游资源包括高山、峡谷、森林、火山、江河、湖泊、海滩、温泉、野生动植物、气候等。人文旅游资源包括历史文化古迹、古建筑、民族风情、饮食、购物、文化艺术和娱乐活动等。

从广义范围来讲，旅游资源也可以称为旅游吸引物，不仅包含旅游地的旅游资源，而且还包括接待设施和优良的服务因素，甚至还包括舒适快捷的交通条件等。旅游资源的作用对象是旅游者，而旅游资源的本质属性是其对旅游者的吸引力。对于邮轮旅游目的地而言，更倾向于从广义的范围来理解旅游资源。但一般情况下，传统的自然和人文景观仍是旅游资源的核心。

邮轮在海上航行的特质，使邮轮旅游资源在分布上具有明显的地域广阔性。阿拉斯加的秀美冰河、加勒比海的温暖沙滩、巴拿马运河的人工奇迹、地中海海岸的心旷神怡……有海的地方邮轮就可以去，甚至有些地方只有乘坐邮轮才可以深入。不同区域所拥有的不同资源条件，决定着当地邮轮旅游可能的发展水平，故而邮轮港口需要在一定程度上优化邮轮旅游资源的供给，以吸引更多的邮轮满载游客莅临。

二、邮轮旅游航线设置

（一）邮轮旅游航线设置的原则

邮轮公司需要确定邮轮旅游目的地进行航线的开发与设计。在设置邮轮旅游航线之时，需要把握市场原则、效益原则、特色原则和合理原则。

1. 市场原则

邮轮旅游航线设置需要把握市场原则。市场原则要求邮轮公司在进行邮轮旅游航线规划时，一是要考虑邮轮靠泊港口的客源市场规模，二是要考虑目标消费者的特征与需求。

（1）考虑邮轮靠泊港口的客源市场规模。邮轮航线是构成邮轮经济空间结构的重要组成形式，以旅游目的地港口为节点进行串联，包含的要素有邮轮母港、始发港、访问港以及将这些节点串联起来的海上航程。在全球范围内，受经济发展水平的影响，邮轮旅游客源市场主要集中在欧洲和北美，故而欧洲和北美地区的邮轮旅游航线较为密集。近年来，亚洲邮轮旅游市场得以兴起，邮轮公司纷纷在亚洲开辟邮轮航线。邮轮游客倾向于就近乘坐邮轮旅行，享受邮轮旅游所带来的乐趣和出境游的便利，邮轮旅游航线规划时应接近客源地，在靠近邮轮客源市场所在地设置始发港和访问港，这是保障收益的重要前提。

（2）考虑目标消费者的特征与需求。邮轮公司要进行以消费者特征与需求为导向的邮轮旅游航线设计。邮轮旅游消费者有较为稳定的一些特征，比如家庭收入较高、学历层次较高等，但是在特定时期也会呈现出一些特定的发展趋势。比如，在国际邮轮协会 2010 年度邮轮游客运载报告中，可以看出中短途邮轮航线在总航线中占据 81.9% 的绝对比例优势，其中 5 天以下的短途航线较 1980 年增长了 6.4%。邮轮公司要关注消费者的需求，根据消费者的需求适时开发或调整航线。获知消费者需求的途径有很多，比如销售预定反馈数据、消费者满意度调研、邮轮员工反馈、社会公众评价等。

2. 效益原则

邮轮旅游航线设置需要把握效益原则。效益原则要求邮轮公司在进行邮轮旅游航线规划时，一是资源要得到合理配置，二是成本要得到有效控制。

(1) 资源合理配置。邮轮公司的利润是该公司在某一时间段内所有邮轮全部投入运营所能获取的利润，是运营收入与运营成本的差值。邮轮航线规划以邮轮公司的利润最大化为决策目标，这就需要将资源进行最好的配置，凭借在特定航区具有竞争力的船只，在最优的港口城市挂靠，确定最优的邮轮旅游航线。同时还要注意单船航线与整体船队调度的协调统一。

(2) 成本有效控制。邮轮公司运营收入的构成，主要包括邮轮航次船票收入、船上消费收入和其他收入等。邮轮公司运营成本的构成，主要包括船舶资本成本、航次固定成本、航次可变成本等。航次固定成本是使邮轮保持适航状态所发生的费用，包括燃油费和港口费等。燃油费包括船舶开航及靠港作业期间所发生的重油和轻油费用，其中重油是邮轮开航之后才使用的燃油。港口费是邮轮挂靠港口时支出的费用，包括引航费、拖轮费、港务费、检疫费、靠泊费、船舶代理费等。航次可变成本是邮轮在运营期间可以分解到每位游客承担的费用，包括游客代理费、卫生处理费、登船使用费、食品成本费等。邮轮公司成本有效控制，就是要以最适宜的航行时间、最省的燃料消耗、最有效的风险控制等来获得最佳的运营效果。

3. 特色原则

邮轮旅游航线设置需要把握特色原则。特色原则要求邮轮公司在进行邮轮旅游航线规划时，一是要评估旅游目的地的吸引力，二是要评估航线在市场的竞争力。

(1) 评估旅游目的地的吸引力。人们开展旅游活动最基础的形式就是观光，邮轮旅游活动也是从观光起步，进而发展到观光游览与休闲度假相结合。邮轮公司安排邮轮航线，需要考察邮轮航线沿途中访问港城市及其周边的旅游资源是否能够对游客构成吸引力。比如在邮轮航线比较密集的加勒比海域和地中海海域，就具有得天独厚的气候条件和资源环境。邮轮旅游是一种海洋旅游活动，岸上观光也是一种滨海旅游活动，以阳光（Sun）、沙滩（Sand）、大海（Sea）为主打的"3S"旅游资源就是加勒比海地区和地中海地区作为邮轮旅游目的地的重要依托，加之或时尚或古老的文化特色，更能对游客构成特色吸引。

(2) 评估航线在市场的竞争力。在大众邮轮旅游的时代，各大邮轮公司开发的邮轮旅游航线同质化特征较为明显。邮轮公司不仅要有效评估邮轮航线中旅游目的地的吸引力，更要有效评估所开发航线在同质化产品中所具有的竞争优势。一些邮轮公司通过一定程度上的垄断来建立竞争优势，比如美国诺唯真邮轮、美国迪士尼邮轮等均有私人专属的小岛，供各自品牌旗下的邮轮停靠，此类航线具有一定的专属性，航次挂靠也有一定的规律性。另有一些邮轮公司通过率先开辟靠泊某一港口的航线来获得竞争优势。从一定意义上讲，美国嘉年华集团旗下歌诗达邮轮品牌于 2006 年进军中国市场和阿联酋市场，就是在邮轮航线开发上的创新尝试。歌诗达邮轮在中国市场运营期间，也有很多中国母港出发的航线创新，不断丰富着航线产品系列，较好地把握了航线设置的特色原则。

4. 合理原则

邮轮旅游航线设置需要把握合理原则。合理原则要求邮轮公司在进行邮轮旅游航线规划时，一是要考虑靠泊港口的可及性，二是要考虑靠泊港口的接待力。

(1) 考虑靠泊港口的可及性。在航线规划中,邮轮公司要充分了解邮轮计划航行水域的水文气象、靠泊港口的地形地貌以及目的地国家的安全问题等,做出邮轮港口是否可及的正确判断。从全球范围来讲,邮轮在很多优质邮轮旅游目的地的靠泊具有一定的季节性特征,另有一些邮轮因为主尺度和吨位的限制,也只能遗憾放弃一些风景优美的海域。在常规航线中,遇到海上突发恶劣天气,邮轮无法靠泊某一港口,邮轮公司也多会作出航线调整的决定,这也是邮轮运营中的一项国际惯例。另外,在进行航线规划时,邮轮旅游目的地所在国家必须政局稳定、相关法律与规章制度健全,航线中还要尽可能避免航行至恐怖主义或海盗活动频繁的海域,这是邮轮公司为保障游客生命安全必须考虑的问题。

(2) 考虑靠泊港口的接待力。邮轮吨位、载客量不同,对靠泊港口的要求也不尽相同。如前所述,邮轮航线中的始发港需要具备良好的区位条件、经济条件、港口条件和政策条件,而对于访问港来讲,除了具备良好的资源条件,港口的接待能力也是需要重要考虑的要素。邮轮公司对靠泊港口进行评估,考虑航道水深是否适宜邮轮驶入、上下船设施是否齐备、游客是否可以快速通关、周边客运交通是否便捷、住宿用餐购物体验是否丰富、船舶补给供应是否充足等。邮轮公司应与邮轮所靠泊港口的管理部分进行有效沟通,共同为游客带来满意的度假体验。

(二) 邮轮旅游航线设置的路径

设计合理的邮轮航线,不仅可以给游客带来美妙的海上假期,而且可以给邮轮公司带来丰厚的经营利润。在邮轮旅游航线设置时,可以按照确定邮轮旅游航区、编排邮轮旅游航线、进行航线定价试销的路径进行。

1. 确定邮轮旅游航区

邮轮旅游航线设置的第一项工作是确定邮轮旅游航区。邮轮旅游具有典型的国际化特征,邮轮公司在全球范围内调配船只并规划旅游航线,首先需要进行的就是根据自身发展战略确定邮轮旅游航区,选择特定的船只为特定的目标客源市场服务。只有选择了既定的目标客源市场,邮轮旅游航线的设置才可以有的放矢。

针对不同的目标客源市场,在进行航线设置时所面临的市场环境也是不同的。市场环境包括内部环境和外部环境两大类。内部环境是邮轮公司开展业务运营的内部条件,比如自身资本实力、品牌特色、船队规模、渠道优势等。外部环境是邮轮公司开展业务运营所面临的政治、经济、社会、科技等宏观环境以及消费者、竞争者、供应商、中间商、公众等微观环境。通过对市场环境的充分调研,尤其是对消费者和竞争者的充分调研,才可以更好地把握市场状况,形成邮轮旅游航线设计的初步思路。

2. 编排邮轮旅游航线

邮轮旅游航线设置的第二项工作是编排邮轮旅游航线。此项工作中,一是要选择邮轮挂靠港口,二是要确定挂靠港口顺序,三是要制定航线行程计划。

(1) 选择邮轮挂靠港口。在邮轮旅游航区中,有丰富的邮轮旅游资源、可供邮轮停靠的港口也有很多。在进行航线规划时,并非所有的邮轮港口都需要涉及,而是尽可能将这些港口的目的地价值用量化的指标表示出来,并从中选择在某一特定时期最适宜的挂靠港口。

(2) 确定挂靠港口顺序。邮轮挂靠港口是邮轮航线中的重要节点。在确定好挂靠港口之后,还需要进行航线行程中挂靠港口顺序的编排。在此过程中,需要考虑客源的流向,比如登离船港口与陆上交通的衔接等;需要考虑时间的安排,比如挂靠港口之间的距离和邮轮的航行速度等;需要考虑成本的控制,比如燃油消耗因素等。

（3）制定航线行程计划。确定挂靠港口顺序之后，对邮轮旅游航线的具体行程安排进行编排，比如邮轮始发港开航时间点、访问港抵达时间点、访问港停靠时间段、访问港续航时间点等，设计岸上观光行程计划，形成完整的航线说明书备案。

3. 进行航线定价试销

邮轮旅游航线设置的第三项工作是进行航线定价试销。此项工作中，一是要拟定邮轮航线价格，二是要试销邮轮航线产品，三是要优化调整邮轮航线。

（1）拟定邮轮航线价格。邮轮旅游航线价格是邮轮旅游航线价值的体现。邮轮旅游航线设计是否合理，可以通过消费者对航线价格的反应来进行检验。

一般来讲，邮轮旅游航线价格受到成本、需求和竞争三个因素的影响。邮轮公司在为邮轮旅游航线定价之时，需要考虑航线的成本要素，比如邮轮航线时间长短、靠泊港口多少等；需要考虑航线的需求要素，比如消费者对航线价值的感知、淡旺季造成的需求差异等；需要考虑航线的竞争要素，比如市场上运营类似航线的竞争者的多寡等。

（2）试销邮轮航线产品。邮轮航线价格拟定之后，采取一定的报价策略在市场上进行邮轮旅游航线产品的试销，通过各种渠道与消费者进行航线的沟通，获知消费者对航线的认可度。

（3）优化调整邮轮航线。通过邮轮航线产品的试销，了解邮轮旅游航线的价值。如果邮轮旅游航线获得了市场的认可，可以对该航线进行进一步的丰富与完善，在航线细节上进行改进和优化。如果邮轮航线未能获得市场认可，可以对该航线进行进一步的评估与调整，以更好地适应市场的需要。基于邮轮行业的全球化特征以及船舶本身的可移动性，邮轮公司可以极为迅速地做出邮轮航线部署的调整。故而对于客源地而言，市场的培育也是一项非常重要的课题。

歌诗达大西洋号（Costa Atlantica）

歌诗达大西洋号（Costa Atlantica）邮轮（图5-7）隶属于意大利歌诗达邮轮公司，长292.5米，宽32.2米，载客2680人，船员857人，注册总吨位85619吨。大西洋号（Costa Atlantica）邮轮以精美绝伦的意大利式设计和弥漫着艺术气息的装饰装潢，被业界誉为"艺术之船"。

图5-7 歌诗达大西洋号（Costa Atlantica）

大西洋号（Costa Atlantica）邮轮是首个在中国市场推出环球航线的邮轮，这不仅是其不断挑战自我、勇于创新的有力证明，更是中国邮轮市场发展的重要里程碑。首个环球邮轮航线的开启使众多拥有环游世界憧憬的中国游客梦想成真，在航行中游历和体验世界的精彩。

大西洋号（Costa Atlantica）邮轮环球航线始定于2014年3月22日出发，航线一经推出，便引起市场的强烈反响，很多热爱邮轮旅行及环球线路的游客慕名咨询和报名，但也有一些游客针对环球航线的便利性和行程准备提出一些改善意见和建议。为了优化行程及游客体验，歌诗达邮轮对环球航线做出调整，将航次时间调整至2015年3月1日出发，以使游客有更加充分的时间为环游世界的旅程做好行前准备。调整后的邮轮航线增加了香港、罗马、洛杉矶、旧金山、夏威夷希洛岛和横滨等停靠目的地，减少了海上巡游天数，行程内容更加丰富，且可以拆分成3段独立航线供游客自主选择，进一步提升了环球游的整体体验和顾客满意度。

三、中国邮轮母港航线

中国邮轮旅游市场已经形成以三大沿海经济发达地区为客源输出地的核心圈。意大利歌诗达邮轮、美国皇家加勒比邮轮、美国公主邮轮、意大利地中海邮轮、美国诺唯真邮轮、云顶香港丽星邮轮、云顶香港星梦邮轮等国际邮轮公司以及一些中国本土邮轮公司针对中国邮轮旅游市场布局邮轮航线。各大邮轮公司主推的邮轮旅游航线主要包括从中国母港或始发港出发的东北亚航线、东南亚航线、特色航线等。

（一）东北亚航线

1. 航线特点

中国母港或始发港出发的邮轮航线中，较为成熟的是东北亚邮轮航线。东北亚邮轮航线主要是从大连、天津、青岛、烟台、上海、舟山、福州、厦门等港口出发，停靠日本、韩国等国的访问港港口。邮轮航线以短线为主，出行时间一般在7天以下。邮轮航线以往返航线为主，邮轮在同一个港口出发和返航。每年的3月至10月，是该航线的旅游旺季。

2. 停靠日本港口

东北亚航线中邮轮靠泊的主要日本港口有福冈、长崎、熊本、鹿儿岛、冲绳等。

（1）长崎。长崎是日本九州著名的国际贸易港市，自古以来就是日本与世界连通的窗口。长崎市内各式洋房、教会等都富有浓郁的欧洲情调，另也有一些地方保留着浓郁的中国气息。

（2）福冈。福冈是日本九州的交通、信息、娱乐中心。历史悠久的古迹、草木葱翠的公园以及接连落成开张的购物中心，使福冈成为一座充满活力的城市。

（3）熊本。熊本位于日本九州中心位置，南接鹿儿岛，北连福冈。熊本有阿苏火山和八代海，古时有"火国"之称。熊本城又名银杏城，与大阪城、名古屋城合称为日本三大名城。

（4）鹿儿岛。鹿儿岛位于日本九州岛的最南部，拥有茂密的森林、丰富的温泉，还有世界文化遗产屋久岛和樱岛等具有历史文化特点的观光资源。

（5）冲绳。冲绳有日本"夏威夷"的美誉，是日本唯一可以四季沐浴灿烂阳光的旅游胜地。因历史原因，冲绳有更多的中国民俗文化，还具有独特的美式风情。

3. 停靠韩国港口

东北亚航线中邮轮靠泊的主要韩国港口有釜山、仁川、济州岛等。

（1）釜山。釜山是韩国第二大城市，也是很受欢迎的旅游城市。釜山不仅具有天然良港，在其蜿蜒的海岸线上还有优质的沙滩和美丽的海滨风景。

（2）仁川。仁川是面向黄海的港湾都市，是韩国对外交通的重要门户。仁川与首尔之间有地铁作为交通纽带，两地已共同形成大经济圈。

（3）济州岛。济州岛是韩国第一大岛，位于朝鲜半岛的南端，是理想的旅游和垂钓胜地。

这里可以观赏自然景观和名胜古迹，还可以登山、骑马、兜风、狩猎、冲浪和打高尔夫等。

（二）东南亚航线

1. 航线特点

中国母港或始发港出发的邮轮航线中，东南亚邮轮航线也占据重要的一席之地。东南亚邮轮航线主要是从福州、厦门、广州、深圳、三亚、海口、北海、香港等港口出发，停靠越南、新加坡、马来西亚、泰国等国的访问港港口。邮轮航线以中短线为主，出行时间既可以短至2~3天，又可以长至10~15天。邮轮航线有往返航线，也有单程航线。东南亚地区一年四季阳光明媚，邮轮航线大多沿着海岸线设计，邮轮航行相对比较平稳。由于邮轮航线较为密集，故而价格上也比较经济实惠，性价比较高。

2. 停靠越南港口

东南亚航线中邮轮靠泊的主要越南港口有岘港、下龙湾、芽庄等。

（1）岘港。岘港位于越南中部，有绵延数十里的绝美海岸线，有古老淳朴的渔村文化，还有附带醉人日落的山地，被《国家地理》杂志评为一生必去的50个地方之一。

（2）下龙湾。下龙湾素有"海上桂林"的美誉，具有宛若仙境般的美景。坐船航行穿梭于下龙湾岛屿之间，蔚蓝的天空也是美景之一。

（3）芽庄。芽庄是越南众多海滨城市中比较恬静内敛的小城，附近福海地区为重要文化遗址。芽庄有越南最大的水族馆，还开发了很多温泉浴、矿泥浴等滨海休闲健身项目。

3. 停靠新马泰港口

东南亚航线中邮轮靠泊的主要新马泰港口有新加坡、吉隆坡、槟城、普吉岛等。

（1）吉隆坡。吉隆坡是马来西亚的首都，是一座新旧辉映、东西交融的城市，在展现现代都市时尚气派的同时，也散发着古色古香的迷人风韵。

（2）槟城。槟城地处马来西亚西北部，是反映东西方独特情怀的大都市。槟城因为岛上的槟榔树而得名，有众多的名胜古迹。

（3）普吉岛。普吉岛是泰国最大的岛屿，印度洋安达曼海上的一颗明珠，它的魅力来源于美丽的大海、令人神往的海滩，堪称东南亚最具代表性的海岛旅游度假胜地。

（三）特色航线

1. 环中国海航线

中国的海岸线很长，沿海邮轮旅游资源可以进行有效开发。2017年2月24日，中国首条环中国海邮轮航线开辟，意大利地中海抒情号（MSC Lirica）邮轮从天津出发，围绕"天津—釜山—长崎—舟山—香港—厦门—那霸—济州—天津—釜山—下关—舟山—那霸—香港—厦门—鹿儿岛—天津"进行循环航行。此条航线最大的特点就是覆盖渤海、黄海、东海以及南海在内的中国四海，游客可以灵活选择上、下船港口及航线，形成南北邮轮游互动、海上游与陆地游互动的新格局，为游客提供了更加丰富充实也更加灵活便利的海上假期。

2. 环球航线

2015年3月1日，意大利歌诗达大西洋号（Costa Atlantica）邮轮在中国母港首开86天环游世界航线，为很多中国游客圆了环球旅行的极致梦想，也为中国邮轮旅游市场的航线创新画下了浓墨重彩的一笔。2016年11月30日，歌诗达大西洋号（Costa Atlantica）邮轮再度出发，开始从中国母港出发的第二次环球之旅——太平洋46天绝美海岛之旅，带领游客去领略南太平洋的无限魅力。其他邮轮公司也不断进行邮轮航线的创新，环球航线成为中国邮轮市场的靓丽风景。

第三节　邮轮旅游航区

邮轮公司以市场为导向进行旗下邮轮运力部署，在世界主要邮轮旅游航区规划邮轮航线、开展航次运营。北美及加勒比海航区是全球最主要的邮轮旅游航区，紧随其后的是欧洲及地中海航区，南美及南极航区具有特色邮轮旅游航线，亚洲及太平洋航区也正在快速崛起。

一、北美洲及加勒比海航区

北美洲及加勒比海是全球邮轮旅游的主要客源地和目的地，邮轮旅游航线主要分布在阿拉斯加、美墨西海岸及夏威夷、美加东海岸及百慕大以及加勒比海地区。

（一）阿拉斯加航线

1. 简况

阿拉斯加是全球首屈一指的邮轮旅游目的地，是冰天雪地的代名词，全球每年大约有接近十分之一的邮轮游客会选择前往阿拉斯加的邮轮旅游航线，观赏冰川、极光、野生动物等。美国公主邮轮、诺唯真邮轮等是开辟阿拉斯加邮轮航线比较多的邮轮公司。由于气候和光照的原因，阿拉斯加邮轮旅游航线每年只有5月至9月之间运营。

2. 停靠港口

阿拉斯加航线上主要的港口城市有温哥华、西雅图、凯奇坎、朱诺等。

（1）温哥华。温哥华三面环山、一面傍海，有众多岛屿点缀的海湾，终年气候温和湿润，环境宜人，是加拿大游客前往阿拉斯加最便利的邮轮始发港。温哥华的著名景点有斯坦利公园、温哥华观景台、格兰维尔岛、格劳斯山等。

（2）西雅图。西雅图位于美国西北部，也是前往阿拉斯加的邮轮始发港之一。西雅图有"翡翠之城"的美誉，著名景点有太空针塔、太平洋科学中心、史密斯塔、飞行博物馆、派克市场、唐人街、海湾渡轮等。

（3）凯奇坎。凯奇坎是阿拉斯加最东南的城市，在印第安语里是"展翅之鹰"的意思，小城的两大产业是旅游业和三文鱼。凯奇坎依山傍水，民宅五颜六色，充满了鲜艳的色彩，拥有丰富的印第安人历史遗迹。

（4）朱诺。朱诺是阿拉斯加的首府，是一个坐落在山脚下风景如画的小镇。游客可坐直升机飞往冰川游览，亲身踏足在玲珑剔透的冰雪上，也可乘独木舟溯流而上，前往当年发现金矿的罗伯特山区，体验淘金者的艰辛。

（二）美墨西海岸及夏威夷航线

1. 简况

美国西海岸、夏威夷以及墨西哥太平洋海岸是重要的邮轮旅游目的地。邮轮从美国西海岸的港口城市出发，向南驶向墨西哥太平洋海岸港口，提供短途的观光度假旅行。嘉年华邮轮、公主邮轮等在这一区域提供3~7天的邮轮航线，很多游客都是初次参加邮轮旅游的旅行者。

从美国西海岸港口出发，还可以开通至夏威夷群岛的邮轮航线，从洛杉矶乘坐邮轮抵达夏威夷大概需要3~4天的时间。一些邮轮公司还会将夏威夷作为永久的邮轮旅游基地，诺唯真邮轮公司旗下的美国之傲号（Pride of America）邮轮就全年提供夏威夷环岛邮轮旅游。

2. 停靠港口

美墨西海岸及夏威夷航线上主要的邮轮港口有洛杉矶、圣地亚哥、玛莎特兰、火奴鲁鲁等。

（1）洛杉矶。洛杉矶是美国西海岸重要的邮轮始发港，拥有一望无垠的海滩和明媚的阳光、闻名遐迩的电影王国好莱坞、引人入胜的迪士尼乐园以及峰秀地灵的贝弗利山庄。

（2）圣地亚哥。圣地亚哥位于美国西南角，靠近墨西哥边境，著名景点有圣地亚哥动物园、索尔克研究所的海洋世界以及拉霍亚和科罗纳多跨海大桥。

（3）马萨特兰。马萨特兰是墨西哥西海岸最大的港口城市和游览胜地。马萨特兰城市沿半岛伸展，海滩绵长优美，气候冬暖夏凉，是冬季休养度假胜地。

（4）火奴鲁鲁。火奴鲁鲁是美国夏威夷州的首府和港口城市，华人称之为檀香山，位于夏威夷群岛中欧胡岛的东南角，主要景点有艺术学院、夏威夷海上中心以及怀基海滩等。

【资料卡片】美国之傲号（Pride of America）夏威夷航线

美国之傲号（Pride of America）邮轮是全球唯一航行于夏威夷四大岛的邮轮，注册总吨位80439吨，载客2138人，船员946人，为游客提供诺唯真邮轮首创的自由闲逸式邮轮假期。

美国之傲号（Pride of America）邮轮经典夏威夷环岛游航线的行程安排如表5-3所示。

表5-3 美国之傲号（Pride of America）邮轮经典夏威夷环岛游行程安排

时间	行程	活动安排
第一天	欧胡岛登船（19：00起航）	邮轮码头登船，邮轮在傍晚时分驶往茂宜岛，展开8天7夜夏威夷群岛豪华邮轮之旅
第二天	茂宜岛游玩（08：00抵达，夜泊卡胡鲁伊）	推荐行程一：哈纳之路 哈纳位于茂宜岛崎岖不平的东海岸，被认为是夏威夷最后一块没有遭到破坏的边疆。游客可欣赏茂盛的雨林、飞流的瀑布、倾伏的池潭和壮观的海景。 推荐行程二：摩洛奇尼 摩洛奇尼是座新月形小岛，是夏威夷海洋生物与鸟类自然保护区。摩洛奇尼距离茂宜岛西南海岸约5公里，水下遍布珊瑚礁。游客可以在珊瑚礁和热带鱼中浮潜或潜水，偶遇珍稀的夏威夷绿海龟
第三天	茂宜岛游玩（18：00续航）	推荐行程一：哈雷阿卡拉国家公园 哈雷阿卡拉国家公园最著名的风景是地表特征如同月球表面的哈雷阿卡拉火山坑地带，游客可以在高海拔山区享受漫步在云端的奇妙感觉，观看壮观的岛屿风景和巨大的火山口。 推荐行程二：茂宜岛自由观光 逛街或者啜饮咖啡，享受茂宜岛悠闲的午后。 黄昏时分返回邮轮，继续夏威夷群岛海上之旅
第四天	夏威夷大岛游玩（08：00抵达，18：00续航）	推荐行程一：直升机岛屿探险 参加直升机游览，盘旋在基拉韦厄火山烟雾袅绕的火山孔上空，俯瞰夏威夷火山国家公园和岛上的隐秘瀑布、茂盛山谷和温柔海滩。 推荐行程二：闲逛具有百年历史的商店街。 黄昏时分返回邮轮，船在夜间驶向西岸的科纳港，游客有机会在甲板上观看火热岩浆流入海中的绝世景象
第五天	夏威夷大岛游玩（07：00抵达，18：00续航）	推荐行程：科纳半日游 参观著名的夏威夷科纳咖啡工厂，了解咖啡树的栽培，现场试喝风味绝佳的咖啡。前往基亚拉凯库亚湾欣赏壮丽的海景和历史悠久的圣本笃教堂。 黄昏时分返回邮轮，继续夏威夷群岛海上之旅
第六天	可爱岛游玩（08：00抵达，夜泊可爱岛）	推荐行程：威美亚峡谷探奇 威美亚峡谷是可爱岛最精华的景点，也是电影《侏罗纪公园》的取景地。游客站在标高一千多公尺的瞭望台上，可以一览高耸的山峰、崎岖的峭壁和深深的峡谷
第七天	可爱岛游玩（14：00续航）	推荐行程：前往可爱岛南海岸的波普海滩公园，观赏座头鲸在岸边喷水、巨大的夏威夷绿海龟在海中嬉戏以及夏威夷僧海豹在海滩上晒太阳
第八天	欧胡岛离船（07：00抵达）	邮轮返回欧胡岛，游客离船。 推荐行程：离船后前往市区夏威夷皇家购物中心购物，感受夏威夷繁华的商业第一街

(三) 美加东海岸及百慕大航线

1. 简况

在美国和加拿大的东部海岸,邮轮航线主要是从纽约、波士顿等港口出发,带领游客一路向北领略加拿大历史悠久、独具风格的城市风光。邮轮旅游航季从每年 5 月开始,到 10 月的枫叶之旅之后进入淡季。游客可以在冬季获得更加优惠的邮轮船票价格。

百慕大群岛位于美国东海岸以东的北大西洋西部、加勒比海以北 1200 海里处,由大约 150 个珊瑚岛和小岛组成。从美国东海岸航行至百慕大仅需要一天半的时间,在夏季时航次较为密集。从环保的角度考虑,政府规定到访的每艘邮轮最多载客人数为 1500 人。

2. 停靠港口

美加东海岸及百慕大航线上主要的港口城市有纽约、波士顿、蒙特利尔、魁北克等。

(1) 纽约。纽约是美国最大城市和金融中心,有快节奏的生活方式和无与伦比的艺术文化。邮轮旅游是纽约人标志性的休闲活动,很多家庭驾车来到邮轮码头,游玩之后再开车回家。

(2) 波士顿。波士顿是美国最古老、最具文化价值的城市之一,主要景点有自由之路观光步道、老北教堂等。波士顿邮轮码头被业界评为最值得停靠的邮轮码头之一。

(3) 蒙特利尔。蒙特利尔是加拿大商业金融中心和第二大城市,素有北美巴黎之称。蒙特利尔艺术氛围浓厚,游客可以在艺术博物馆、美术馆中看到很多杰作。

(4) 魁北克。魁北克是加拿大东部重要港口城市,主要景点有国家战争公园、圣母玛利亚宫、蒙特默伦西瀑布等。魁北克素有"北美直布罗陀"之称。

(四) 加勒比海航线

1. 简况

加勒比海地区是全球著名的邮轮旅游目的地,也是邮轮旅游的发源地。绝大多数邮轮公司都会将旗舰船只调配至加勒比海地区运营,实现了加勒比海地区邮轮旅游航线的多样性。

加勒比海航线可以分为东加勒比海航线、西加勒比海航线和南加勒比海航线。

(1) 东加勒比海航线。邮轮从劳德代尔堡起航,造访巴哈马群岛、圣马丁、圣汤马斯等地。纯净的海水和洁白的沙滩,使该地区成为潜水爱好者的天堂和邮轮游客的度假胜地。

(2) 西加勒比海航线。西加勒比海邮轮航线展现给邮轮游客的是更多文化层面的景观,比如大开曼群岛的南美原始人文风情和墨西哥著名的玛雅文化遗址等。

(3) 南加勒比海航线。南加勒比海邮轮线路所经之处的地貌复杂多样,既有绝美的海滩,又有地势险峻的火山与瀑布。在一些岛屿上,游客还可以看到土著居民的生活轨迹。

2. 停靠港口

加勒比海航线上主要的港口城市有劳德代尔堡、卡纳维拉尔角、拿骚、圣马丁等。

(1) 劳德代尔堡。劳德代尔堡是一座充满阳光和娱乐的城市,拥有科学博物馆、大型购物中心和海边欢庆。劳德代尔堡的大沼泽邮轮码头可以停靠各种大型邮轮。

(2) 卡纳维拉尔角。卡纳维拉尔角是众人皆知的航空海岸,附近有肯尼迪航天飞机和卡纳维拉尔空军基地。卡纳维拉尔港是世界上最繁忙的邮轮港口之一。

(3) 拿骚。拿骚是巴哈马群岛的首都,是古文明神奇与新世纪梦幻交汇的地方。拿骚被称为是"购物者的天堂",其免税的价格对游客也非常具有吸引力。

(4) 圣马丁。圣马丁同时被荷兰和法国所有,两条主干道穿越整座城市。圣马丁岛上古迹不多,游客下岸喜欢购物和去海滩游玩。

嘉年华光辉号（Carnival Splendor）

嘉年华光辉号（Carnival Splendor）邮轮（图5-8）隶属于美国嘉年华邮轮，2009年投入运营。该船长306米，宽37米，注册总吨位130000吨，载客3652人，船员1369人。

图5-8　嘉年华光辉号（Carnival Splendor）

嘉年华光辉号（Carnival Splendor）邮轮主要投入北美地区运营，其中又以加勒比海航线和美墨航线居多。丰富的娱乐设施和舒适的船上环境，使得游客可以享受非常惬意的海上假期。

二、南美洲及南极航区

南美洲及南极航区的邮轮旅游航线在数量上虽然远不如北美地区密集，但是南美洲和南极洲的非凡魅力也使得这一地区的邮轮航线特色鲜明。南美洲及南极地区的邮轮旅游航线主要有南美航线和南极航线。

（一）南美航线

1. 简况

在南美洲这片风光旖旎、神奇美丽的土地上，分布着恢弘的山川和茂密的热带雨林，神秘古老的印第安文明与现代文化形成鲜明的对比。南美洲的邮轮航线分布在西侧太平洋沿岸和东侧大西洋沿岸，邮轮旅游季节大约从每年的10月份开始，到次年的4月份接近尾声，其中12月、1月和2月航线最为密集。公主邮轮、皇家加勒比邮轮等在该地区均有航线设置。

2. 停靠港口

南美航线上主要的港口城市有里约热内卢、利马、布宜诺斯艾利斯等。

（1）里约热内卢。里约热内卢是巴西的第二大城市，充满桑巴节奏、阳光、丰富色彩和真正的度假气氛。这里有世界最大足球场马拉卡纳足球场，有二战纪念碑、桑巴舞大道、天梯大教堂、面包山等，绵延的白色海滩是游客享受日光浴的完美之地。

（2）利马。利马是秘鲁的海滨城市，拥有众多著名的太平洋海滩。利马古城区是联合国世界遗产之一。著名的景点有黄金博物馆、国立人类学博物馆、风光优美的阿拉梅达公园、最繁华的商业中心乌尼昂大街等。

（3）布宜诺斯艾利斯。布宜诺斯艾利斯是阿根廷首都，曾经是西班牙殖民地。布宜诺斯艾利斯城市布局、街景以及居民的生活方式、文化情趣，处处显露出欧洲风情。

(二)南极航线

1. 简况

南极洲位于地球的最南端,因绝大部分地处南极圈而得名。南极洲95%以上的陆地全年被极厚的冰雪覆盖,放眼望去尽是层层累积的冰山。游客前往南极旅游,可以体验海上温泉以及蒸汽海滩,欣赏阳光让冰河中的倒影光彩夺目,还可以观看大批的海狮、海豹和企鹅。

邮轮抵达南极的最佳时间是每年12月至次年2月。这些邮轮多半小于2万吨,被设计成破冰船或者有坚硬的船体。南极邮轮旅游并非适合所有旅游爱好者,而是适合热爱冒险、处变不惊的邮轮游客,去获得恢弘的冰雪景观带来的心灵之旅。

2. 停靠港口

南极航线一般是从阿根廷布宜诺斯艾利斯等港口始发,穿越德雷克海峡,前往以半月岛为代表的可登陆岛屿。

(1) 德雷克海峡。德雷克海峡是通往南极大陆最重要的通道,素有"风暴海峡"之称,是探险者们征服南极的第一道难关。邮轮航行在德雷克海峡时,游客可以尽情地领略这里壮美的自然风光和丰富的鲸鱼、海鸟等野生动物资源。

(2) 半月岛等可登陆岛屿。邮轮进入南极半岛范围,游客会乘坐橡皮艇登陆各种岛屿,包括南设得兰群岛的半月岛、企鹅岛、迪赛普迪岛以及南极半岛外围的库佛维尔岛、保利特岛等。天堂湾和利马水道也是南极可以观赏到的最壮丽、最摄人心魄的美景。

三、欧洲及地中海航区

欧洲在邮轮旅游发展史上扮演了举足轻重的角色,现今仍是全球最为发达的邮轮旅游目的地之一。欧洲及地中海航区的主要航线有北欧航线、大西洋沿岸航线和地中海航线。

(一)北欧航线

1. 简况

北欧以迷人的景色、浪漫的气息、闲适的生活和童话般的气质闻名于世。波罗的海是北欧的重要航道,是通往北海和北大西洋的重要水域。每年的6月至9月是北欧邮轮旅游的最佳季节,虽然适航时间短,但是这里的港口却很受欢迎。

2. 停靠港口

北欧航线上主要的邮轮港口有卑尔根、斯德哥尔摩、哥本哈根、基尔等。

(1) 卑尔根。卑尔根坐落于挪威陡峭的峡湾线上,是座风光明媚的港湾之城。卑尔根是挪威航运及商业中心,旅游业发达,主要景点有松恩峡湾、汉萨博物馆等。如图5-9所示。

(2) 斯德哥尔摩。斯德哥尔摩是瑞典岛屿最多的城市,既有典雅优美、古香古色的风貌,又有现代化都市的繁荣。主要景点有瑞典皇宫、皇后大街等。

(3) 哥本哈根。哥本哈根位于丹麦西兰岛东部,是丹麦政治、经济、文化中心,也是全国最大城市和著名的古城。2004年,哥本哈根被业界评选为欧洲首选邮轮目的地。

(4) 基尔。基尔是德国北部的城市,地理位置优越,主要景点有基尔运河等。

(二)大西洋沿岸航线

1. 简况

欧洲大西洋沿岸是一片繁荣而又成熟的地区,无论是艺术、音乐和文学,还是赛车、马术和足球,都让该地区对邮轮游客拥有足够的吸引力。大西洋沿岸的邮轮航线通常是途经葡

图 5-9　歌诗达邮轮停靠挪威峡湾

萄牙、西班牙、法国、爱尔兰和英国的短线行程。虽然已经很少有邮轮公司再去经营跨洋航线，但经典的横跨大西洋航线至今仍然存在。

2. 停靠港口

大西洋沿岸航线上主要的邮轮港口有伦敦、南安普顿、汉堡等。

（1）伦敦。伦敦是英国的首都，是世界闻名的旅游胜地，拥有数量众多的名胜景点与博物馆等。伦敦港是英国最大的海港。

（2）南安普顿。南安普顿是英格兰南部最大的港口城市，一直起着重要的交通枢纽作用，同时也被誉为英国的邮轮中心，有三座设施齐全的邮轮码头。

（3）汉堡。汉堡是德国的第二大城市，仅次于柏林。汉堡港被誉为德国通往世界的大门，是世界最大的自由港之一，提供了大片的免税区域。

（三）地中海航线

1. 简况

地中海地区是世界上邮轮旅游业最为发达的地区之一，拥有很多值得一看的港口和目的地。该区的自然风光和历史文化魅力对很多邮轮游客具有巨大的吸引力。

地中海航线包括东地中海航线和西地中海航线。

（1）东地中海航线。东地中海呈现了古埃及、古希腊、古罗马的文明精华，亚得里亚海、爱琴海的破碎地形造就了千百座迷人岛屿。邮轮在诸岛之间穿梭航行，阳光、碧海、蓝天、岛屿、神话和古文明串联出这段航程的独特魅力。

（2）西地中海航线。西地中海地区以优雅入时的专卖店、展品丰富的美术馆、上好的葡萄酒、美味的菜肴等精致的生活方式闻名于世。

2. 停靠港口

地中海航线上主要的邮轮港口有里斯本、马赛、热那亚、威尼斯、伊斯坦布尔等。

（1）里斯本。里斯本是葡萄牙首都，是欧洲著名的旅游城市。从维护良好的博物馆及古迹上，可以怀想当年葡萄牙帝国的兴盛及奢华。

（2）马赛。马赛是法国最大海港，也是贸易和文化中心。城市中多姿多彩的社会构成在其活力四射的音乐和艺术景点中可见一斑。

（3）热那亚。热那亚是意大利最大的港口城市，是著名航海家哥伦布的故乡。热那亚及其所在的利古里亚海岸沿岸均为著名旅游胜地。

（4）威尼斯。威尼斯素有"水上都市"的美誉，是意大利最美丽的城市之一。游客坐在小舟或游艇之上，徜徉于城中蜿蜒的水巷，可尽情享受水乡风情之下的城市艺术魅力。

（5）伊斯坦布尔。伊斯坦布尔是土耳其最大的港口城市和游览胜地，是连通欧亚大陆的交通要塞。东西方文明在此完美交汇，每寸土地都带有古希腊、古罗马、拜占庭帝国的历史痕迹。

四、亚洲及太平洋航区

亚太地区具有丰富的旅游资源和新奇的人文景观，越来越受到游客的青睐。非凡绝妙的自然景观和丰富的历史文化遗产，使得亚太地区的邮轮旅游正展现出勃勃生机。这一航区主要有亚洲航线、澳新航线和南太平洋航线。

（一）亚洲航线

1. 简况

亚洲航线包括东北亚航线、东南亚航线和中东航线。

（1）东北亚航线。东北亚地区航线主要由中国、日本、韩国三国构成。中日韩航线邮轮旅游有多种航线选择，适合初次参加邮轮旅游的游客，航线行程短、价格适中。

（2）东南亚航线。东南亚旅游资源丰富，发展邮轮旅游具有得天独厚的自然条件，邮轮在众多岛屿中往来穿梭，带领游客领略独特的东南亚风情。

（3）中东航线。随着国际邮轮公司的全球扩张，豪华邮轮开始驶入阿拉伯这方神秘的国度，拓展新兴邮轮旅游市场。邮轮航线一般为期一周左右，从阿联酋迪拜出发，沿途停靠阿曼首都马斯喀特、阿联酋首都阿布扎比以及岛国巴林等地。

2. 停靠港口

亚洲航线上主要的邮轮港口有上海、天津、福冈、仁川、新加坡、迪拜、巴林等。

（1）迪拜。迪拜是阿拉伯联合酋长国的最大城市，也是中东地区的经济和金融中心。源源不断的石油和重要的贸易港口地位，为它带来巨大财富，使迪拜几乎成为奢华的代名词。

（2）巴林。巴林景色秀丽、四季如春，天然的涌泉散布岛内各处，神赐之水与灿烂的阿拉伯阳光所孕育的天然椰林点缀各地，素有"海湾明珠"之称。

（二）澳新航线

1. 简况

当每年北半球秋冬季节来临之时，澳新邮轮旅游开始升温。在澳新航线中，游客可以选择多样的行程，既可以环绕澳大利亚航行，前往很多常规旅游难以到达的港口和城市，又可以在澳大利亚和新西兰之间做短途的精品旅行。这一地区，主要的邮轮港口有澳大利亚的悉尼、布里斯班、凯恩斯、珀斯、阿德莱德、墨尔本、霍巴特（Hobart）等，以及新西兰的惠灵顿、奥克兰、陶兰加、岛屿湾、基督城、丹尼丁等。

2. 停靠港口

澳新航线上主要的邮轮港口有悉尼、布里斯班、凯恩斯、惠灵顿等。

（1）布里斯班。布里斯班是澳大利亚重要的港口城市，主要景点有黄金海岸等。

（2）凯恩斯。凯恩斯位于澳大利亚昆士兰省，是前往世界奇观大堡礁的必经之门。大堡礁由3000个不同阶段的珊瑚礁、珊瑚岛、沙洲和泻湖组成。

（3）惠灵顿。惠灵顿是新西兰首都、港口城市。这里气候温和湿润、四季如春。主要景点有维多利亚山、卡洛里野生动植物保护区等。

（三）南太平洋航线

1. 简况

南太平洋上有很多美丽的岛屿，其中波利尼西亚是太平洋三大岛群之一。这里气候温暖、风景优美，近年来吸引了各大邮轮公司开辟邮轮航线，带领游客领略各岛之美。

2. 停靠港口

南太平洋航线上主要的停靠地有塔西提岛、博拉博拉岛等。

（1）塔西提岛。塔希提岛是波利尼西亚群岛中最大的岛，是世界著名度假胜地。在塔希提岛，适宜冲浪和扬帆出海，深海钓鱼也深受欢迎。

（2）博拉博拉岛。博拉博拉岛位于塔西提岛东北，被誉为"太平洋上的明珠""梦之岛"等。全岛由一个主岛与周围环礁所组成，主岛与环礁间拥有大片的清澈浅水，充满了色彩斑斓的活珊瑚与无数环游其间的热带鱼。

【知识回顾】

一、单项选择题

1. 邮轮港口水域不包括（　　）。
   A. 进出港航道　　　　　　B. 锚泊地　　　　　　C. 码头
2. 以挂靠航线为主的邮轮港口是（　　）。
   A. 邮轮访问港　　　　　　B. 邮轮始发港　　　　C. 邮轮母港
3. 世界邮轮之都是（　　）。
   A. 巴塞罗那　　　　　　　B. 迈阿密　　　　　　C. 悉尼
4. 珠江三角洲重点发展的港口城市是（　　）。
   A. 福州　　　　　　　　　B. 深圳　　　　　　　C. 三亚
5. 阿拉斯加航线重要的始发港城市是（　　）。
   A. 朱诺　　　　　　　　　B. 西雅图　　　　　　C. 波士顿
6. 全年航行于夏威夷四大岛的邮轮是（　　）。
   A. 嘉年华梦想号　　　　　B. 双鱼星号　　　　　C. 美国之傲号
7. 东地中海航线重要的港口城市是（　　）。
   A. 伊斯坦布尔　　　　　　B. 巴塞罗那　　　　　C. 马赛

二、简答题

1. 简述港口的定义与分类。
2. 简述邮轮港口的定义与分类。
3. 简述邮轮旅游航线设置的原则和路径。
4. 简述北美及加勒比海地区的邮轮航线分布。

【知行合一】

任务一：

以小组为单位，查询世界著名邮轮母港城市的资料，分析该城市建设邮轮母港的区位条件、经济条件、港口条件和政策条件，并在课堂上进行交流讨论。

任务二：

以小组为单位，查询中国邮轮港口城市的资料，分析该城市邮轮港口建设的举措与成效，同时分析该港口城市始发或挂靠的邮轮航线情况，并提出相应的航线开发建议。

【章节体会】

第六章 安全航行

【章节导览】

邮轮公司在航次运营的过程中,需要考虑安全、健康、环保等一系列影响广泛的问题,审视邮轮运营相关的法律环境。本章介绍了邮轮安全管理的基础知识以及相关安全立法、旅游立法和海事立法,并通过典型风险的分析强调了邮轮航行安全应急与海上求生、邮轮旅游突发事件应急处理的重要性,进而能够有效实现经营合规,保障邮轮安全航行。

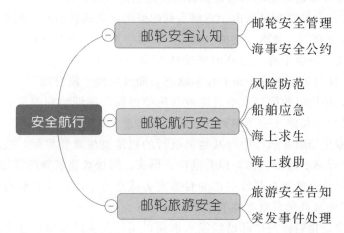

第一节 邮轮安全认知

邮轮公司运营邮轮航次,受到诸多外界因素的影响,特别是海上环境的影响。在此过程中,邮轮公司应该始终将游客及邮轮安全放在首位,遵守相应的国际海事公约及法规,有效进行邮轮安全管理,保障游客获得愉悦的海上假期,保障邮轮航次运营的安全性与规范性。

一、邮轮安全管理

(一) 邮轮安全管理的定义

邮轮安全是指邮轮在营运过程中所涉及的人、船、物等没有危险、没有威胁、没有事故的状态。邮轮安全管理是指为了保障邮轮安全而进行的一系列计划、组织、协调和控制等活动的总称。邮轮公司要识别一切可能的安全风险并制定有效的防范措施,为邮轮提供安全的营运环境,并最终保障游客的生命及财产安全。

(二) 邮轮安全管理的内容

邮轮安全管理需要对一切可能出现的风险进行控制,这是邮轮安全管理的重要内容。邮轮搭载游客在海上航行,可能遇到的风险包括海上风险和外来风险两大类。

1. 海上风险

邮轮从始发港出发,要经过漫长的海上航程才能到达目的地港。浩瀚的大海变化莫测,海上风险需要时时防范。海上风险通常又被称为海难,包括海上发生的自然灾害和意外事故。

(1) 自然灾害。自然灾害是指由于自然界的变异而引起的破坏力量所造成的灾害。邮轮在海上航行可能遇到的人力不可抗拒的自然灾害有恶劣气候、雷电、海啸、地震等。

① 恶劣气候。恶劣气候通常也称为暴风雨,一般指海上飓风、大浪引起的船舶颠簸、倾斜,造成船舶的船体破裂、机器设备的损坏,以及船上人员伤亡等。

② 雷电。船舶被雷电击中,船体可能破裂致海水进入船舱,造成损失。

③ 海啸。船舶遭受海啸,致使其损害或灭失。海啸发生时,海面水位剧烈涨落,破坏力很大。尤其是袭击某一港口时,会使船舶互相碰撞,船只沉没。或者将船舶冲向海滩,发生搁浅。

④ 地震。地震可能造成船舶的直接损失或由此引发火灾、淹没等。

(2) 意外事故。意外事故是指由于意料不到的原因而造成的事故。邮轮在海上航行,可能遇到的意外事故有搁浅、触礁、碰撞、倾覆、沉没、火灾、失踪等。

① 搁浅。搁浅是指由于意外的原因使船体与海中礁石、海岸或其他障碍物,如沉船、木桩等发生接触,使其处于失去进退自由的状态,而且持续一段时间。

② 触礁。触礁是指船舶擦过水中岩礁或其他障碍物而能继续前进的一种状态,与搁浅的区别在于触礁是船舶接触水中障碍物后仍能继续前进。

③ 碰撞。碰撞是船舶在航行中与其他可航行的物体发生猛烈接触,或船舶与其他漂浮物体、航行物体、浮冰、沉船残骸,以及港口、码头、河堤等建筑物的接触。

④ 倾覆。倾覆是指船舶在航行中遭受自然灾害或意外事故,导致船身翻倒或倾斜,处于非正常的、非经施救或救助就不能继续航行的状态。

⑤ 沉没。沉没是指船体的全部已经浸入水面以下,失去继续航行能力的一种状态,或虽未构成船体全部沉没,但已经大大超过船舶规定的吃水标准,使应浮于水面的部分浸入水中无法继续航行。

⑥ 火灾。火灾是指由于意外、偶然发生的燃烧失去控制,蔓延扩大而造成损失。

⑦ 失踪。失踪是指船舶在海上航行中,失去联络超过期限的一种情况。各国分别制定一定期限为合理期限,我国制定的合理期限为两个月。

2. 外来风险

外来风险一般指由于意外的、事先难以预料的外来原因引起的风险。外来风险可以分为一般外来风险和特殊外来风险两类。

(1) 一般外来风险。一般外来风险主要是指邮轮在航次运营过程中可能出现的机损、海洋污染、游客突发事件等。

① 机损风险。机损风险是指邮轮主机失灵、舵机失灵、供电故障、机舱故障等。

② 污染风险。污染风险是指邮轮在海上航行期间溢油、污染物意外排放等。

③ 游客突发事件。包括游客突发疾病、意外伤害、财务损失、非法滞留等风险。

(2) 特殊外来风险。特殊外来风险主要是指由于海盗、恐怖袭击、战争、罢工以及管制措施等所导致的风险。

① 海盗。海盗风险是指海盗劫持行为引发的风险。

② 恐怖袭击。恐怖袭击是指由于岸上及海上恐怖袭击事件引发的风险。

③ 战争风险。战争风险是指由于战争行为、敌对行为引发的风险。

④ 罢工风险。罢工风险是指由于船员罢工抗议引发的风险。

⑤ 管制风险。管制风险是指因为特殊原因政府出台禁令导致邮轮航次无法正常开展的风险。

(三) 邮轮安全管理的要素

针对邮轮运营中可能出现的海上风险和外来风险,邮轮公司需要在国际海事法规以及安全科学理论的指导下,对人(Man)、机(Machine)、环境(Environment)、控制(Control)四大要素进行管理,这也是邮轮安全管理的主要对象。

具体而言,邮轮安全管理需要做好人员管理、船舶管理、环境管理和控制管理。

1. 人员管理

邮轮安全管理的要素之一是人员。在邮轮航次运营中,人员管理主要涉及工作人员和游客两个部分。一是工作人员。工作人员既有岸上工作人员,又有船上工作人员。邮轮安全需要考虑邮轮在海上的航行安全,还要考虑游客旅游过程中方方面面意外事故的避免,相关工作人员的安全意识以及合规行为对于游客能否顺利完成邮轮旅行具有重要的意义,尤其是船员的素质和行为更能直接影响船舶在海上航行的安全性。二是游客。游客是邮轮旅游活动的主体,需要树立良好的安全意识,遵守相应的安全管理规定,故而对游客的教育也是邮轮安全管理中人员要素管理的重要内容。

2. 船舶管理

邮轮安全管理的要素之二是船舶。各国为了保障船舶的技术状态、保障海上生命和财产安全、防止船舶造成水域环境污染,所采取的船舶监督管理措施是进行船舶检验。船舶检验需要按照国际公约、国内法规以及船舶设施规范要求,对船舶设计、制造、材料、机电设备、安全设备、技术性能等进行审核、测试、检查和鉴定,从而更好地鉴定并监督船舶的技术状态。船舶受到船旗国和到访港口国的多方监管。船旗国实施对船舶的管辖,加强对船舶建造和技术状况维持的控制。港口国需要对到访的外国船舶进行监督,约束船旗国对船舶的安全管理效果。邮轮实现安全运营,船舶的管理必不可少。

【资料卡片】船旗国与方便旗国

船舶国籍是指船舶所有人按照某一国家的船舶登记管理规范进行登记,取得该国签发的船舶国籍证书并悬挂该国国旗航行,从而使船舶隶属于登记国的一种法律上的身份。为国际航行船舶签发船舶国籍证书的国家是船旗国,又称为船舶登记国。

> 国家航行船舶除了在本国登记,还可以根据政治、经济和军事上的需要,选择在其他国家进行登记。一些国家采取船舶开放登记制度,对前来登记的船舶有比较宽松的甚至近乎没有的限制条件,几乎所有的船舶都可以在该国登记,这些国家称为方便旗国,登记船舶所取得的国籍称为方便旗籍,所悬挂的国旗称为方便旗。
>
> 各船旗国对于船舶注册有不同的规定,一些国家要求在该国注册的船舶全部雇佣该国公民或者雇佣一定比例的该国公民。美国是在船员雇佣、船舶建造以及船舶注册方面最严格的国家之一,要求船舶上所有官员、引航员和 75% 以上的其他工作人员必须是美国公民或美国居民。

3. 环境管理

邮轮安全的管理的要素之三是环境。邮轮在海上安全航行,所需要考虑的环境要素有两大类,一类是自然环境,另一类是人工环境。自然环境包括海洋气候条件等难以抗衡的因素等。人工环境包括以水上运输为目的地而设置的船舶航道与港口环境。加强对邮轮运营过程中自然环境和人工环境的监控,对各类自然环境风险和人工环境风险进行监控,可以将各类安全损失降到最低程度。

4. 控制管理

邮轮安全管理的要素之四是控制。对人员、船舶以及环境的管理,虽然都是为了达到邮轮安全运营的目的,但是对各类要素不安全状态的控制,需要看做动态的安全管理的重点。当前,各大邮轮公司纷纷编制科学合理的邮轮安全管理体系,包括各类航行文件、安全计划、安全手册等,但是更重要的是依据各类体系文件对邮轮航次运营过程进行监控,对安全风险进行防范,对安全事务进行妥善处理,做好动态的全过程控制管理。

(四) 邮轮安全管理的特点

邮轮安全管理的特点主要有三个方面,一是安全管理对象的复杂性,二是安全管理范围的国际性,三是安全管理执行的强制性。

1. 复杂性

邮轮安全管理具有复杂性特点。邮轮在海上航行,面临的风险有很多,既有因为自然灾害和意外事故引起的海上风险,又有一般外来风险和特殊外来风险,故而邮轮安全管理涉及的范围非常广泛,既要注重邮轮航行安全,又要注重游客治安管理等内容。邮轮安全管理需要船公司、船员以及游客的广泛参与,以做好安全管理防范、应变等各项工作。

2. 国际性

邮轮安全管理具有国际性特点。邮轮运营国际航线,从一个国家到另一个国家,从一个港口到另一个港口,由此形成了国际化的邮轮安全管理网络。无论是船旗国、港口国还是国际性的行业组织,均需要对邮轮进行管辖、约束和保护。

3. 强制性

邮轮安全管理具有强制性特点。为了保障邮轮安全,尤其是邮轮海上航行安全,世界各国及相关海事机构制定并颁布了大量国际公约及海事安全法规,并强制性要求执行,以此来限制不满足国际公约的邮轮在海上继续航行。

二、海事安全公约

为了确保邮轮在海上安全航行,邮轮公司会受到很多约束,因此需要审视邮轮海上航行相关的法律环境,在相关立法框架下开展邮轮安全运营。目前,影响力较大的国际海事公约有 SOLAS 公约、STCW 公约、MARPOL 公约和 MLC 公约等。

（一）SOLAS 公约

SOLAS 公约（International Convention for the Safety Of the Life at Sea）全称为《国际海上人命安全公约》，是海上人命安全方面最古老、最重要的公约。

1. SOLAS 公约背景

1912 年 4 月，泰坦尼克号邮轮在北大西洋撞冰山沉没。这场灾难造成的巨大生命损失以及折射出的监管和运营失败在全球范围内引起震惊和愤慨，引发了国际社会对海上安全标准的思考，进而直接促进了海上安全立法的重大改进。

1913 年年底，首次国际海上人命安全会议在英国伦敦召开，讨论制定安全规则。1914 年 1 月 20 日，出席首次国际海上人命安全会议的 13 个国家达成国际海上人命安全公约，即 SOLAS 公约。这是一个具有里程碑意义的国际协定，建立了包括船舶防水和防火舱壁、信号设备、航行安全、救生、消防及消防设备等在内的国际标准，且要求非常苛刻，根本目的在于保障船舶在海上航行时至关重要的人命安全。

2. SOLAS 公约内容

SOLAS 公约规定了与船舶海上安全管理相关的船舶构造、设备及操作方面的最低标准，要求船舶需要持有公约规定的证书以作为该船舶已达到公约标准的证明，并由船旗国负责确保悬挂其国旗的船舶达到这一要求。SOLAS 公约由 13 个条款和 1 个附则组成，各缔约国承担义务实施该公约及其附则的各项规定，附则是公约的组成部分。

SOLAS 公约中协定的部分内容示例如下。

（1）构造。规定客船的水密分隔必须保证船舶在假定的破损后，仍将保持在一个稳定的位置、分舱等级等，客船的船长越长，分舱等级越高。规定机电设备在各种紧急情况下具有保证船舶、旅客和船员安全必不可少的功能。规定船舶防火、探火和灭火的基本原则、固定式灭火系统的要求、消防设备的要求等。

（2）救生设备与装置。规定了适应所有船舶的一般要求，并根据船型、设备、构造特征规定了应配备的救生设备、确定其容量的方法、维修和随时可用性的要求，并有应急和例行演习的程序，同时分别对客船和货船规定了附加要求。

（3）无线电通信设备。强调了缔约国政府的承诺，规定了船舶分海区应配备的无线电设备的类型以及无线电值班的操作、电源、性能标准、维修、无线电人员、无线电记录等。

（4）航行安全。规定了船舶的气象服务、水文服务、冰区巡逻服务、船舶航线、提供搜救服务、船舶运输服务、船舶报告系统的操作性条款。规定了缔约国政府应从安全的角度保证所有船舶得以充分和有效配员的一般义务，同时还规定了安装雷达和其他助航设备的要求以及驾驶台可视范围。

（5）船舶安全营运。ISM（International Safety Management）规则全称为《国际船舶安全营运和防止污染管理规则》，作为 SOLAS 公约的附则规定了由负责船舶营运的公司建立并在岸上和船上实施经船旗国主管机关认可的安全管理体系，从而使公司能够具有船舶营运的安全做法和安全工作环境，针对已经认定的所有风险制定防范措施并不断提高岸上及船上人员的安全管理技能，做到安全管理符合强制性规定及规则，并对国际海事组织、主管机关、船级社和海运行业组织所建议的规则、指南和标准予以考虑，最终实现保证海上安全、防止人员伤亡、避免对环境特别是海洋环境造成危害以及财产损失的目标。

（6）加强海上安全、保安的特别措施。对缔约国政府应承担的海上保安的责任和义务做了相应的规定，由此产生一个附则，即 ISPS（International Ship and Port Facility Security Code）规则，全称为《国际船舶和港口设施保安规则》。

（二）STCW 公约

STCW 公约（International Convention on Standards of Training, Certification and Watch Keeping for Seafarers）全称为《海员培训、发证和值班标准国际公约》，主要用于控制船员职业素质和值班行为，有效减少人为因素对海难事故的影响。

1. STCW 公约背景

从历年来发生的海事来看，由于船舶自身原因而失事的并不多，80％以上的海上事故是由人的过失造成。SOLAS 公约主要是从船舶设计、设备等方面做出的规定，缺乏对国际间海员管理工作的统一标准。为了增进国际间海上人命与财产的安全，同时起到保护海洋环境的目的，国际海事组织多年来一直在研究制订以提高海员的素质来保障航海安全的国际公约，并最终于 1978 年 6 月 14 日至 7 月 7 日在伦敦召开会议，制定并通过了《1978 年海员培训、发证和值班标准国际公约》，该公约 1984 年 4 月生效，以规范海员培训、发证和值班标准，以实现提高航海人员的整体素质。

2. STCW 公约内容

STCW 公约中协定的部分内容示例如下。

（1）甲板部分。规定了航行值班和在港值班中应遵守的基本原则，规定了对船长、大副以及负责航行值班的驾驶员发证的法定最低要求与最低知识要求，规定了对组成航行值班部分的一般船员的法定最低要求；规定了为确保船长和驾驶员不断精通业务和掌握最新知识的法定最低要求以及在运载危险货物船舶上在港值班的法定最低要求。

（2）轮机部分。规定了轮机值班中应遵守的基本原则，规定了对船舶的轮机长和大管轮发证的法定最低要求与最低知识要求，规定了对传统的有人看守机舱负责值班的轮机员或定期无人看守机舱指派的值班轮机员发证的法定最低要求，规定了保证轮机员不断精通业务并掌握最新知识的法定最低要求，规定了对组成机舱值班部分的一般船员的法定最低要求。

（3）无线电部分。规定了无线电报员发证的法定最低要求，规定了保证无线电报员不断精通业务和掌握最新知识的法定最低要求，规定了无线电报员发证的法定最低要求。

（三）MARPOL 公约

MARPOL 公约（The International Convention for the Prevention of Pollution from Ships）全称为《防止船舶造成污染国际公约》，是旨在保护海洋环境的国际公约。

1. MARPOL 公约背景

船舶污染主要是指船舶在航行、停泊港口、装卸货物的过程中对周围水环境、大气环境等产生的污染。船舶防污染是指通过严格控制和预防船舶的各种有害物质的排放和意外泄漏，使海洋环境保持干净清洁。随着世界船队规模的不断扩大，船舶在航行期间向海洋排放的各种有害物质与日俱增，海洋水质日趋恶化，船舶对海洋的污染成为航运界考虑的重要问题之一。MARPOL 公约于 1973 年 2 月 17 日签订，但并未生效，现行的公约包括了 1973 年公约及 1978 年议定书的内容，于 1983 年 10 月 2 日生效。

2. MAPOL 公约内容

MARPOL 公约有六个附则，分别对油类、散装有毒液体物质、海运包装中的有害物质、生活污水、垃圾、空气污染等不同类型的船舶污染做了相关规定。本着彻底消除有意排放油类和其他有害物质而污染海洋环境并将这些物质的意外排放减至最低限度的愿望，

MARPOL 公约在防止海洋和沿海环境污染方面做出重大贡献。所有悬挂缔约国国旗的船舶，无论其在任何海域航行，均需要执行 MARPOL 公约的相关要求，各缔约国对在本国登记入级的船舶负有责任。

为了减少邮轮对环境的污染，很多邮轮公司在海洋环境保护方面做出了很多努力。地中海邮轮公司致力于打造"生态之船"，坚持高标准的废料处理流程，同时通过机舱监测管理监控各类能源的使用量，因此获得了众多环保荣誉和认证，比如"金珍珠奖"（Golden Pearls）"绿色地球奖"（Green Planet Award）以及"威尼斯蓝旗奖"（Venice Blue Flag）等。

地中海传奇号

地中海传奇号邮轮于 2017 年 6 月下水，是意大利地中海邮轮公司斥巨资打造的新一代舰队中第一艘投入使用的邮轮。该船长 315 米，宽 43 米，高 65 米，注册总吨位 171598 吨，平均航速 22.7 节。地中海传奇号邮轮如图 6-1 所示。

图 6-1　地中海传奇号

地中海传奇号邮轮以游客体验为本，配备最先进的船舶技术与数字化技术，为游客打造令人难忘的海上假日体验。同时，地中海传奇号邮轮还采用全方位的可持续发展和环境保护技术，在质量、健康、安全和环境管理表现方面获得最高认可。

2018 年 3 月，全球知名的国际检验、认证集团必维国际检验集团授予地中海传奇号"8 金珍珠奖"。"8 金珍珠奖"是全球邮轮船舶业环保认证的最高荣誉之一，以表彰邮轮船舶在质量、健康、安全和环境管理上所做出的杰出贡献。地中海邮轮是全球第一家被必维国际检验集团授予"8 金珍珠奖"的邮轮品牌。

"8 金珍珠奖"表彰地中海传奇号在环境保护领域 8 个方面作出的卓越贡献：

废气净化系统：地中海传奇号装载了废气净化系统，能够去除邮轮排放气体中的二氧化硫，使其符合严格的国际和本地废气排放标准。

废水处理系统：先进的废水处理系统可以将多股废水混合并过滤掉其中的不理想成分，产出高质量的水源。

零排放功能：配置高储水量、两天零排放功能，让邮轮航行更灵活自主。

ISO 50001 能源性能最高标准认证：先进科技和节能材料能有效降低邮轮对环境的影响并大幅提高能效，地中海传奇号高效的能量监控系统已通过 ISO 50001 认证。

OHSAS 18001 安全管理系统最高标准认证：地中海邮轮长期承诺为宾客和船上员工提

供安全的环境,地中海传奇号也因此获得 OHSAS 18001 认证,这项认证肯定了地中海邮轮在建立全面专业的健康安全管理系统方面的成就。

ISO 22000 食品安全管理最高标准认证:地中海传奇号的食品安全已通过 ISO 22000 标准认证,这项认证涵盖了食品安全管理系统的全过程,包括"从农场到餐桌"的全程食品准备和供应。

ISO 14001 环境管理体系最高标准认证:地中海邮轮综合完善的环境管理系统已通过 ISO 14001 标准认证。

清洁邮轮认证:除国际标准化组织(ISO)和其他国际标准之外,必维集团还授予地中海传奇号"清洁邮轮"认证,表彰地中海邮轮在多个领域满足严格的环保标准。

(四) MLC 公约

MLC 公约(Maritime Labour Convention)全称为《海事劳工公约》,是一项以人为本、保障世界海员权益的国际公约。

1. MLC 公约背景

MLC 公约是国际劳工组织于 2006 年 2 月 23 日在日内瓦召开的第 94 届国际劳工大会上通过的一项协定,在合计占世界船舶总吨位 33% 的至少 30 个成员国批准书登记之日 12 个月后生效,2013 年 8 月 20 日达到生效条件。MLC 公约是在国际劳工组织三方框架下经政府、船东和海员三方取得共识后缔结的一部综合性海事劳工公约。公约将海员权益纳入统一的国际标准,有利于实现海员在船上的更好生活与工作。

MLC 公约与 SOLAS 公约、STCW 公约、MARPOL 公约等关于船舶安全、保障、质量和管理的规范并存,更加侧重于保护海员的权益。航行于国际水域或各国港口之间的每一艘总吨位在 500 吨以上的船舶必须持有证明该船符合 MLC 规定的海事劳工证书。MLC 公约于 2016 年 11 月 12 日对我国生效。

2. MLC 公约内容

MLC 公约适用于包括邮轮在内的船舶上以任何职务受雇的任何人员。根据 MLC 公约的规定,海员有权享有符合安全标准的安全且受保护的工作场所,有权获得公平的就业条件,有权获得体面的船上工作和生活条件,有权享受健康保护、医疗、福利措施及其他形式的社会保护。

STCW 公约中协定的部分内容示例如下。

(1) 海员上船工作的最低要求。MLC 公约规定了最低年龄、体检证书、培训和资格、招募和安置要求,确保未成年人不得上船工作、确保所有海员的健康状况适合履行其海上职责、确保海员经过培训并具备履行其船上职责的资格、确保海员有机会利用高效和规范的海员招募和安置系统。

(2) 就业条件。MLC 公约规定了海员就业协议、工资、工作和休息时间、休假的权利、遣返、船舶火灾或沉没时对海员的赔偿要求、配员水平,确保海员取得公平的就业协议、确保海员得到工作报酬、确保海员享有规范的工作时间和休息时间、确保海员有充分的休假、确保海员能够回家、确保船舶火灾或沉没时对海员进行赔偿、确保海员在人员充足的船上工作、促进海员职业发展和技能开发及就业机会、促进海员职业发展及获得就业机会。

(3) 起居舱室、娱乐设施、食品和膳食服务。MLC 公约规定了起居舱室或娱乐设施、视频和膳食服务要求,确保海员在船上有体面的起居舱室和娱乐设施、确保海员获得根据规范的卫生条件提供的优质食品和饮用水。

(4) 健康保护、医疗、福利和社会保障保护。MLC 公约规定了船上和岸上医疗、船东的责任、保护健康和安全及防止事故、获得使用岸上福利设施、社会保障要求，保护海员健康并确保其迅速得到船上和岸上医疗、确保在因就业而产生的疾病和受伤等经济后果方面对海员予以保护、确保海员的船上工作环境有利于职业安全和健康、确保在船上工作的海员能够使用岸上设施和服务、确保采取措施向海员提供社会保障的保护。

(5) 遵守与执行。MLC 公约规定了船旗国责任、港口国责任、劳工提供责任，确保各成员国监督悬挂其旗帜的船舶履行其在公约下的责任，使各成员国能够履行公约关于在外国船舶上实施和执行公约标准方面进行国际合作的责任，确保各成员国履行其在公约下关于海员招募和安置以及对其海员提供社会保护的责任。

第二节　邮轮航行安全

在邮轮运营过程中的各项安全管理中，航行安全是需要首要关注的问题。邮轮在茫茫大海中航行，可能存在各种危害船体及人员安全的因素，需要进行安全风险的防范，尽可能减少邮轮航行事故的发生。此外还需要进行船舶应急及海上求生的演练，以能够在紧急情况下运用应急常识快速展开自救，最终保障海上人身安全。

一、风险防范

（一）海上风险防范

海上风险种类繁多，其中危害较大的是海啸、海底地震等自然灾害以及火灾、碰撞、搁浅、触礁等意外事故，需要邮轮在海上航行的过程中，严格遵守各项安全公约及管理规定，做好海上风险的防范。

1. 自然灾害防范

海啸、海底地震等自然灾害的突发性，会给邮轮航行构成严重威胁。当船舶在港内或码头靠泊时，海啸波浪及潮水也会对船舶造成极大危害，造成船舶缆绳崩断，进而发生碰撞、搁浅等事故。为了对此类风险进行防范，现代邮轮在对外部环境的监测上均配备了兼具卫星导航与自动避碰的全球自动定位系统，并加装水下平衡翼装置，可以预防强风巨浪和保持船舶平稳。全球最大船系中的海洋绿洲号邮轮装备了六台体积有校车大小的引擎，引擎被安置在两个不同的舱室，可以独立运行，即使其中一个引擎出现故障，船仍然能正常航行。船身拥有 18 个水密舱室和 720 个水密间隔，机舱通过双层壳体保护，保证船身不会入水。海上风浪几乎不可能掀翻十数万吨的邮轮，邮轮也会根据海面监控情况绕开台风行驶。而由泰坦尼克号事件催生的国际冰情巡逻队（International Ice Patrol）从 1913 年开始运行，借助空中巡逻和雷达系统来确定冰山危险的界限，并每天发布公告，可以避免邮轮与冰山相撞的惨剧再次发生。国际冰情巡逻队如图 6-2 所示。

2. 意外事故防范

碰撞、搁浅和触礁是邮轮航行过程中可能会出现的意外事故，与变幻莫测的海洋天气有关，也与船员的操作不当有关。另外随着世界海运量的持续增加，海上交通日趋繁忙，航行密度越来越大，出入港口更加拥挤，从而也会造成船舶碰撞和搁浅事故的发生。邮轮一旦发生碰撞、搁浅或触礁，轻则影响航行，重则造成人身伤亡，而且必然会造成较大的国际影响，因为必须获得高度重视并积极预防。在这类事故中，碰撞事故所占的比例较高，出于对海上碰撞及其严重后果的重视，在 SOLAS 公约之外另行制定了《1972 年国际海上避碰规则公约》。

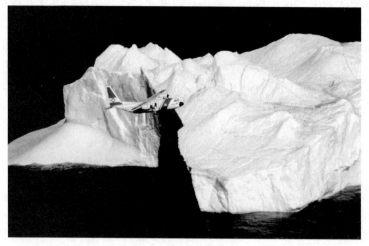

图 6-2　国际冰情巡逻队

火灾也是邮轮航行过程中可能会出现的意外事故。火灾的原因多种多样，比如海上碰撞事故的发生、船舶电力系统故障、电器设备使用不当、游客随处丢弃烟头等。邮轮在海上航行，一旦发现火灾，获得外部援助的可能性很小，无法调集大量的消防力量灭火，而且邮轮的复杂结构也会增加查明火源和灭火工作的困难程度，故而很可能在短时间内造成重大经济损失。为了避免火灾的发生，需要严格执行防火的各项规定，定期检查消防安全设备，对船员进行船舶消防技能培训，对游客进行防火安全教育。邮轮航行期间，任何明火作业均需要经过船长同意，在港内靠泊期间进行还需要事前报经港口国相关管理机构批准，进行安全规范的操作。

（二）外来风险防范

外来风险中，机损、海洋污染、游客突发事件等一般外来风险偶有发生，需要进行防范和规避，海盗、恐怖主义以及战争风险等特殊外来风险虽然极少发生，但任何经营成熟的邮轮公司均需要有相应的预案，以给邮轮运营提供更加安全可靠的环境。

1. 一般外来风险防范

邮轮在海上航行期间，有可能发生机损、海洋污染、游客突发事件等一般外来风险。因为主机失灵、舵机失灵、供电故障、机舱故障等造成邮轮在海上无法航行，会给游客心理带来沉重的负担，给邮轮公司造成严重的负面影响。2010 年 11 月，嘉年华光辉号邮轮在墨西哥太平洋海岸附近失去动力，船上近 5000 名游客被困，后经救援脱险，但为嘉年华公司带来很大损失。溢油、海洋污染问题也不容忽视，燃油泄漏会对附近海域造成灾难性的生态破坏。邮轮公司必须严格控制和预防船舶的各种有害物质的排放和意外泄漏，对于船上垃圾采取行之有效的分类回收方法，对于生活污水通过船上处理装置和回收装置进行处理和回收，对于含油污水使用油污分离器进行处理，并从源头上减少含油污水的排放，使海洋环境保持干净清洁。游客突发事件也要有一定的应急程序，针对游客落水、意外受伤、突发疾病或者非法滞留境外等情况，均需要采取果断措施加以应对。

2. 特殊外来风险防范

从全球范围来看,虽然处于和平发展的年代,但在地缘政治危机的影响下,部分地区敌对双方为了达到一定的政治、经济目的而进行武装斗争,另外海盗及海上恐怖袭击事件也偶有发生。海盗制造劫持事件以获得经济利益,而恐怖主义袭击则具有非常明确的政治目的,均具有以非正常的暴力手段打击无辜者的特点。

2004年,时为全球最大邮轮的玛丽王后2号邮轮在首航前曾经遭到恐吓威胁,虽然只是虚惊一场,但也体现出此类风险防范的重要性。2005年,世鹏精神号邮轮在索马里海域遭到两艘海盗快艇的袭击,邮轮身中火箭弹后起火,在船长及全体船员的紧急应变下,逃离海盗追击,最终化为夷。针对此类风险,需要采取一定的防范措施。首先,执行安全法规,做好应急准备。其次,加强风险评估,采取相应的措施降低恐怖袭击的概率,甚至取消在危险航区的航行。第三,申请特殊保护,在特定的海域航行时请求军舰护航。第四,提高反恐水平,促进自身技术水平和反恐能力的提升。

二、船舶应急

船舶应急是指船舶进入临近事故状态或者事故状态时的紧急抢救。在海上,船舶是船员和游客最好的生存基地,用救生艇筏和水中漂浮求生是万不得已的选择。当邮轮发生危险和紧急情况时,船上人员应该全力进行抢救,使邮轮脱离危险,以保全自身的生存空间,直到邮轮恢复安全状态或者船长宣布弃船为止。

(一)船舶应急计划

根据SOLAS公约的要求,邮轮上设有应变部署表和个人应变卡,用以明确邮轮应急时每个船员应该执行何种任务。船长是各类应急情况的总指挥,其替代人是大副;大副是各类应急情况的现场指挥。如果事故现场在机舱,由轮机长担任现场指挥,并负责保障船舶动力。

1. 应变部署表基本要求

邮轮上的应变部署表应该写明通用紧急报警信号的细节以及在发出报警时船员和游客应该采取的行动、写明弃船命令应该如何发出、写明寻找和救助困在其舱室中的游客的程序、写明分派给各船员的任务、写明指定的驾驶员负责保证维护救生和消防设备、写明关键人员受伤后的替换人员等。应变部署表应在邮轮开航前指定,且格式应经认可。

2. 应变部署表任务布置

应变部署表分派给船员的任务包括:①船上水密门、防火门、闸门、排水孔、船舷小窗、天窗、舷窗及其他类似开口的关闭;②救生艇筏和其他救生设备的配备;③救生艇筏的准备工作和降落;④其他救生设备的一般准备工作;⑤集合游客;⑥通信设备的用法;⑦指定处理火灾的消防人员的配备;⑧指定的有关使用消防设备及装置方面的专门任务。

应变部署表分派给船员的与游客相关的任务包括:①向游客告警;②查看游客是否适当地穿好衣服以及是否正确地穿好救生衣;③召集游客于各集合地点;④维持通道及梯道上的秩序,并大体上控制游客移动的总方向;⑤保证把毛毯等送到救生艇筏上。

(二)船舶应急演习

为了保障船舶在发生紧急情况时船员及游客能够迅速做出应急反应,按照SOLAS公约的规定,邮轮必须定期或不定期举行各类应急演习,且演习应尽可能按照实际情况进行。

应急演习有多种类型,比如救生演习、消防演习、防油污演习、应急操舵演习、堵漏演习、弃船演习等。每位船员每月至少参加一次弃船演习。若有25%以上的船员未参加该特定船上的上个月弃船演习，应在该船离港后 24 小时内举行该项演习。当船舶是首次投入运营、或经重大改造、或有新船员时，应该在开航前举行该项演习。从事非短途国际航行的客船上，应在乘客上船后 24 小时内举行乘客集合演习。从事短途航行的客船上，如在离港后未能举行乘客集合演习，则应请乘客注意应变须知的内容介绍。

（三）船舶应急行动

邮轮在海上航行期间，当实际发生险情时，发现险情的船员应迅速向驾驶台示警。驾驶台在接到险情报告后，应立即通知船长。船长根据险情的不同做出应急指示，船员确认警报并根据应变部署表安排迅速展开行动。必要时，船长可下达弃船命令。

1. 确认警报

按照所遇紧急事故的不同，船舶应急可以分为消防、救生、堵漏和油污应急等多种类型。不同应急会发出不同的警报信号，船员通过警报信号确认所遇紧急情况的种类。

常见的警报信号示例如下。

（1）消防：连续发出短声，持续 1 分钟。

（2）落水：连续发出三长声，持续 1 分钟。

（3）堵漏：连续发出两长一短声，持续 1 分钟。

（4）弃船时紧急集合：连续发出七短一长声，持续一分钟。

一些邮轮公司还有特定的报警信号，需要船员时刻谨记。

2. 迅速行动

确定警报后，船员按照应变部署表规定的任务在 2 分钟之内到达指定地点，进行消防、落水、堵漏等事故处理或者弃船准备等应急工作。

在邮轮上，消防应急的概率略高于堵漏等事故处理。邮轮发生火灾事故时，船员要进行正确的应急处理。美国皇家加勒比邮轮公司"FIRE 灭火程序"有效规范了船员灭火行为。"FIRE 灭火程序"包括发现（Find it）、隔离（Isolate it）、报告（Report it）、消灭（Extinguish it）四个步骤，首先最重要的就是能够及时发现，其次切断电源和油舱通道，封闭起火舱室门窗和通风口，尽力防止火势扩展蔓延，发出火警警报并根据具体情况采取不同灭火器材及方法进行灭火作业。明火扑灭后，仔细检查现场余烬是否完全熄灭。训练有素的船员、保养良好的设备、及时的通信、正确的指挥、有效的协同，是灭火成功的关键，也是其他事故应急成功的关键。

3. 弃船准备

邮轮发生海难事故，已严重危及人命安全的情况下，弃船是唯一选择时，才能由船长发出弃船命令。船长在做出弃船命令时，应该考虑弃船以后的危险程度和发展趋势、应急措施是否能够奏效、气象和海况的情况、救助力量和救生设备的选择等，还需牢记若险情还未发生时母船才是最安全的救生设备。

船长做出弃船命令之后，甲板部员工降落救生艇；无线电通讯操作员需在电台值守，按照规定发送遇险求救信号，直至通知撤离；轮机舱值班人员做好熄火、关机等弃船安全防护，并携带规定物品撤离。负责救护疏导的船员要确保船上走廊、楼梯及出口的通畅，避免发生踩踏事故；注意保护老、弱、妇女、儿童的安全，把游客向紧急集合点或登艇甲板疏导，登艇甲板如图 6-3 所示。当游客听到船上发生紧急情况时，心里的第一反应是恐慌，船员在应急状态下不仅要服从指挥、保持镇定，还要减轻游客的心理压力，稳定游客的恐慌情绪，以保证在弃船时能够同心协力、安全撤离。

图 6-3　邮轮上的登艇甲板

三、海上求生

当船舶在海上发生海难需要弃船时，船上人员利用各种救生设备，运用海上求生知识和技能，克服海上困难和危险，延长生存时间直至脱险获救，称为海上求生。海上求生成功的三要素是求生意志、救生设备和求生知识。

（一）求生意志

求生意志对于海上求生成功起到重要的作用。船上人员弃船求生，会遇到溺水、暴露、晕浪、缺乏饮水、缺乏食物以及遇险位置不明等各种困难，这就要求海上求生人员要有坚强的意志和毅力，能顽强地克服绝望和恐惧心理，坚持在任何时候永不放弃的信念，直至脱险获救。

（二）救生设备

为了保障游客与船员的生命安全，邮轮上配备了多种救生设备。常见的救生设备包括救生艇、救助艇、救生筏、救生艇筏登乘设备、救生衣、救生圈、视觉信号及其他救生设备。其中，救生衣、救生圈等也称为个人救生设备。另外，救生设备还包括各种救生设备的属具。船员应为每种救生设备建立符合要求的维护保养计划，并应保证所有救生设备在邮轮离港前及航行中处于正常工作状态。

1. 救生艇

救生艇是邮轮上的主要救生工具，是邮轮乘员用于自救或援救海上遇险人员的专用救生小艇。救生艇备有食品、饮用水、急救药品、属具、通信设备及帆、浆、篙等推进设备，有的还备有机动的推进装置。救生艇具有良好的浮性、稳性和航海性能，较其他救生工具具有更大的安全性，但是质量较大、所占甲板面积与空间较大。救生艇有开敞式救生艇、全封闭式救生艇和部分封闭式救生艇三种类型。邮轮上使用全封闭式救生艇。

1912年泰坦尼克号在北大西洋海域撞冰山沉没，船上 16 艘木质救生艇和 4 艘可折叠救生艇仅能容纳 1178 人，约为船上总游客人数的一半。泰坦尼克号吊艇架可以运载多达 64 艘木质救生艇，然而当时的一些规定要求英国船只只能运载 16 艘救生艇。白星航运公司实际为泰坦尼克号提供了更多的救生艇数量，只是当时救生艇的目的仅是将幸存者从沉没船只运送到救援船只，而不是维持他们到岸。针对泰坦尼克号救生艇数量不足的教训，SOLAS 公约规定了邮轮上配置的救生设备数量必须为满载人数的 125%，所有的救生艇必须能在发出弃船信号 30 分钟内载足全部乘客和用具降落水面。经过改良的救生艇具有更好的稳性，每艘救生艇可以容纳多达 150 人。

2. 救生筏

救生筏是供海上求生人员逃生及求生用的一种专用阀体。救生筏一般有气胀救生筏和刚性救生筏两种不同类型。气胀救生筏平时存放于玻璃钢存放筒内，安装在船舷的专用阀架上。紧急情况时，可将气胀救生筏连同存放筒一起直接抛入水中，气胀救生筏可以自动充胀成形，供遇险人员乘坐。如果船舶下沉太快，来不及将其抛入水中，当船舶沉到水下一定深度时，气胀救生筏也会浮出水面并自动充胀成形。

3. 救生衣

救生衣是邮轮上最简便的救生设备，穿着方便，能使落水者浮出水面，减少落水者的体力消耗以及体热的散失。救生衣数量按照游客的数量配备，放置于客舱之中并保证每人一件，每件救生衣配备一盏符合要求的救生衣灯和一支哨笛。同时甲板易见处配备有相当于乘客总数 5% 的救生衣。海洋绿洲号邮轮设有 11 个集合站，如果紧急情况发生，游客可以快速分散地到达集合地点领取救生衣，所有集合站均会技术统计人数，加强撤离监控。邮轮上儿童救生衣的数量不得少于额外乘客总数的 10%。

4. 救生圈

救生圈是为了救助落水人员，供落水人员攀扶待救的救生设备。救生圈在海上温度或气候变化时，能保持其浮性及耐久性。救生圈的外表有反光带和四根等间距的扶手索，有的救生圈还有可浮救生索、自亮灯及自发烟雾信号等装置。

救生圈分布在船舶两舷易于拿到之处，并在可行范围内分放在所有延伸到船舷的露天甲板上，至少有一个救生圈存放在船尾附近。救生圈可以随时迅速取下，且不应以任何方式永久系牢。每个救生圈以粗体罗马大写字母，标明其船名和所属船籍港。

若有人落水，船上抛投者应一手握住救生索，另一手将救生圈（图 6-4）抛下，也可将救生索系在栏杆上，两手同时抛投救生圈。未配有救生索的救生圈，船上人员可参考风、流的方向，直接用双手将其抛向落水人员。但无论哪种情况，都不能把救生圈打到落水人员的身上。

图 6-4　邮轮上的救生圈

(三) 求生知识

必备的求生知识对于海上求生者而言至关重要。无论是掌握各种救生设备的使用办法、紧急情况下的应对措施、弃船后的正确行动和求生要领，还是熟知被救助时的行动和注意事项，对于求生者成功获救都具有重要意义。

1. 离开难船前

当船长下令弃船时，船员及游客应服从指挥，做到忙而不乱、互助互救。在弃船之前，需要注意的事项有：

(1) 尽量多穿衣物。在海中遭受太阳的酷晒和海水蒸发带来的散热，适当地多穿衣物可以防止身体表面烧伤或者失热过快。在寒冷的水域中遇险，更应该多穿几层保暖性较好的衣服，让海水在衣服和身体间形成小的流域，防止与外界流通散热。

(2) 正确穿戴救生衣。穿着救生衣一定要按要求系好领口带、胸带和腰带。

(3) 随身携带必需品。弃船前应尽量多吃东西。如果时间允许，可以搜集一些食物淡水和保温材料，做好等待救援的准备。

2. 离开难船时

离开难船有三种办法，包括从船上直接登上救生艇、利用海上撤离系统登上救生筏、从船上跳水求生。不到万不得已，不采取跳水求生办法。

(1) 从船上直接登上救生艇。船员操纵吊艇机将救生艇降至登艇甲板，游客有序登上救生艇后，再将救生艇降至水面。

(2) 利用海上撤离系统登上救生筏。利用海上撤离系统先撤离到登筏平台，然后从登筏平台迅速转移到漂浮的救生筏上。常见的海上撤离系统有滑道式撤离系统和之字形撤离系统。

(3) 从船上跳水求生。若不能直接登上救生艇筏，只能选择从船上跳入水中，再游泳登上救生设施。跳水求生时注意以下事项。

① 从船上跳水求生选择距离水面高度不超过 5 米；
② 尽量远离船体破损口，选择低舷一侧；
③ 不要直接跳向救生筏或救生艇入口处；
④ 深吸气后右手捂鼻、口，左手紧握右上臂救生衣；
⑤ 双脚并拢，身体垂直，两眼平视，脚在下，头在上；
⑥ 入水时双脚夹紧，双手不能松开，重新浮出水面后换气；
⑦ 减少水中时间，不要回望难船并尽快离开，避免难船吸附。

水中登上救生艇筏比较困难，应最大限度利用脚和攀拉索带，利用绳梯和登筏平台登上救生艇筏。救生艇上的人可以调整艇内人员分布，帮助登艇人员进入。

3. 离开难船后

离开难船后，在海水中要掌握正确的自救要领，在救生艇筏上也要遵守相关规定。

(1) 穿着救生衣水中漂浮待救

① 不做不必要的挣扎，尽可能静止不动避免体能和热量消耗；
② 找出并吹响救生衣上的口哨，开启救生衣上的信号灯呼救；
③ 采取 HELP (Heat Escape Lessening Posture) 姿势等待救援，两腿弯曲并拢，两肘紧贴身旁，两臂交叉抱在救生衣面前。

(2) 未穿救生衣水中漂浮待救

① 不做不必要的挣扎，采取仰泳的漂浮姿势，既有开阔的视野，又减少体力消耗；

② 多名落水人员尽可能增加相互间的身体接触面积，采取环抱一起的漂浮待救方式；

③ 尽可能捞获可作为救生器具的漂浮物；

④ 接近救生艇或是船舶时做出求救行动。

(3) 救生艇筏上等待救援

在艇筏上的求生者，由于寒冷、酷暑、焦躁、饥饿等各种困难和险恶的环境，不仅会产生一系列的生理症状，而且还会产生一些心理症状，从而影响求生者的意志，动摇对生存的信心。然而对于求生者来说，意志的力量远比身体的力量重要。

听从船员的指挥，服用晕船药，定时定量用食和饮水。禁止饮用含有酒精的饮料，因为饮酒不仅不能帮助保持身体的温暖，反而会加速体温的散失。

四、海上救助

海上救助，也称海难救助。《1910年救助公约》（Salvage Convention of 1910）规定："对于海上遭遇生命危险的人员，即使是敌人，只要对其船舶、船员和旅客不致造成严重危险，每个船长均应施救。"从法律意义上讲，海上救助主要适用于海上或者与海相通的可航水域中，救助船舶对被救助船舶及其所载人员、货物、运费的遇险救助和对不包括海上用于勘探开发的固定式或浮动式的平台及钻井等装置的其他财产的遇险救助。

邮轮上装载有海上遇难与安全系统（Global Maritime Distress and Safety System，GMDSS），这是国际海事组织依靠现代无线电通信技术建立起来的一种崭新的搜寻救助通信系统，能使遇险报警信号在远距离范围实现发送和接收，适用于全球所有海区的各种船舶以及海上设施的海难救助。GMDSS要求船舶必须装备相关设备，当船舶在海上遇险时，可通过船上装备的设备及国际海事通信卫星，向附近船只或岸站发出求救信号，此时地球上所有地方都可以听到并与之迅速进行通信、联络，进行紧急救援工作。海事通信卫星还可以精准地标注海难船只的方位，引导救援船只前往营救。

第三节　邮轮旅游安全

邮轮公司运营邮轮航次，需要防范各种安全风险。除了要做好海上风险防范，保障邮轮的航行安全，还要特别关注外来风险中的一般外来风险，避免游客在参加邮轮旅游过程中除船舶事故外其他各种旅游意外风险的发生。这类旅游突发事件具有琐碎性和频发性等特点，在这个过程中邮轮公司和邮轮旅游代理商需要承担相应的安全责任和义务。

一、旅游安全告知

(一) 安全告知义务

游客参加邮轮旅游，邮轮公司和邮轮旅游代理商对游客负有安全保障责任和安全告知义务。如果游客自行到达登船港口的，针对游客人身权益的责任期间自游客登船时起、至游客离船时止。如果约定由邮轮公司或者旅行社负责游客自出发地到码头的接送，那么接送期也应纳入责任期的计算。作为参加邮轮旅游活动的主体，游客的地位也是举足轻重的，在出行过程中也同样应该履行对自身的安全义务。

1. 邮轮公司安全义务

在游客登船之前，邮轮公司要做好各种安全风险的防范，以最大限度减少安全事故的发生。在游客登船之后，邮轮公司要按照既定的路线和时间完成航行，保证游客在邮轮上的人身和财产安全。邮轮公司负责岸上观光活动组织时，要尽可能避免危及游客安全的旅游项目。在游客离船之后，邮轮公司也要进行各种安全善后工作，并定期对邮轮船体进行维护。安全告知是防范邮轮旅游过程中一般外来风险的常用办法，也是邮轮公司需要履行的重要义务。安全告知须贯穿邮轮旅游全过程。

2. 邮轮旅游代理商安全义务

游客通过邮轮旅游代理商购买邮轮船票，邮轮旅游代理商与游客签订邮轮旅游包价合同，此时邮轮旅游代理商也对游客承担安全保障责任和安全告知义务。邮轮旅游代理商按照邮轮旅游包价合同为游客提供相应服务，需要与邮轮公司密切配合，合理安排邮轮旅游过程中的各项环节，对游客进行安全风险提示，尽最大努力确保游客在旅游中的人身和财产安全。出现突发安全事件时需要及时作出反应，妥善合理地加以解决。

3. 游客对自身的安全义务

游客参加邮轮旅游，也需要配合邮轮公司和邮轮旅游代理商做好旅游过程中安全风险的防范。在登船之前，游客要了解邮轮航次行程安排，对即将到来的旅游有基本的认识，以规避旅游过程中可能出现的风险。在登船之后，要配合进行安全演习，遵守邮轮上相关安全管理规定，保管好随身携带的贵重物品。在岸上观光之时，遵守相关目的地港口的法律法规，不参加危险性的活动项目，并按时回船。在离船之时，合理维护自身权益，避免"霸船"等不文明行为的出现。

（二）安全告知事项

旅游活动大多数具有一定的风险，即使是在日常生活中应该被注意到的风险，在旅游活动过程中也可能被放大。无论是邮轮公司还是邮轮旅游代理商，在履行安全告知义务时不能以日常生活环境中的风险作为参考，而是要在邮轮旅游活动这一特定背景中考虑。游客参加邮轮旅游，需要被告知的安全事项有很多，在登船前、登船后、离船观光时侧重点各有不同。

1. 登船前安全告知事项

游客登船前需要被重点告知的安全事项有：

（1）告知游客不适宜参加邮轮旅游活动的情形，比如有特殊身体状况或年龄状况等。

（2）告知游客在邮轮旅游过程中可能出现的风险，比如海上风险和外来风险等。

（3）告知游客遵守邮轮上的相关安全管理规定，比如参加安全演习等。

（4）告知游客港口登船的相关安全管理规定，比如不携带易燃易爆和违禁物品等。

（5）告知游客注重人身和财产安全，提示游客随身携带好贵重物品，提示游客保管好旅行证件，提示游客购买旅游意外保险等。

2. 登船后安全告知事项

游客登船后需要被重点告知的安全事项有：

（1）告知游客参加船上的安全演习，要求游客熟知邮轮应急时的警报信号、紧急疏散路线、紧急集合点位置、救生设备使用方法以及相关注意事项等。

（2）告知游客客舱住宿防火、防盗等安全注意事项，提示游客妥善保管贵重物品。

（3）告知游客船上娱乐活动设施使用办法及安全注意事项。

（4）告知游客注重个人卫生及疾病防范办法。

（5）告知游客关于老年人、未成年人、残疾人等的特别安全提示。

（6）告知游客其他有可能危及人身和财产安全的风险提示。

3. 离船观光时安全告知事项

游客离船观光时需要被重点告知的安全事项有：
（1）告知游客邮轮旅游目的地国家相关法律法规、风俗习惯和宗教禁忌等。
（2）告知游客岸上观光时在食、住、行、游、购、娱等方面的安全注意事项。
（3）告知游客随时携带贵重物品，保管好登离船证件。
（4）告知游客紧急联系电话和求助电话。
（5）告知游客集合时间和地点，提示游客准时回船。

（三）安全告知途径

邮轮旅游安全告知应该采取明示的方式，直接、明确地将警示内容告知游客。常见的安全告知途径有书面告知、影像告知、口头告知等。

1. 书面告知

书面告知是将邮轮公司或邮轮旅游代理商所要告知游客的安全说明或警示内容以书面的形式客观地记录于一定的载体上并传递给游客。邮轮旅游合同、邮轮出行指南、出团通知书、张贴的安全警示标志等，都是书面形式的安全警示。

2. 影像告知

为了让安全告知内容更加生动和形象，邮轮公司或邮轮旅游代理商也会通过影像制作的方法，将安全说明或警示内容呈现给游客。比如邮轮会在公共区域以及客舱电视上滚动播放安全须知和应急注意事项，就是一种影像告知。

3. 口头告知

邮轮公司或邮轮旅游代理商的从业人员还可以用更加直接的口头告知方式将安全说明或警示内容告知游客。这种口头告知方式方便快捷，常见的口头告知方式有当面告知、电话告知以及广播告知等。

（四）邮轮旅游保险

保险是降低邮轮旅游经营风险的有效途径，更是邮轮游客获取自身权益的重要选择。根据《中华人民共和国旅游法》的相关规定，对高风险旅游项目等经营者实施责任保险制度。作为重要邮轮旅游代理商的旅行社的责任保险是强制保险，是旅行社根据保险合同的约定向保险公司支付保险费，保险公司对旅行社在从事旅游业务经营活动中致使旅游者人身财产遭受损害而应由旅行社承担的责任承担赔偿保险金责任的行为。

在游客出行之前，邮轮公司或邮轮旅游代理商还应以显著方式提示游客购买旅游意外保险或相关保险，但遵循游客自愿原则。无论是邮轮公司或邮轮旅游代理商代为购买，还是游客自行购买，都需要谨慎选择，充分了解保险合同条款，并特别关注保险合同中责任免除条款的规定，以避免理赔时的诸多纠纷。目前，各大保险公司已针对邮轮旅游推出了不同的保险计划，比如太平洋保险公司推出的"太平洋邮轮旅游保障计划"等。

【资料卡片】太平洋邮轮旅游保障计划

一、邮轮保险内容简介

（一）意外保障（意外身故、意外残疾保障）

自被保险人到达码头开始，到被保险人游程结束离开码头后结束，在保单列明的承保区域内旅行期间，遭受意外伤害，导致身故或伤残，保险人按约定给付保险金。承保区域除了邮轮之外，包括邮轮停靠港口时被保险人参加旅行社和邮轮组织的岸上观光和购物活动。

意外伤害，指以外来的、突发的、非本意的和非疾病的客观事件为直接且单独的原因致使身体受到的伤害。

（二）港口停靠取消

（1）在航行过程中，若被保险人所乘坐的邮轮因恶劣天气或机械故障等原因延误，对原定行程调整，取消港口停靠，保险人将按照①1~7天的行程：一个港口赔付×元，两个港口×元，整个行程最高赔偿×元；②8~14天的行程：一个港口赔付×元，两个港口×元，三个港口×元，整个行程最高赔偿×元。

（2）在开航前7天内且被保险人在开航7天前已经支付旅游费用，邮轮公司因恶劣天气或机械故障，对原定行程调整，取消港口停靠：

① 被保险人继续参加航程，保险人将按照a.1~7天的行程：一个港口赔付×元，两个港口×元，整个行程最高赔偿×元；b.8~14天的行程：一个港口赔付×元，两个港口×元，三个港口×元，整个行程最高赔偿×元。

② 邮轮公司出于航行安全或其他原因考虑，对于原定停靠港口做临时变更，另行安排港口停靠，继续行程的，不属于港口取消责任，保险人不负责赔偿。港口变更具体参照第（三）条执行。

（三）目的港重大变更（详见附件目录）

在航行过程中，因恶劣天气等不可抗力因素，邮轮公司出于安全考虑调整行程导致目的港重大变更，具体航线变更请参照附件。保险人按照①1~7天的行程：一个港口赔付×元，两个港口×元，整个行程最高赔偿×元；②8~14天的行程：一个港口赔付×元，两个港口×元，三个港口×元，整个行程最高赔偿×元。

（四）邮轮延误导致港口停靠时间缩短

若被保险人搭乘的邮轮因恶劣天气或机械故障等原因延误，并导致行程中的港口实际停靠时间，比计划停靠时间缩短3小时以上的，保险人承担赔偿责任。保险人按照①1~7天的行程：一个港口赔付×元，两个港口×元，整个行程最高赔偿×元；②8~14天的行程：一个港口赔付×元，两个港口×元，三个港口×元，整个行程最高赔偿×元。

对于抵达港口和离港时间与计划有变化，但实际停靠时间比计划停靠时间缩短少于3小时的，保险人不承担赔偿责任。

（五）行程天数减少

因恶劣天气或机械故障等不可抗力因素导致行程天数减少，且对被保险人行程产生实质影响，保险人按每减少一晚×元赔偿。

（六）邮轮返程目的港延误

若被保险人所乘坐的邮轮因恶劣天气或机械故障等原因，导致实际到达返程目的港时间比原计划到达时间延误3小时以上的，保险人承担赔偿责任。

返程目的港延误3小时以上，赔偿交通费、住宿费实际损失；超过3小时不足6小时，最高赔付×元；超过6小时以上，最高赔付×元。

二、其他约定事项

（1）不可抗力：指当事人不能预见，不能避免并不能克服的客观现象。包括自然灾害，如台风、地震、洪水、冰雹；政府行为，如征收、征用；社会异常事件、罢工、劳动力缺乏等。

另以下情况属于免除责任，包括：①任何生物、化学、原子能武器，原子能或核能装置所造成的爆炸、灼伤、污染或辐射；②战争、军事行动、暴动或武装叛乱期间；③恐怖袭击。

（2）除第一项意外保障外，其他保险项目同时发生累计限额×元/人。

（3）本保障计划保险期限：除各分项保险责任有特别约定外，自游客登船开始到游客下船结束。

(4) 在开航前7天内，因恶劣天气等不可抗力因素，邮轮公司出于安全因素考虑调整行程导致目的港取消、目的港重大变更，保险人按照约定承担相应保险责任。在开航前7天（含7天）内因不可抗力对港口造成威胁而导致邮轮公司决定更改航线或港口取消均在理赔范围内，即便是在开航前8天（含8天）已经获知可能导致目的港取消或变更的不确定因素。例如在开航8天前（含8天）天气预报发布台风预告，但是在开航前7天内确定该台风会对港口造成威胁而导致邮轮公司决定更改或取消港口，这样的情况，是保险责任的范畴。对于常见的台风情形，台风的生成预报并不必然导致港口延误和取消，而应当以气象台发布的路径为准，目前气象台一般是提前120小时发布。出现以下情形时，保险人不承担赔偿责任：

① 在开航前7天之前，已获知因不可抗力对港口造成威胁而导致邮轮公司决定更改航线或港口取消；

② 游客为其旅行预付交通工具费用、酒店或旅行社费用时已获知或已存在可能导致旅行变更的情况或条件，包括但不限于已经宣布或已经发生的任何罢工或其他工人抗议活动、气象部门已经发布预告的或已经发生的任何自然灾害、旅行目的地已经宣布突发传染病、目标邮轮处于维修状态；

③ 邮轮运营方出于商业利益考虑而非不可抗力因素造成的行程变更；

④ 未在事先提供的预约统保航次中。

(5) 附录：目的港变更（略）。

(6) 其他未尽事宜以条款标准为准。

二、突发事件处理

游客在参加邮轮旅游的过程中，常见的旅游突发事件有游客自身的财务损失、意外伤害、突发疾病、非法滞留等，也有因邮轮航程变更而引起游客纠纷等。对于此类突发事件，邮轮公司或邮轮旅游代理商要做好应急处理，以保障包括游客在内的各方权益。

（一）财物损失

游客参加邮轮旅游，除了交付托运的行李物品可能会出现意外丢失或损坏的情况之外，随身携带的物品也有可能出现遗失或被盗现象。普通物品遗失属于民事行为，而财物被盗则属于治安事件。邮轮上虽然是较为封闭的活动空间，但随着邮轮吨位的不断扩大，单船载客人数已经可以达到五六千人，再加上邮轮上的船员，几乎构成了一个小社会。虽然邮轮公司已经做了很多安全告知，但在游客放松警惕的情况下，物品遗失或被盗的事件也未能完全避免。中国母港运营的邮轮航次中曾经发生过失窃事件，就对当事游客的邮轮旅行带来了不好的体验。

为了避免游客财物出现损失，邮轮公司除了要落实好行李托运的每一个环节，还要进一步强化邮轮上的安保管理。当出现游客财物损失此类突发事件时，邮轮上的安保部门还应该及时受理，认真聆听游客描述的财物损失情况，并利用邮轮上的监控设备等尽可能帮助游客寻找丢失的财物。如果游客购买了保险，还应该帮助游客启动保险程序，按照保险程序进行理赔。

（二）意外伤害

游客外出旅行时，人身意外伤害也偶有发生。常见的旅游意外伤害有食物中毒、过敏、皮肤擦伤、关节扭伤、坠落、溺水、中暑等。在邮轮上，人身意外伤害通常发生在游客上下船的过程中、参加娱乐活动过程中或者上岸观光的过程中。在中国母港运营的邮轮航次中，也曾因游客发生意外伤害事件而见诸新闻报端，并最终在法律诉讼中邮轮公司被判对游客进行高额赔偿。此类意外伤害事件的发生，不仅给游客带来极大的伤害，对邮轮公司也带来很多负面影响。故而对于游客人身意外伤害事件，邮轮公司首先应该做的是做好安全告知和风险控制。比如，在游客上下船的过程中有序组织和安排，在水深超过 1.5 米的游泳池旁配备救生员等。

当意外事故发生时，要迅速进行应急救援。轻微受伤者送至船上的医疗救助中心，利用船上医疗设施对受伤者进行检查，为受伤者提供海上医疗护理。需要送往陆地上进行进一步诊断和救治的受伤者，在船上医疗中心做出稳定病情诊断和采取适当的治疗措施的同时，联系陆地上医院并提供转送医院的救助服务。受伤者在靠泊港口医院得到救治后，船长根据邮轮航程情况和受伤者情况，从保障受伤者生命安全的角度出发，决定是否同意其再次登船完成航程。如果受伤者需要留在当地救治，邮轮公司可帮助其联系相关事宜。对于极其严重需要得到紧急救助的伤者，邮轮船长或安全官会做出请求直升机救援的决定，救援机构将派医疗救助专用的直升机将受伤者紧急运送至合适的陆上医疗机构进行抢救。应急救援之后，需要做好家属安抚以及保险理赔等工作。应急处理之后，针对邮轮上可能造成意外伤害的隐患予以根除。

（三）突发疾病

游客在旅游的过程中，因为环境变化、身体疲劳或疏忽大意等原因，可能造成在邮轮上突发疾病，比如受凉感冒、肠胃不适等。一些年长游客身体抵抗力较差，也有突发心脏病等情况出现。遇到游客突发疾病，应该协同游客的家属或同行人将患者送至船上的医疗救助中心，随船医生对患者进行检查，为患者提供海上医疗护理。需要送往陆地上进行进一步诊断和救治的患者，在船上医疗中心为其采取适当的稳定病情诊断和治疗措施的同时，联系陆地上医院并提供转送医院的救助服务。患者在靠泊港口医院得到救治后，船长根据邮轮航程情况和患者情况，从保障患者生命安全的角度出发，决定是否同意其再次登船完成航程。如果患者需要留在当地救治，邮轮公司可帮助其联系相关事宜。对于极其严重需要得到紧急救助的患者，邮轮船长或安全官会做出请求直升机救援的决定，救援机构将派医疗救助专用的直升机将患者紧急运送至合适的陆上医疗机构进行抢救。应急救援之后，需要做好家属安抚以及保险理赔等工作。

除了个体游客突发疾病之外，邮轮上还有可能爆发公共卫生事件。公共卫生事件是指突然发生、造成或者可能造成社会公众健康严重损害的重大传染病疫情、群体性不明原因疾病、重大食物和职业中毒以及其他严重影响公众健康的事件。2006 年，美国一艘豪华邮轮在为期两周的航程中，近 700 名邮轮游客和船员交叉感染诺沃克病毒急性肠胃炎。经调查显示，疾病爆发的源头是一些游客在登轮之前就已经被感染，密闭的邮轮空间让疫情规模不断扩大，造成 530 多名游客和 140 多名船员上吐下泻，在邮轮医务室接受初步治疗后在各自客舱接受隔离，直至下船接受治疗。《国际卫生条例》（International Health Regulations，IHR）定义了各国报告公共卫生事件的权利和义务，通过预防疾病的蔓延来保证公共健康。邮轮公司要在《国际卫生条例》的指引下加强疾病监管，同时增强游客的防范意识，尽可能避免重大公共卫生疾病。

（四）非法滞留

游客在邮轮旅游期间，在邮轮航次经停的目的地国家非法滞留，在近年来中国母港运营的邮轮航次中也时有发生。非法滞留事件产生的原因多种多样，比如：一些不法组织利用邮轮旅游签证政策的便利性，组织偷渡人员搭乘邮轮，并在邮轮靠泊港口开展岸上观光活动时在岸上脱离团队，形成实际上的非法滞留。一些游客在岸上观光期间，与邮轮公司或邮轮旅游代理商因为各种原因发生纠纷，游客以纠纷未能解决为由拒绝在规定时间返回港口登船继续旅行，从而涉嫌非法滞留。另有一些游客在岸上观光时因为各种原因没能及时赶回港口，从而错过了邮轮起航的时间，造成了被动的非法滞留。但无论哪种情况，都属于突发意外事件，在邮轮航次运营的过程中都是应该避免的。故而邮轮公司和邮轮旅游代理商在收取游客资料时，应该做好游客相关信息的审核。在组织游客岸上观光时，应该进行岸上观光事宜的安全告知。当游客非法滞留境外的意外事件发生时，应该及时与相关部门取得联系，尽力寻找游客。有关部门处理有关事项时，要对其进行协助，并尽可能规避此类事件的发生。

（五）航程变更

虽然邮轮公司在设计航程的时候已经尽量去避开可能有恶劣天气的港口和航线，但是天有不测风云，很多飓风、大雨或者大雾都是突发而不可预测的，从而直接导致了邮轮改换航线或者进出港时间延误。因邮轮航程变更引发的公共事件近年来屡见不鲜。2013年4月，歌诗达维多利亚号邮轮延迟7小时出发，并且取消济州岛停靠，约200名游客拒绝下船。2015年4月，海娜号邮轮因取消停靠日本福冈，引发游客"霸船"。2015年9月，皇家加勒比海洋量子号邮轮因为台风影响将停靠日本港口改为停靠韩国港口，引发游客"霸船"。2018年3月，诺唯真喜悦号邮轮因为上海吴淞口海域大雾封锁航道而无法开航，造成游客与船方发生冲突。虽然此类事件只是小部分游客对邮轮公司未能按照原先合同约定航线执行表达不满，但在一定程度上影响了邮轮旅游这种新型旅游方式的公众形象，造成对邮轮航次供给与需求双方的负面影响。

按照相关管理规定，邮轮公司应该安排邮轮按照合同上既定的航线行驶，并且提供承诺的相关服务，不得擅自改变航线或者减少服务项目和服务内容。如遇不可抗力可能危及邮轮和旅游者人身安全的，邮轮船长有独立决定权，可以决定变更航线或者停止航行。邮轮公司、船员、邮轮码头、旅行社、旅游者均无权干涉，应予以配合。船长决定变更航线或者停止航行时，邮轮公司应当会同有关单位做好后续处理工作。邮轮公司应该做好与游客的沟通。在邮轮旅游行程开始之前，因不可抗力引发航程变更，应第一时间向游客告知不可抗力的具体情况、邮轮航线变更情况、解决方案等。在邮轮旅游行程开始之后，因不可抗力引发航程变更，应及时向船上游客发布信息，告知游客不可抗力的具体情况、邮轮航线变更情况、解决方案等，并安排船上工作人员向游客进行耐心解释和劝导。

【知识回顾】

一、单项选择题

1. 以下不属于邮轮航行中海上风险的是（　　）。
   A. 自然灾害　　　　　　B. 意外事故　　　　　　C. 游客"霸船"
2. 为国际航行船舶签发船舶国籍证书的国家是（　　）。
   A. 船旗国　　　　　　　B. 港口国　　　　　　　C. 邮轮公司所在国
3. 海上人身安全方面最古老、最重要的公约是（　　）。
   A. STCW公约　　　　　B. SOLAS公约　　　　　C. MARPOL公约
4. SOLAS公约规定了邮轮上配置的救生设备数量必须为满载人数的（　　）。
   A. 75%　　　　　　　　B. 100%　　　　　　　　C. 125%

5. 弃船求生时，以下说法错误的是（　　）。
A. 多穿衣物　　　　　　B. 少穿衣物　　　　　　C. 正确穿戴救生衣
6. 获得"8金珍珠奖"环保荣誉的是（　　）。
A. 诺唯真喜悦号　　　　B. 地中海传奇号　　　　C. 云顶梦号
7. 邮轮海上航行期间遇不可抗力决定行程变更的是（　　）。
A. 邮轮公司　　　　　　B. 邮轮港口　　　　　　C. 邮轮船长

二、简答题

1. 什么是邮轮安全管理？简述邮轮安全管理的特点。
2. 什么是STCW公约？简述STCW公约的出台背景和主要内容。
3. 什么是MLC公约？简述MLC公约的出台背景和主要内容。
4. 什么是应变部署表？应变部署表应该规定哪些内容？
5. 游客在邮轮上意外伤害或突发疾病，应该采取的应对措施是什么？

【知行合一】

任务一：

以小组为单位，搜集近年来邮轮发生海上事故的典型案例，分析这些海上事故发生的原因，讨论如何进行此类事故的防范，并将搜集案例和讨论结果在课堂上进行分享汇报。

任务二：

以小组为单位，总结邮轮在开展弃船演习时的主要过程，并分配角色在课堂上进行弃船演习过程中的主要情境展示。

任务三：

针对2015年9月海洋量子号邮轮变更日本航线为韩国航线引发游客"霸船"事件，以正方观点"霸船事件过错在于船方"、反方观点"霸船事件过错在于游客"展开课堂辩论，并以此辩论为基础探讨避免因邮轮航程变更引发纠纷的应对良策。

【章节体会】

第七章 管理保障

【章节导览】

邮轮搭载游客在海上安全航行，使游客获得高满意度的船上体验和岸上体验，需要借助管理手段实现对人、财、物、信息、空间等要素的组织和利用，需要关注影响邮轮运营效益的更多管理活动。本章重点对邮轮服务质量管理、物资采购管理以及人力资源管理进行介绍，探讨其在邮轮业务运营保障方面的作用与应用。

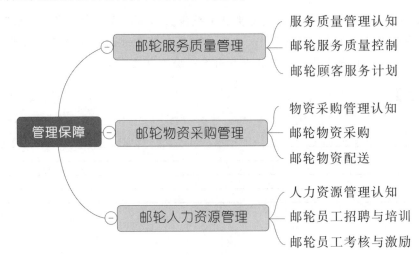

第一节 邮轮服务质量管理

游客参加邮轮旅游，希望获得物质和精神两方面的满足。物质需求要求获得邮轮上舒适的客舱、美味的佳肴、丰富的免税商品、多样的娱乐设施与完备的安全设施等。精神需求要求获得热情周到的服务、体贴入微的关怀、完美的航次体验等。为了满足这两种需求，获得更多的顾客满意和顾客忠诚，邮轮公司优化管理，以实现服务质量的全面提升。

一、服务质量管理认知

服务质量管理是为了实现良好的服务质量评价而进行的所有管理活动。服务质量管理有利于防止服务过程差错，有利于树立邮轮公司形象，有利于增强邮轮公司的竞争力。为了更好地提供对客服务、提升服务质量，有必要对服务质量的构成与评价进行剖析。

（一）服务质量的含义

1. 服务

从社会意义上来讲，服务是社会成员之间互相提供方便的一种活动，至今已成为整个社会不可或缺的人际关系的基础。从管理学角度来讲，服务是一方提供给另一方的不可感知且不导致任何所有权转移的活动或利益，它在本质上是无形的，它的生产可能与实际产品有关，也可能无关。用更简单的方式理解服务，可以认为服务就是本着诚恳的态度，为别人着想，为别人提供方便或帮助。

对于邮轮对客服务而言，不仅仅局限于满足顾客需求、解决顾客难题，还需要通过服务提升顾客体验、创造顾客价值并最终获得竞争优势，这是对服务提出的更高标准的要求。而服务的精髓，还可以用"SEVICE"这个单词的六个字母来进行解读，分别是：S，Smile（面带微笑）；E，Excellent（出色到位）；R，Ready（随时准备）；V，View（正确看待）；I，Invite（发出邀请）；C，Create（创造环境）；E，Eye（目光接触）。

2. 服务质量

从顾客的角度来讲，质量是顾客对产品或服务满意程度的度量，服务质量则是服务能够满足被服务者需求、创造被服务者价值的程度。服务质量既是使目标顾客满意而提供的最低水平服务，也是保持这一预定服务水平的连贯性程度。

服务质量应该被顾客所识别，顾客认可才是质量。故而服务质量既要有客观方法加以制定和衡量，更多地需要按照顾客的主观认识进行评价。服务质量一般发生在服务生产与交易的过程中，在服务提供者与顾客交易的真实瞬间中实现。尽管如此，服务质量的提升仍然需要形成更加有效的管理和更加全面的支持系统。

（二）服务质量的构成

服务的过程性决定了服务质量由服务的技术质量、职能质量、形象质量和真实瞬间构成。四个方面相互依托、相互支撑，需要共同被顾客识别和认可。

1. 技术质量

技术质量关注服务过程的产出，是顾客从服务过程中所获得的产品。在邮轮对客服务中，技术质量更多强调服务的结果，比如游客在邮轮旅游航次中所感知的艺术感或现代感十足的邮轮船体、设计合理的邮轮航程线路、运行良好的船上设施设备、客舱乘务员整理干净的房间、厨师烹饪出的美味菜肴等。对于技术质量，顾客容易感知，也易于评价。

2. 职能质量

职能质量关注服务人员的履职，取决于顾客的主观感受。邮轮上服务人员的技能水平、服务态度、服务效率、职业形象等都能够给游客带来或满意或不满意的利益和享受，比如前台服务人员是否热情友好、餐厅服务人员是否及时上菜、酒吧调酒师调酒表演是否出色、溜冰教练是否尽职尽责等，都会影响游客对邮轮服务的主观感受。职能质量难以进行客观的评价，但却是顾客感知的重要内容。

3. 形象质量

形象质量关注服务提供者的社会形象，更关注服务提供者在顾客心中形成的总体印象。邮轮公司如果拥有良好的口碑和社会形象，些许的失误可能会获得顾客的谅解。但如果邮轮公司在航次运营中失误频发，或者某次危机事件应对不当，则必然影响其自身良好形象的树立。形象质量是长期经营中积累起来的无形资产，更是对未来服务质量的承诺。

4. 真实瞬间

真实瞬间是服务过程中双方进行实际接触的过程，有特定的时间和地点。真实瞬间是服务质量展示的有限时机，一旦交易结束，也就难以再改变顾客对服务质量的感知。服务过程应该计划有序，防止棘手的真实瞬间出现。一旦棘手的真实瞬间出现，职能质量会深受其害，进而严重影响顾客对服务质量的整体感知。反之，让顾客满意加惊喜的真实瞬间出现，顾客对服务质量的感知也会骤然提升。

（三）服务质量的评价

顾客对服务质量评价的高低取决于预期服务质量与感知服务质量的比较。如果顾客感知服务质量低于预期服务质量，顾客就会感到失望。如果感知服务质量与预期服务质量相吻合，顾客就会感到满意。如果感知服务质量高于预期服务质量，顾客就会感到惊喜。

1. 预期服务质量

预期服务质量是顾客对服务企业所提供服务的预期满意度。预期服务质量是影响顾客对服务质量感知的重要前提。如果顾客预期服务质量过低，则有可能影响顾客的购买。但如果顾客预期服务质量过高，则即使服务者提供的服务水平很高，也可能无法获得顾客满意。

预期服务质量的影响因素有顾客需求、市场沟通、企业形象、顾客口碑等。

（1）顾客需求。顾客需求千差万别，而顾客又会从自身需求出发对服务获得产生不同的预期，故而顾客需求是影响预期服务质量的最重要也最复杂的因素。

（2）市场沟通。市场沟通包括营业推广、广告宣传、人员推销等。如果在市场沟通中过分夸大自身产品或服务，会导致顾客心存过高的预期质量，取得适得其反的效果。

（3）企业形象。企业形象的树立不是一朝一夕之事，而是需要长期的沉淀和积累。良好的企业形象会提升顾客预期，受损的企业形象会打击顾客的预期。

（4）顾客口碑。顾客口碑与企业形象类似，都是企业无法直接控制但却对预期服务质量产生影响的因素，需要在日常经营中加以关注。

2. 感知服务质量

感知服务质量是顾客对服务企业所提供服务的实际感知水平。顾客感知服务质量的形成通常会受到服务可靠性、反馈性、可信性、移情性和有形性等因素的影响。

（1）可靠性（Reliability）。可靠性是指可靠和准确履行服务承诺的能力。可靠的服务行为是顾客可期望的，如果顾客相信服务提供者可以依赖、相信其优良业绩和超凡价值、相信其运营和支持系统，那么就会感知到较高的服务质量。游客参加邮轮旅游的过程中，邮轮公司首先应该做到的就是遵守服务承诺，尽心竭力满足游客最大利益。

（2）反馈性（Responsiveness）。反馈性是指为顾客提供服务和及时调整服务的能力。反馈性关注服务传递的效率，关注服务双方的沟通。尽量缩短顾客等候时间、积极主动给予顾客沟通反馈，是服务质量提升的重要途径。在一些突发事件中，反馈性也至关重要，比如邮轮起航时间延误，游客缺乏对局势的控制，很容易感到紧张和不安，如果邮轮公司能够及时向顾客说明延误缘由并告知延误的准确时间，同时为游客解决延误造成的困境，这种良好的反馈必然也能获得顾客的理解。

(3) 可信性（Assurance）。可信性是指服务人员的技能、态度以及传递信心和信任的能力。在邮轮对客服务中，服务人员要展现出良好的职业素养和娴熟的服务技能，友好的态度和胜任能力缺一不可。游客在参加邮轮旅游的过程中，希望获得安全感，获得优质的体验，较高专业水准的服务可以使游客获得这种体验，增强游客对服务质量的信心。

(4) 移情性（Empathy）。移情性是指关心照顾并个性化处理顾客需求的能力。顾客希望感受到服务人员在用友好的方式主动关心照顾他们，希望感知到服务人员在以实际行动为他们排忧解难，这就需要服务提供过程中能够设身处地地为顾客着想，通过移情有效理解顾客需求。

(5) 有形性（Tangible）。有形性是指实体设施、设备、人员、宣传材料的外观。顾客通过有形实物的感知，来做出服务质量高低的研判。

二、邮轮服务质量控制

邮轮公司进行服务质量管理，可以采取全面质量管理（Total Quality Management，TQM），以此来实现对服务质量乃至全面质量的有效控制。

（一）全面质量管理的定义

全面质量管理是一个组织以质量为中心，以全员参与为基础，目的在于通过顾客满意和本组织所有成员及社会受益而达到长期成功的管理途径。在全面质量管理中，质量这个概念和全部管理目标的实现有关。这是一种由顾客的需要和期望驱动的管理哲学。

（二）全面质量管理的特征

全面质量管理注重顾客价值，其主导思想就是顾客的满意和认同是长期赢得市场、创造价值的关键。全面质量管理是一种全员参与的质量管理、一种全过程的质量管理和一种全面的质量管理。

1. 全员参与的质量管理

全面质量管理要求全部员工，无论是高层管理者还是普通员工，都要参与到质量改进活动中来，这是全面质量管理的主要原则之一。全面质量管理向员工授权，广泛采用团队的形式作为授权的载体，依靠团队来发现和解决问题，并力争形成一种文化，以促进全面质量的提升。

2. 全过程的质量管理

全面质量管理采用广义的质量定义，不仅与最终产品或服务有关，还与如何改进产品的设计、如何进行物资采购、如何迅速响应顾客投诉等有关。产品设计是全面质量管理的起点，原料采购、生产、检验过程是实现产品或服务质量的重要过程，最终质量则是在市场销售、产品消费、服务过程中得到评判和认可。

3. 全面的质量管理

全面的质量管理是用全面的方法管理全面的质量。全面的方法包括科学的管理方法、精准的数理统计方法、先进的信息技术方法等。全面的质量包括产品质量、服务质量、工程质量等。全面质量管理坚持不断改进，以确保获得对手难以模仿的竞争优势。

（三）全面质量管理的流程

1. 四阶段划分法

全面质量管理一般分为四个阶段，分别是计划、执行、检查和处理阶段。

(1) 计划阶段。全面质量管理的第一个阶段称为计划阶段，又叫 P 阶段（Plan）。这个阶段主要是发现适应用户的需求，并以取得最经济的效果为目标，通过调查、设计、试制、制定技术经济目标、质量目标、管理项目以及达到这些目标的具体措施和方法。

（2）执行阶段。全面质量管理的第二个阶段为执行阶段，又称 D 阶段（Do）。这个阶段主要是按照所制定的计划和措施去付诸实施。

（3）检查阶段。全面质量管理的第三个阶段为检查阶段，又称 C 阶段（Check）。这个阶段主要是对照计划检查执行的情况和效果，及时发现计划实施过程中的经验和问题。

（4）处理阶段。全面质量管理的第四个阶段为处理阶段，又称 A 阶段（Action）。这个阶段主要是根据检查结果采取相应的措施，巩固成绩，吸取教训，以利再战。

2. 八阶段划分法

在全面质量管理中，通常还可以把 PDCA 循环四阶段进一步细化为 8 个步骤，分别是分析现状、找出原因、找主要原因、制定措施、实施计划与措施、实施结果与目标对比、对实施结果总结分析、未解决问题转入下一个循环。各阶段阶梯式上升，循环前进，没有终点，只有起点。每一个部门、小组都有自己的阶段循环，并都成为组织大循环中的小循环。

三、邮轮顾客服务计划

在激烈的市场竞争中，各大邮轮公司都在服务质量提升方面做出努力，有的是将服务理念融入员工的日常培训，有的是对游客做出优质服务承诺。不同的顾客服务计划具有共同的目标，就是为游客传递优质服务价值，创造良好的邮轮度假体验。

（一）歌诗达邮轮"五分计划"

意大利歌诗达邮轮公司提出"5 Point Plan"五分对客服务计划，要求员工在对客服务中通过倾听、移情、询问、矫正行动等，将顾客的抱怨转化为良好评价或购买行为。

"5 Point Plan"五分对客服务计划包括五个环节，分别是：

第一，倾听。"Don't fall at the first fence——listen"要求学会倾听的艺术。在对客服务过程中，需要与顾客进行良好的沟通，而不好的倾听则往往是造成沟通障碍的一道藩篱。认真倾听并获得顾客表达的需求，是五分对客服务的首要要求。

第二，移情。"Don't jump the empathy stage & show understanding"要求对顾客表示理解。顾客感知服务质量中的重要评价要素就是移情性，服务人员要设身处地对顾客表示理解，只有在平等的基础上才能获得顾客的信任和尊重。

第三，询问。"Ask questions to……"要求善于询问。询问不是盲目地去问，而是有技巧、有针对性地去探知顾客需求，以此寻求解决问题的办法或者获知办法是否适宜。

第四，行动。"Corrective action"要求采取矫正行动。这是及时而有效的反馈。

第五，转化。"Follow up & make the difference——Turn a complaint into an excellent comment or sale"要求将顾客抱怨转化为顾客的良好评价或顾客的购买行为。

（二）皇家加勒比邮轮金锚服务

美国皇家加勒比邮轮公司为顾客提供金锚服务（Gold Anchor Service），金锚服务可以用"GOLD"这个单词的 4 个字母来解读。

第一，微笑问候。G 代表"Greet and smile"。微笑问候是对顾客表示友好的最直接体现。

第二，创造体验。O 代表"Own the guest experience"。金锚服务要求员工为游客提供友好而个性化的服务，比如客舱服务员记住小朋友玩具熊的名字，帮助顾客选择靠岸港口最超值的购物商店，或者提醒顾客晚餐的预订时间等，并最终为顾客留下深刻印象和美好的回忆。

第三，形象得体。L 代表"Look the part"。良好的职业形象是对顾客表达的一种尊重。

第四，传递惊喜。D 代表"Deliver the Wow"。用超越顾客预期的服务为顾客传递惊喜。

（三）公主邮轮"CRUISE"服务

美国公主邮轮的服务承诺可以用"CRUISE"这个单词的六个字母来解读。

第一，礼貌。C 代表"Courtesy"。无论是船长的诚挚欢迎，还是餐厅员工的璀璨笑脸，都能够作为公主邮轮服务精神的代表。公主邮轮设有船长俱乐部，如图 7-1 所示。

图 7-1 公主邮轮船长俱乐部

第二，尊重。R 代表"Respect"。"公主礼遇"服务处处彰显对顾客的尊重。

第三，始终如一的卓越服务。UISE 代表"Unfailing in service"。始终如一的卓越服务，是公主邮轮五十多年来的一贯传承。

（四）地中海邮轮质量认证

意大利地中海邮轮对于邮轮服务品质非常重视，是第一家获得 ISO 9001：2008 质量管理认证的邮轮公司，其后更获得 ISO 14001 环境保护证书，可见其对于提升服务品质的不懈努力。质量认证的目的不在于"证明符合标准"，而是由第三方认证机构公正地证明产品或服务的质量符合规定的标准这一信息准确无误地对外传递，告知顾客可靠的质量信心。

【资料卡片】ISO 质量认证

质量认证是产品或服务在进入市场前，依据国际通行标准或国家规定的标准和质量管理条例，由第三方认证机构进行质量检查合格后发给合格证书，以提高企业及其产品、服务的信誉和市场竞争力的行为。

1970 年，国际标准化组织（ISO）成立了认证委员会（CERTICO），而各国政府或非政府组织也形成了一些权威性认证机构。1987 年，为了统一质量标准简化质量认证程序，国际标准化组织（ISO）发布 ISO 9000 质量体系标准。这个标准系列包括 5 个独立标准：

《ISO 9001 标准》即《选择和使用指南》含 3 种模式、8 种形式；

《ISO 9002 标准》即《质量体系——开发、设计、生产、安装、服务模式》；

《ISO 9003 标准》即《生产和安装的质量保证模式》；

《ISO 9004 标准》即《质量体系——最终检验和试验质量保证模式》；

《ISO 9005 标准》即《质量成本核算要素指南》。

《ISO 9000 标准系列》认证的内容有：第一，产品，包括原材料、零件、部件和整机；第二，过程，包括工艺生产和全部加工过程；第三，服务，包括洗染、商业、出租车、旅馆等第三产业；第四，管理，包括技术人员素质、水平等。

1994 年，国际标准化组织（ISO）成立环境管理技术委员会，其后发布了 ISO 14000 环境管理体系标准，其中 ISO 14001 标准是环境管理体系标准的主干标准。

第二节 邮轮物资采购管理

邮轮是海上移动的度假村，庞大的载客人数背后是船上巨大的日常消耗。邮轮公司每一个航次都要采购大量的补给品，以满足顾客需求，确保服务质量。

一、物资采购管理认知

（一）采购管理的定义

采购管理是计划下达、采购单生成、采购单执行、到货接收、检验入库、采购发票的收集到采购结算的采购活动的全过程，对采购过程中物流运动的各个环节状态进行严密的跟踪、监督，实现对采购活动执行过程的科学管理。

（二）采购管理的三个层次

采购管理从低到高经历了简单购买、采购管理和策略性采购三个层次。

1. 简单购买

简单购买是较初级的采购管理，多为对各个交易的实施和监督。简单购买的特征为：

（1）围绕着采购订单；

（2）与供应商较容易的讨价还价；

（3）仅重视诸如价格、付款条件、具体交货日期等一般条件；

（4）被动地执行配方和技术标准。

2. 采购管理

采购管理是随着对前期大量订单的经验总结和汇总以及管理技能的提高，管理人员意识到供应商管理的重要性；同时根据自身的业务量分析，合理分配自身资源，开展多个专案管理。采购管理的特征为：

（1）围绕着一定时间段的采购合同，试图与供应商建立长久的关系；

（2）加强了对供应商其他条件的重视，如订单采购周期、送货、经济批量、最小订单量和订单完成率；

（3）重视供应商的成本分析；

（4）开始采用投标手段；

（5）加强了风险防范意识。

3. 策略性采购

供应链管理是新型的策略性采购。供应链管理的特征为：

（1）与供应商建立策略性伙伴关系；

（2）更加重视整个供应链的成本和效率管理；

（3）与供应商共同研发产品及其对消费者的影响；

(4) 寻求新的技术和材料替代物；

(5) 充分利用诸如跨地区、跨国家的公司的集团力量集中采购；

(6) 更为复杂、广泛的应用投标手段。

其中，集中采购的手段正被愈来愈多的公司采用。集中的概念事实上包含两层含义：集中集团内各分公司、各工厂的采购量；采购量集中给少数的供应商，以图获取规模效应带来的节省。邮轮公司大多采取供应链管理这种新型策略性采购。

二、邮轮物资采购

(一) 邮轮物资采购内容

邮轮上食品及原辅材料、饮料、生鲜果蔬、酒店用品、免税商品等消耗量巨大，需要庞大的邮轮用品供应商和物流体系。各大邮轮公司均致力于打造最佳的全球邮轮供应体系，根据自身需求来制定邮轮用品采购方案，设定长短期的采购目标、达成目标所需的采购策略及行动计划等，并通过行动的实施寻找到合适的供应资源，满足在成本、质量、时间、技术等方面的综合指标。

(二) 邮轮物资采购方式

1. 按照采购渠道分类

按照采购渠道分类，邮轮物资采购可以分为直接采购、委托采购和调拨采购等。

(1) 直接采购是指直接向物料供应厂商从事采购之行为。

(2) 委托采购是指通过中间商实施采购行为的方式。

(3) 调拨采购是指将过剩物料互相支持调拨使用之行为。

2. 按照议价方式分类

按照议价方式分类，邮轮物资采购可以分为招标采购、询价现购、比价采购等。

(1) 招标采购。招标采购是指采购方作为招标方，事先提出采购的条件和要求，邀请众多企业参加投标，然后由采购方按照规定的程序和标准一次性的从中择优选择交易对象，并提出最有利条件的投标方签订协议等过程。整个过程要求公开、公正和择优。

(2) 询价现购。采购人员选取信用可靠之厂商将采购条件讲明，并询问价格或寄以询价单并促请对方报价，比较后则现价采购。

(3) 比价采购。采购人员请数家厂商提供价格后，从中加以比价之后，决定厂商进行采购事项。

3. 按照采购地区分类

按照采购地区分类，邮轮物资采购可以分为母港采购和境外采购两种方式。

(1) 母港采购。母港采购具有批量大、价值低、时效性强等特征，食品、饮料、船用备件等主要以母港城市及周边区域采购为主。

(2) 境外采购。酒店用品、免税品以及部分进口冷冻食品来自境外采购，通过邮轮公司在境外的邮轮物资配送中心，集中分拨到全球船队。

不同的服务理念决定邮轮公司采购方式的选择。荷美邮轮公司钟情于美国牛肉，通过集装箱将美国牛肉运往所需地区以保证供应的品质。皇家加勒比邮轮公司没有特意指定某个商品的供应，而是奉行灵活的方式和采用本地供应的服务来支持公司的全球化运营，通过公司系统的筛选标准找出符合船上使用的最佳商品。丽星邮轮的区域运营在一定程度上主要依赖当地资源，而某些特定易耗品的需求则采用异地采购的方式进行。

(三) 邮轮物资采购原则

邮轮物资采购要遵循5R原则，综合考虑适时（Right time）、适质（Right quality）、适量（Right quantity）、适价（Right price）、适地（Right place）五项原则，即在适当的时候以适当的价格从适当的供应商处买回所需数量物品的活动，目的为使采购效益最大化。

1. 适时（Right time）

物资采购要把握适时原则，要与供应商建立长期稳定的合作关系，以保证物资供应的稳定性。

2. 适质（Right quality）

物资采购要把握适质原则，要推动供应商改善、稳定物品品质。

3. 适量（Right quantity）

物资采购要把握适量原则，太少不能满足需要，太多又会造成积压。

4. 适价（Right price）

物资采购要把握适价原则，要多渠道获得报价并进行比价、议价和定价。避免过于依赖单一供应商，以免在与供应商协调不一致的情况下为经营带来困境。

5. 适地（Right place）

物资采购要把握适地原则，近距离供货可以使买卖双方沟通更为方便，亦可降低采购物流成本。

三、邮轮物资配送

邮轮物资配送是将所需物资在物流集结地进行分货、配货并直接送至邮轮的物流活动。在供应链管理时代，邮轮公司采取船供商品供应链整体解决方案，要在有限的时间完成货物组装、通关、检验、装卸等流程，这是一个相当复杂的供应链体系。邮轮公司在全球统一采购物资实行过境供船，在邮轮靠泊之前需要通过集装箱运至港口，邮轮靠泊当天将集装箱运至邮轮码头，进行拆箱供船，由海关、检验检疫、码头三方共同监督所有集装箱内物资全部上船。任何一个环节出现问题，都可能对邮轮正常运营产生影响。目前，邮轮在中国母港运营，海关等部门已为国内物品直接供船建立了完整的通关监督体系，天津、上海等地也在为打造全球邮轮物资配送基地而努力。诺唯真喜悦号邮轮靠泊天津港口物资装船情况如图7-2所示。

图7-2 诺唯真喜悦号邮轮靠泊天津国际邮轮母港

【行业聚焦】

天津东疆打造亚太地区首个国际邮轮配送基地

2017年5月，全球最大休闲旅游公司嘉年华集团旗下意式文化品牌歌诗达邮轮公司与天津东疆保税港区合作建设亚洲首个邮轮物资分拨配送基地，该基地将开展供邮轮的物资采购、物流、仓储、分拨、配送等业务，通过打造全球邮轮采供配送中心促进中国邮轮产业生态链完善。2017年9月23日，装载着16吨奶酪、巧克力果汁等食品的40英尺冷藏集装箱，在物资分拨配送基地顺利完成拆箱，登上歌诗达幸运号邮轮。以此为标志，天津东疆保税港区亚太邮轮配送基地第一单货物成功立案。

第三节　邮轮人力资源管理

邮轮公司能够高效运作、在邮轮航次中为游客提供高质量的服务以获得顾客满意，在很大程度上取决于员工的综合素质与业务水平。人力资源是一项宝贵的资源，邮轮公司恰当地选择、培训并激励员工，是运营管理中的一项重要工作。

一、人力资源管理认知

（一）人力资源管理的定义

人力资源管理是恰当地运用现代管理职能，通过合理的招聘、选拔、录用、培训和激励等手段，实现人员配备的优化组合，建立良好的劳动关系，以实现组织目标的过程或活动。人力资源管理的重要作用在于实现组织目标、满足全体员工的利益需求以及促进员工的全面发展。

（二）人力资源管理的模块

人力资源管理的主要内容包括人力资源规划、招聘与配置、培训与开发、绩效管理、薪酬福利、劳动关系管理六大模块。

1. 人力资源规划

人力资源规划是组织根据发展战略的要求，对于在未来变化中人力资源的供给与需求状况进行预测，对现有人力资源存量进行分析与规划，制定相应的人力资源获取、利用、保持和开发策略，确保组织对人力资源在数量和质量上的需求，使组织和个人获得长远利益的管理活动。

人力资源规划包括人力资源总体规划和人力资源业务计划。

（1）人力资源总体规划。人力资源总体规划包括：与组织的总体规划有关的人力资源规划和目标任务的说明；有关人力资源管理的各项政策和有关说明；内部人力资源的供给与需求预测、外部人力资源情况与预测；人力资源净需求；等。

（2）人力资源业务计划。人力资源业务计划包括：员工招聘计划；员工晋升计划；裁员计划；员工培训开发计划；人力资源保留计划；等。

2. 招聘与配置

招聘与配置是按照组织经营战略规划的要求招聘优秀、合适的人员并将其放在合适的岗位。工作内容包括需求分析、预算制定、招聘方案的制订、发布和管理招聘信息、筛选简历、面试通知、面试的准备和组织协调、面试过程的实施、分析和评价面试结果、确定最终人选以及通知录用、面试资料存档备案、招聘渠道的开拓与维护等。

3. 培训与开发

培训与开发是组织通过学习、训导的手段，提高员工的工作能力、知识水平和潜能发挥，最大限度地使员工的个人素质与工作需求相匹配，促进员工工作绩效的提高。

4. 绩效管理

绩效管理是对员工的工作状况进行评价，通过评价体现员工在组织中的相对价值或贡献程度。

5. 薪酬福利

薪酬福利指员工为组织提供劳动而得到的各种货币与实物报酬的总和。人力资源管理的重要内容是制定薪酬策略、薪酬结构设计、薪酬分级和定薪、薪酬制度的控制和管理等。

6. 劳动关系管理

劳动关系是劳动者和用人单位在劳动过程中建立的社会经济关系。劳动关系管理需要劳动者与用人单位确立劳动关系，明确双方权利和义务，同时妥善解决劳动争议。

(三) 邮轮公司人力资源管理

对于邮轮公司而言，其人力资源管理工作是一项极富挑战性的工作。区别于一般的组织，邮轮公司组织结构复杂、经营规模庞大，工作岗位及员工数量相当惊人。2017年，嘉年华邮轮集团在全球雇佣超过12万名员工。邮轮公司在员工定员配备方面具有很大的灵活性，通常会根据季节以及市场需求模式的变化进行调整。邮轮公司在员工招聘与配置、培训与开发、绩效管理、薪酬福利、劳动关系管理方面也需要审视其全球雇佣的环境，以保证其人力资源管理工作的顺畅性与高效性。在此，重点介绍邮轮员工的招聘、培训、考核与激励。

二、邮轮员工招聘与培训

(一) 工作分析

工作分析是确定某特定工作岗位的设置目的、任务责任、隶属关系、工作条件以及所需的知识、技能和能力的过程，是邮轮员工招聘的基础标准和依据。工作分析重点完成两项工作：一是确定工作岗位的具体特征；二是找出工作岗位对任职人员的具体要求。前者的结果表现为工作描述，后者的结果表现为任职说明。

1. 工作描述

按照工作地点的不同，邮轮公司的工作岗位可以分为岸上工作岗位和船上工作岗位两种类型。岸上工作岗位人员配备是邮轮公司经营成功的关键，需要经过严格的测评和考核，船上工作岗位同样需要高素质的管理人员和服务人员去胜任。船上工作岗位较岸上工作岗位要多，在一艘载客6000人的大型邮轮上，按照员工与游客之比约为1∶3的比例计算，可以有多达2000名的工作人员，这些工作人员分布在不同的工作岗位，其工作岗位特征也各有不同。按照国际惯例，邮轮上为游客提供的服务项目有些是采取服务外包或者特许经营的模式，因此并不是所有邮轮上的工作人员都是邮轮公司员工，但基于其共同为游客提供服务的特点，一并列入船上员工考虑。船上员工与岸上员工在不同的岗位履行各自的职责和义务，在确保安全航行的同时为游客提供既周到又富含个性化的服务。

2. 任职说明

邮轮公司在全球范围内开展业务经营，邮轮上的游客来自于世界不同的国家，邮轮航线挂靠的目的地港口也分布在不同的国家，这些都给邮轮公司船上员工和岸上员工提出了更高的要求。基于邮轮船上酒店部门员工在数量上的绝对优势，在此对船上酒店部门员工具有的共性身体素质要求、心理素质要求以及资历要求做简略说明。

(1) 身体素质要求。邮轮对船上酒店部门员工没有性别上的严格限制，但是对年龄的要求则很明确。亚洲邮轮一般要求员工年满18周岁以上，而欧美邮轮一般要求员工年满21周岁以上。邮轮公司对酒店部门员工视力没有特殊要求，但要求脸部应无明显疤痕，不能有慢性疾病、传染性疾病以及遗传性易发疾病，持有《健康证》《国际预防接种证》等。由于船上工作负荷量较大，故而对酒店员工的体能也有一定的要求。

(2) 心理素质要求。邮轮员工在船工作期间，因职务、岗位、分工的固定化，加上工作性质的特殊性，导致员工无论是上班工作期间还是业余休息期间，所扮演的角色基本一成不变，加之长期缺乏与社会进步信息的交流等，容易造成心理疲劳，主要表现在强烈的思亲情绪、一定的孤独等。因此，邮轮员工需要有良好的心理素质，有自我调节能力以及团队合作能力，能够处理好船上的人际关系。为了更好地胜任工作，还需要具备学习能力、创造能力、解决问题的能力等。

(3) 资历要求。邮轮是个特殊的场所工作，除航海、轮机、医疗等技术部门员工需要掌握相关的专业技能以外，酒店部门的员工也必须要在登船工作之前有相关的酒店或邮轮工作经验，并且能够熟练使用英语或者其他外语进行交流。邮轮的工作环境不同于陆地酒店，酒店部门员工还应通过相关海事部门专业考核所获得海上从业证书。对中国籍员工来讲，需要获得中华人民共和国海事局颁发的《海员证》《船员服务簿》等。

> 【资料卡片】中华人民共和国《海员证》《船员服务簿》
>
> 《海员证》是由中华人民共和国海事局统一印制并签发的中国海员出入中国国境和在境外使用的有效身份证件，是海员的专用护照。它表明持证人具有中华人民共和国籍，其职业为船员。《海员证》签发给在中国籍国际航线船舶和在外国籍船舶工作的中国海员。
>
> 《船员服务簿》是记录船员本人的资历、有关训练和参加体格检查情况的证件，是船员申请考试、办理职务升级签证和换领船员适任证书的证明文件之一。为了加强对中国籍船员的服务和监督管理，记载并核定船员的服务资历，中华人民共和国海事局于1985年1月1日颁布并实施了《船员服务簿》制度。《船员服务簿》由各海事机关负责签发、监督、管理。

(二) 员工招聘

邮轮公司员工招聘有内部招聘和外部招聘两种方式。不同招聘方式有其各自的优缺点，但都需要经过招聘准备、信息发布、接受申请、筛选与录用共同的流程。

1. 内部招聘方式

邮轮公司内部招聘包括内部提升、工作调换、工作轮换等方式。

(1) 内部提升。内部提升是从内部选拔一些合适的人员，填补职位空缺。内部提升可以迅速填补职位空缺，也给员工提供了职业发展的机会。

(2) 工作调换。内部调换是指职务级别不发生变化，但工作的岗位发生变化，一般适合中层管理人员。工作调换可以为员工提供在企业内从事多种相关工作的机会，开拓事业，为员工提升到更高一层的职位做好准备。

(3) 工作轮换。工作轮换不同于工作调换，适合于一般员工，具有周期性的特点，优点是便于有潜力的员工积累不同工作岗位的经验，减少员工因长期从事某项工作而带来的枯燥感。

邮轮上很多工作岗位的空缺是由公司现有员工补充的。通过内部招聘，既可以节约招聘成本，又可以获得对邮轮比较熟悉且技能已经得到证实的申请人，同时对员工产生激励。

2. 外部招聘方式

当内部招聘不能满足邮轮公司的用人需求，需要通过外部招聘的方式获得所需人员。外部招聘方式有发布招聘广告、参加招聘会、校园招聘、代理机构招聘等。

（1）发布招聘广告。通过多种媒体形式向社会广泛传播招聘信息。

（2）招聘会。在大型招聘会上设立招聘展位。

（3）校园招聘。通过委托培养、定向培养、校企合作开发项目、设立奖学金等方式与高校建立联系，通过校园招聘方式选拔高校优秀毕业生。皇家加勒比邮轮与天津海运职业学院共建邮轮人才培训中心，实训环境如图7-3所示。

图7-3　天津海运职业学院皇家加勒比邮轮人才培训中心实训环境

（4）就业代理机构。为了提高服务水平，适应来自世界各地旅游者的需要，邮轮公司倾向于从世界各地招聘员工，这就需要从各地选择合适的邮轮招聘代理商或招聘中介进行代理招聘。邮轮公司提供招聘岗位需求和岗位职责，由招聘代理商的专业招聘团队设计专业的招聘方案，并负责整个招聘过程中发布招聘信息、搜索人才、收集和遴选简历、人才评估等各个环节的工作，根据邮轮公司需要提供服务邮轮职位要求的人选供邮轮公司选择。代理招聘简单快捷，不仅更有针对性，而且可以节约招聘成本、降低招聘风险，因此被各大邮轮公司广泛采用。

3. 招聘过程

招聘工作包括招聘准备、信息发布、接受申请、筛选与录用等过程。

（1）招聘准备。制定招聘计划，对招聘工作进行翔实的安排。选择招聘工作实施者，并确保招聘人员具有良好的招聘技能。准备与招聘相关的材料，比如各种结构性表格等。

（2）信息发布。根据招聘计划确定招聘信息发布的时间、范围与方式。

（3）接受申请。邮轮公司接受应聘者申请。应聘者提交申请表和简历。

（4）筛选与录用。审核职位申请表及有关材料。一般来说，对应聘者的初步评价是通过审阅完整的工作申请表、检查应聘者的求职资料来实现。与应聘者面谈，观察应聘者的表情、动作姿态、谈话态度、思维广度、回答速度以及心理素质，评价应聘者是否适宜邮轮职位、是否具有培养潜力等。面试合格通过体检了解应聘者是否具有胜任工作的健康体质。用后签订劳动合同，被录用者办理入职相关手续。

（三）员工培训

员工培训可以提高员工的技能水平，增强员工对邮轮公司未来规划和理念的理解，改进员工的工作态度，提高员工特征和工作要求之间的配合程度。

常见的邮轮员工培训包括入职培训和在岗培训两种类型。

1. 入职培训

入职培训又称为岗前培训，是邮轮员工在正式进入邮轮工作之前所接受的培训。入职培训的目的是让新员工对邮轮工作特性与岗位职责有一个初步的了解和基本认识。对于很多第一次上邮轮工作的员工来说，进入一种陌生的环境，往往会感受到很大的压力，比如环境与人员的陌生、经验与岗位的暂时不适、理想与现实的落差等，从而导致不能全身心或愉快地投入工作，既不利于邮轮的经营，又不利于员工的自身发展。入职培训可以缓解员工的焦虑和困惑情绪，帮助员工快速消除陌生感并尽快融入邮轮工作环境，培养员工对邮轮工作的积极态度，因此不容忽视。

2. 在岗培训

在岗培训是对已经有一定教育背景并且已在岗位工作的员工进行的再培训活动。根据培训目的的不同，在岗培训可以分为转岗晋升培训以及改善绩效培训两种类型。

（1）转岗晋升培训。转岗培训是对已经批准转换岗位的员工进行的，旨在使员工达到新的岗位要求；晋升培训主要针对拟晋升人员，旨在使其达到更高一级岗位要求。转岗晋升培训内容主要是新岗位或高一级岗位的任职要求与技能训练。

（2）改善绩效培训。改善绩效培训是希望员工提高工作绩效所进行的在岗培训，培训内容涵盖公司经营理念、邮轮品牌特色、岗位规章制度、对客服务技巧等方面，通过集中授课、操作要领指导等方式进行。歌诗达邮轮公司为员工制作了书面以及视频培训资料，员工在邮轮上工作之余要进行自学并接受考核。邮轮上张贴的培训计划如图 7-4 所示。

图 7-4　邮轮上张贴的培训计划

三、邮轮员工考核与激励

（一）员工考核

员工考核是邮轮公司按照一定的标准，采用科学的方法，衡量与评定员工完成岗位职责任务的能力与效果。员工考核的主要目的是发掘与有效利用员工的能力，通过考核给予员工公正的评价与待遇等。常见的员工考核方法有实测法、成绩记录法、书面考试法、直观评估法、情景模拟法、民主测评法、因素评分法等。

（二）员工激励

员工激励是邮轮公司通过创设适当的奖励形式和工作环境，以一定的行为规范和惩罚性措施，激发、引导、保持和规范邮轮员工行为，从而有效地实现邮轮及其员工个人目标的系统活动。员工激励需要注意物质激励与精神激励相结合、长期激励与短期激励相结合、个体激励与群体激励相结合、正面激励与负面激励相结合、外在激励与内在激励相结合。

1. 物质激励和精神激励

员工存在物质需求和精神需求，相应的激励方式也应该是物质激励和精神激励相结合。

（1）物质激励。如果将物质激励与员工工作成绩紧密联系起来，激励作用将会持续相当长一段时期。但长期使用以金钱为代表的物质激励手段，会产生边际效应递减的现象，单位金钱所起到的激励作用越来越小，直至无效。

（2）精神激励。与物质手段相对应，精神激励也是经常使用的激励手段，是以精神鼓励为诱因对员工进行的激励，比如认可、表扬、尊重、荣誉等，都可以对员工产生精神上的激励作用。

2. 长期激励与短期激励

按既定时间效用不同来划分，可以将激励举措分为长期激励与短期激励。

（1）短期激励。短期激励是根据员工短期业绩给予的工资奖金和各项福利等，可以起到直接的激励作用，但缺点在于有可能驱使员工更注重自己的短期利益，而忽视组织的长远利益。

（2）长期激励。考虑邮轮公司的长远发展，可以使用长期激励。晋升是一种常见的长期激励方式，晋升前邮轮公司要对被晋升者进行长期的业绩评价，其行为要符合组织的长远利益。长期激励可以鼓励邮轮员工的长期行为，对其他员工也有长期的激励作用。

3. 个体激励与群体激励

（1）个体激励。激励理论是建立在个体行为分析的基础上的，管理者进行激励也多从研究员工个体的需要出发，不断了解其需求层次变化的趋势，有针对性地采用激励手段。

（2）群体激励。个体行为不可避免受到其所在群体的影响，群体激励奖励工作绩效高的群体，促进不同群体之间的良性竞争，激发群体成员的团结合作和进取精神。

4. 正面激励与负面激励

（1）正面激励。正面激励是对员工的良好行为进行奖励，以鼓励这种行为的延续。

（2）负面激励。负面激励是对员工的不良行为进行约束和惩罚，以使这种行为不再发生。

5. 外在激励与内在激励

（1）外在激励。外在激励来自于外部的工作环境，诸如工资、附加补贴、公司政策和各种形式的监督等。比如，邮轮公司为船上员工提供的免费自助餐、免费工作服、免费洗衣服务、免费饮料啤酒、免费娱乐设施、免费生活日用品以及亲属邮轮旅游折扣等服务都可以成为外在激励因素。休假期间，有的邮轮公司还会为员工免费提供往返机票。此外，安全的工作环境也为邮轮公司所注重。

（2）内在激励。内在激励来源于员工和工作任务之间的直接联系，完成工作本身产生的成就感、挑战感和胜任感，都可以成为某种内在激励因素，对工作本身的兴趣也是一种内在激励因素。

自我激励顾名思义就是自己激励自己。自我激励是内在化的直觉激励，是一种真正产生激励作用的持久的激励，是激励开发管理的最高境界。对员工而言，自我激励是从消极被动的执行者转换为积极主动的进取者，是个人成长与发展的最佳状态。

【知识回顾】

一、单项选择题

1. 关注服务过程产出的是（　　）。
   A. 技术质量　　　　　　B. 职能质量　　　　　　C. 形象质量
2. 顾客感知服务质量低于预期服务质量时会感到（　　）。
   A. 失望　　　　　　　　B. 满意　　　　　　　　C. 惊喜
3. 金锚服务中"Look the part"代表（　　）。
   A. 微笑问候　　　　　　B. 形象得体　　　　　　C. 创造体验
4. 采购活动的最高层次是（　　）。
   A. 简单购买　　　　　　B. 采购管理　　　　　　C. 供应链管理
5. 以下不属于内部招聘的是（　　）。
   A. 内部提升　　　　　　B. 工作调换　　　　　　C. 校园招聘
6. 对员工的表扬、认可等属于（　　）。
   A. 物质激励　　　　　　B. 精神激励　　　　　　C. 负面激励
7. 第一家获得 ISO 9001：2008 质量管理认证的邮轮公司是（　　）。
   A. 皇家加勒比邮轮　　　B. 地中海邮轮　　　　　C. 公主邮轮

二、简答题

1. 什么是服务质量？如何对服务质量进行评价？
2. 什么是全面质量管理？PDCA 循环如何进行？
3. 什么是物资采购管理？物资采购应该把握什么原则？
4. 简述如何对邮轮员工进行激励？

【知行合一】

任务一：

以小组为单位，分别查询不同邮轮公司的顾客服务计划，分析这些顾客服务计划重点关注了服务质量评价的哪些要素，并在课堂上进行汇报。

任务二：

以小组为单位，分别查询不同邮轮公司在中国市场的员工招聘方式，分析其岗位特点及任职要求，并选取某一岗位，分角色进行面试情景模拟。

【章节体会】

_____
_____
_____
_____
_____

第八章 产业趋势

【章节导览】

在邮轮公司积极进行产品创新、参与市场竞争的过程中,邮轮产业逐步形成并迅猛发展起来。邮轮产业是介于交通运输业和旅游休闲业之间的一种新型产业,涉及邮轮建造、经营管理、配套服务多个领域。本章通过对邮轮产业基本概念及发展状况的梳理,旨在明晰邮轮运营管理需要重点关注的产业趋势及市场环境。

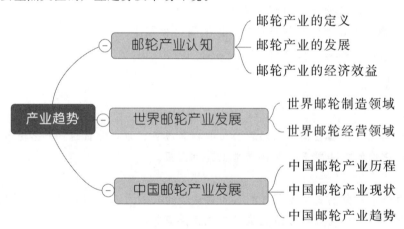

第一节 邮轮产业认知

邮轮产业是"漂浮在黄金水道的黄金产业"。过去几十年,各大邮轮公司经营的船只往返于世界上最美丽的航线,搭载游客进行海上度假旅行,带动了邮轮旅游市场的繁荣,也促进了相关产业的发展,为助推全球经济发展做出了重要贡献。

一、邮轮产业的定义

(一) 邮轮产业

邮轮产业是以邮轮运营为核心,由交通运输、船舶制造、港口服务、旅游观光、餐饮购物、银行保险等行业组合而成的复合型产业。邮轮产业通过其产业的延长作用，拉动其上下游相关产业，形成相互依托、共同发展的经济现象。

（二）邮轮产业链

邮轮产业的经营具有明显的经济规模效应。作为一个与上、下游产业密切相关的产业，邮轮产业的发展能够自然形成一条相互依托的产业链，包括很多门类，比如邮轮港口建设、邮轮船舶建造、邮轮商业服务、邮轮旅游交通、邮轮物资供应、游人集中保险等，并对拉动内需、促进地方经济发展发挥巨大作用。

1. 产业链上游

邮轮产业链上游指的是豪华邮轮建造。豪华邮轮具有以下几个特点：设计繁杂、装饰考究、建造费时、船东挑剔、造价昂贵。邮轮制造业属于高端船舶制造领域，目前基本被欧洲垄断，没有设计与建造经验的造船国很难断定其研发和建造的难度。在邮轮的设计与建造这一环节中，邮轮设计的核心是要把握并体现出西方的贵族文化，建造的重点是豪华、舒适与安全。

2. 产业链中游

邮轮产业链中游一般指邮轮本身的经营及其旅游支持产业。邮轮公司本身是资本密集型企业，而且采用国际化运营，是经济全球化的体现。邮轮公司需要丰富的营运经验和高层次的管理水平，以更好地引领和带动产业发展。

3. 产业链下游

邮轮产业链下游指的是邮轮码头及其配套服务业。邮轮产业本身具有集聚性的特点，优质邮轮母港能吸引更多邮轮集聚本港，而多艘邮轮的集聚又大大促进该地区邮轮经济的快速发展，带动和促进相关产业的发展。

二、邮轮产业的发展

（一）邮轮产业发展历程

1. 起步发展阶段

20世纪60、70年代，是邮轮产业发展的起步阶段。尽管邮轮早在19世纪上半叶就已出现，但邮轮旅游作为一项产业却是在20世纪60年代以后才逐步兴起并发展起来的。这一阶段，人们对邮轮旅游知之甚少。喷气式飞机的出现，使邮轮作为一种交通工具成为历史。由于每年往返于美欧大陆的客运班轮的客运量急剧下降，原来的客运班轮经营商迫于经营压力，寻找新的经营方式，由客轮服务供应商的角色向提供邮轮设施和服务转变。

2. 快速成长阶段

20世纪80、90年代，是邮轮产业发展的快速成长阶段。随着人们对现代邮轮认识的逐渐提升，邮轮市场出现了日益丰富的旅游产品，市场得以拓展，行业发展进入成长阶段。邮轮市场开始高度细分，提供的产品与服务也不断丰富，人们对邮轮旅游的需求逐步增大。北美及欧洲一些地区的邮轮产业在这一时期逐渐发展繁荣并走向成熟。

3. 蓬勃发展阶段

进入21世纪以后，是邮轮产业的蓬勃发展阶段。这一时期，邮轮市场呈现较为繁荣的局面，邮轮停靠的目的港不断增多，航线安排灵活多样，价格逐年下降，行业集中程度高，行业经营的规模经济明显，从而撬开了邮轮旅游向大众化和年轻化方向发展的通道。新的邮轮不断被投入运营，新的邮轮母港和挂靠港不断建立，新的旅游目的地和旅游航线不断开辟，邮轮旅游产业总体上实现了持续增长。

(二) 邮轮产业发展特点

1. 产业发展的全球性

尽管当前的经济正朝着全球一体化的方向发展，但真正具有跨区域特点的产业并不多。而邮轮产业一开始就定格为跨区域型产业，邮轮航线的生命力在于其跨国和跨洋性，如环球邮轮可以到达世界上任何大型码头，邮轮上的船员和游客往往来自于全球几十个国家和地区，说不同的语言使用不同的货币。邮轮产业是一个全球化的网络型产业，以连接七大洲的整个海洋作为运营舞台，以遍布世界各地的码头作为依托，构建起庞大的邮轮网络，邮轮经济成为网络化节点经济。

2. 产业发展的聚集性

根据经济地理学的相关理论，邮轮运营通常倾向于选择在市场容量较大的地区开展生产经营活动。以美国为首的北美地区，人均收入高，消费较为超前，因而成为世界上最大的邮轮市场，游客数量一直占市场份额的80%左右。同时邮轮母港的分布也不均衡，美国是拥有邮轮母港最多的国家，佛罗里达是美国的邮轮中心，发送游客数量占美国的50%以上，美国最大的邮轮母港迈阿密、卡纳维拉尔港、埃弗格雷斯港都在佛罗里达州。邮轮产业发展的聚集性还表现为邮轮航线的地理集中性，加勒比海地区和地中海地区是最为密集的邮轮旅游活动区。

3. 产业发展的垄断性

从经营来看，邮轮产业具有显著的规模经济特征。邮轮注册吨位越大，载客量越多，单个舱位成本越低，达到收益平衡点所需收取的邮轮价格也越低，产品的价格竞争力也就更强，这就使得每年新投入运营的邮轮体量越来越大。邮轮船队规模越大，分摊到每艘邮轮上的固定成本和变动成本越低，邮轮运营商就可以让利于消费者以获得竞争优势或增加公司的利润。规模大的邮轮公司可以凭借其规模优势与分销商建立全球性或区域性的营销网络，从而提高邮轮舱位的出租率，这样就很容易形成对市场的垄断。这种市场垄断结构，使得邮轮运营也具有较高的进入壁垒，包括由品牌效应造成的进入壁垒、利用已有的分销系统形成的进入壁垒、对邮轮码头的控制而实施的进入壁垒等。

4. 产业发展的文化性

由于邮轮产业起源于贵族休闲文化，故其所有相关的服务都体现出奢华的特点。许多邮轮都配备了极尽可能的华丽装饰，例如有些邮轮接待大厅的装饰，几乎与泰坦尼克号如出一辙。金碧辉煌的奢华，不但能够体现出邮轮消费的价值，同时也能提升邮轮本身的品位，吸引更多的游客去体验邮轮生活。为了吸引更多的游客，邮轮产业文化的开放性也得到了彰显。各国文化在邮轮上竞相呼应，异域风情争相显现，从而形成了邮轮产业独特的文化特质。各个邮轮公司也各辟蹊径，形成各自的亮点和特色，并形成邮轮装饰风格、生活体验、休闲娱乐、服务体验等各种风格间的差异，也增加了邮轮之旅的神秘色彩。

三、邮轮产业的经济效益

从需求状况来看，世界邮轮协会的数据表明，1990～2009年的20年中，邮轮乘客数量以年均7.2%左右的速度迅速迅速增长，2009年全世界邮轮旅客数量将近1400万。蓬勃发展的邮轮旅游业通过带动相关产业发展，促进其所在国家及城市提高创汇能力、扩大市场消费、增加就业机会、展示国际形象,创造巨大的经济效益。

(一) 直接经济效益

邮轮公司及乘客在港口城市和周边地区购买产品和服务所带来的消费,构成了邮轮旅游业的直接经济贡献。邮轮旅游业的直接经济贡献是邮轮旅游业对当地经济所产生的初始或者第一轮影响。邮轮产业对政府财政收入的直接贡献,包括税金、关税、各种许可费以及游客直接支付的其他税款。邮轮产业对社会经济的贡献分为两个部分,一部分是船舶本身的消费,如邮轮建造维修费用、日常经营费用、油料添加费用、码头泊位使用费、进出港引航费用、船上消费品采购费用、淡水添加费用等,另一部分是游客及船员的消费。

(二) 间接经济效益

邮轮产业的间接经济贡献是指为邮轮公司及其乘客提供产品和服务的企业在开展经营活动时还要接受其他供应商和第三产业的服务,而相关产业还要雇佣一定数量的员工,从而带来更多的就业岗位以及更多的消费,这是对当地经济产生的第二轮影响。这种间接经济贡献效应通过相关产业之间的关联一环一环地不断传递下去。

据国际邮轮协会研究显示,2016年邮轮航线船上乘客和船员在美国的消费支出达到216.29亿美元,创历史新高。此外,2016年全球邮轮行业对美国经济的贡献达到了创记录的477.6亿美元,其中包括邮轮和乘客的直接消费,比如食物饮料、燃料、支撑邮轮运作的金融商业服务和娱乐项目,也包括邮轮行业直接影响的企业和其他B2B、B2C企业员工购买的商品和服务消费,所有这些创造了全美389432个就业岗位,工资收入总计超过205亿美元。

第二节　世界邮轮产业发展

邮轮产业反映了全球需求,短期和长期的预期都很乐观,越来越多的新船加入到全球新增的邮轮港口和旅游目的地,整个行业一直在不断满足邮轮游客的需要,为全球的邮轮产业带来了稳定的发展和巨大的经济效益。

一、世界邮轮建造领域

(一) 邮轮建造的复杂性

1. 更前沿的科技

在种类繁多的工业产品中,船舶是一种比较特殊的产品。一艘现代船舶就是一座复杂的水上工程建筑物。庞大的船体由数十万个零件组成,这样的庞然大物是陆地上的金属结构物无法比拟的。在世界民用造船领域,大型豪华邮轮被誉为造船业皇冠上的明珠,具有比飞机还要高的技术含量,船上安装的机械电气设备和各种装置种类繁多、性能先进,卫星导航系统、环保系统、海水淡化系统等代表着当今世界科技的前沿技术。

建造豪华邮轮这一海上的庞然大物,无异于进行一场航海技术革命,将直接推动航海科技的发展。高科技在现代船舶上的应用,达到了精益求精、淋漓尽致的程度,比如钢板的选择是决定造船质量最重要的因素,但是对于邮轮来说,仅仅解决钢板的成分还远远不够,大型的邮轮,其庞大的结构本身就是很大的难题。在船的结构问题解决之后,设计者还要对船上的推进系统进行研究,以便使其能够快速航行,并灵活靠离码头。

2. 更严格的法规

泰坦尼克号的沉没引发了很多人的深思,该船使用的钢板中含有很多化学杂质——硫化锌，经过长期的海水浸泡，使得钢板很容易变脆，使用的铆钉材质也比较脆弱，当冰山撞击船体时，船底的铆钉承受不住撞击而毁坏，造成大量海水涌进水密舱。一旦超过水密舱最大承受极限，船舶的沉没就成为必然。自此之后，邮轮安全问题引发各方的高度重视，关于邮轮安全规范与规则的强制执行对邮轮的设计和发展产生了深远影响。

现代邮轮必须具备更加严格的安全性和舒适性，必须满足一系列有关分舱、稳性、救生、消防、无线电通讯等方面的国际公约、规范要求，同时，还要具有良好的稳性、抗沉性、耐波性和足够的强度。环保也越来越受到各方的广泛关注，阿拉斯加地区对废气排放的要求非常严格，一些邮轮为了避免被处罚，专门在船上设置了氮氧化物排放极低的燃气轮机电力推进装置在该海域使用，而暂停使用柴油机电力推进装置。

3. 更系统的管理

随着时代的发展，现代邮轮豪华程度越来越高，功能越来越多，工程越来越复杂，公共服务设施和娱乐项目日趋完备和丰富多彩。这与常规船型完全不同，每一样功能都涉及不同专业领域，很多功能都超出了船舶专业本身。这是一项系统工程，需要精心筹划和细致协调，仅靠一家设计公司，很难统揽全包。各专业公司签订工作合同，彼此通力合作，齐头并进，方能保证整个研制过程顺利进行。建造豪华邮轮对造船厂的管理是一大挑战，需要对不同设计风格和特点进行协调管理，对整体部件外包、生产质量和交货时间进行控制，对船上大量具体建造和装修工程进行管理。

4. 更高的财务风险

邮轮建造的成本高昂，从而导致邮轮公司及船舶制造公司都要承担巨大的财务风险。建造一艘邮轮的平均成本为：中型邮轮大约需要 4.5 亿美元，而超大型邮轮则需要 8 亿美元。这个建造价格使得很多邮轮公司在一段时间内，只能保有现有的邮轮，而很少见到新船。一些造船厂承接邮轮订单，但在建造的过程中却因多种原因感到吃力，最后不得不转让订单。日本三菱重工成功建造过钻石公主号等豪华邮轮，但在为德国爱达邮轮建造两艘新船的过程中却问题频出，出于公司经营的考虑，决定退出豪华邮轮建造市场。图 8-1 为日本三菱重工建造的 AIDA Prima 邮轮。

图 8-1　AIDA Prima

【行业聚焦】

日本三菱重工退出豪华邮轮建造市场

2011 年，日本三菱重工获得了来自 AIDA Cruises 的 2 艘豪华邮轮建造合同，总价约为

1000亿日元。2017年4月,三菱重工交付了"AIDA perla"号,相比原计划提前了一个月左右。与之前交付的"AIDA prima"号一起,这2艘豪华邮轮的建造工作累计给三菱重工带来了高达2540亿日元的巨额损失。后来,AIDA选择在德国迈尔船厂和芬兰图尔库船厂订造其最新的4艘邮轮,而非再次在三菱重工下单订船。

"AIDA perla"号邮轮总长300米、宽37米、注册总吨位124500吨,拥有1643间客舱,可以容纳3286名乘客。船上共有12间餐厅、3间快餐店和14间咖啡馆及酒吧。"AIDA Prima"号邮轮作为"新一代节能型邮轮"的样板船,其建造过程涉及大量管线铺设与电装配置工作,三菱重工因此陷入苦战,不得不数次推迟交付时间。首艘邮轮"AIDA prima"号原本计划在2015年3月交付,但是由于设计变更、材料供应进展不顺、内部装饰方法、火灾变更等原因,交付日期出现数次推迟,到2016年3月才完成交付。由于豪华邮轮业务造成的损失,三菱重工对造船业务进行重组,停止接收豪华邮轮订单,并决定退出这一市场。

5. 更个性的装饰设计

邮轮是旅游者的最终目的地,而不是单纯的交通工具,也就是说现代游轮的功能发生了根本的变化,其难点并不在船舶建造本身,船厂建造的不是船而是文化。各个邮轮公司在船舶设计上都尽量彰显自己公司的特色文化,把传统服务与现代科技紧密结合起来。邮轮建造的周期较长,建造程序复杂,船舶设计往往从开始建造前一年就已经开始。船体的设计及制造,由船厂负责,而内部装修及其他一些特殊形制,由专业设计公司设计。邮轮的设计使用最新的创意、科技、物料,以保证新造的船和旧有的船拉开差距。

(二)邮轮建造的垄断性

世界邮轮建造中心最初在美国,20世纪60年代以后,欧洲船企在豪华邮轮建造技术工艺水平上取得很大进步,凭借其在造船方面的丰富经验和精湛技艺,以及客船建造方面的技术积累,逐渐取代美国并形成垄断地位。

2006年,全球邮轮业在邮轮建造和维护方面为欧洲带来了41亿欧元的直接收入,占欧洲邮轮业直接经济贡献的38.7%,其中,法国、意大利、德国、芬兰是世界邮轮的主要制造国家,占有目前全球邮轮订单的95%以上,拥有近乎绝对的垄断地位。近年来,又逐渐演变成德国的迈尔船厂、意大利的芬凯蒂尼船厂、芬兰的STX欧洲图尔库船厂三足鼎立的局面,其中还有一些中小规模的邮轮制造企业,但其所占市场份额很小。

(三)邮轮建造的趋势

有关数据表明,截至2017年4月,已公布的2017年至2026年全球在建邮轮订单为83艘。邮轮建造市场与世界经济走势高度相关,经济好的全年邮轮订单总量可达15艘以上。

世界邮轮建造业的发展趋势表现在以下几个方面:

一是集中程度更高,竞争力更强。国外邮轮制造企业经过一系列的兼并收购之后,船厂的规模变得越来越大,集中程度越来越高,竞争能力变强。

二是新技术的应用和新设备的更新,使得生产效率更高。邮轮制造企业不断投资购入新的设备,使用新的计算机辅助制造软件以及新的项目管理技术。

三是邮轮建造对低碳环保要求明显。邮轮制造企业也在积极采用新的技术,在注重安全性能的前提下,更多关注减少对环境的污染。邮轮的动力消耗不仅要考虑保持船舶航速所需要的动力,还要考虑游客生活设施所需的能源,因此节能是必然选择。

四是船型有更加大型化的趋势。目前市场上主流的邮轮公司,基本已不再建造10万总吨以下的邮轮,15万吨级以上的邮轮逐步成为大众型邮轮公司的重点目标。

二、世界邮轮经营领域

(一) 邮轮市场供给

据有关资料显示,截至2016年年底,全球在役邮轮共计298艘,标准载客客位共计50.3万个。美国嘉年华邮轮集团、美国皇家加勒比邮轮集团、美国诺唯真邮轮公司和意大利地中海邮轮公司,拥有全球邮轮旅游市场80%以上的份额,呈现了较为明显的寡头垄断特征。在区域分布上,北美和欧洲的邮轮市场供给仍然最大,但亚太地区成为世界邮轮旅游市场中发展最快的地区。

亚太地区经济持续繁荣、中产阶级规模日益扩大、政府政策大力支持、大规模邮轮港口不断兴建,使得越来越多的民众对邮轮旅游产生兴趣,各大邮轮公司也逐步加强对这一市场的关注和投入。2016年,亚洲地区运力(ALBD, Available Lower Berth Day)占据全球市场的9.2%,2015年这一数据为6%,澳新太平洋地区运力占6.1%,亦高于2015年的6%,由此可见亚太邮轮旅游市场的蓬勃兴起。邮轮旅游市场运力分布变化趋势如图8-2所示。

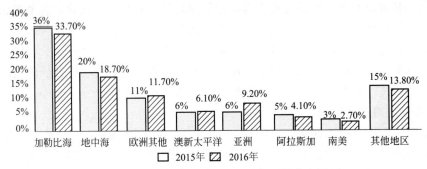

图8-2 全球邮轮运力(ALBD)区域分布图

(二) 邮轮市场需求

邮轮旅游起源于欧美,传统欧美市场在全球邮轮旅游市场中占据重要的份额,北美和欧洲是全球最重要的邮轮客源地。2016年,北美邮轮游客总数为1258万人次,占据全球邮轮游客总数的53%。欧洲是紧随北美之后的全球第二大邮轮市场,2016年邮轮游客总数为654万人次,占据全球邮轮游客总数的27%。

参加邮轮旅游的全球游客数量呈现逐年上涨的趋势,1996~2016年的20年期间,全球邮轮旅游游客从626万人次增长到2400万人次,邮轮游客消费总支出每年达数百亿美元。

近年来全球邮轮游客数量如表8-1所示。

表8-1 全球邮轮游客数量增长

年度	2009	2010	2011	2012	2013	2014	2015	2016
全球邮轮游客数量/人次	17800000	19100000	20500000	208130000	213430000	220390000	130000000	240000000

亚太地区邮轮旅游发展迅猛,中国和印度被视为亚洲旅游市场复苏的主要动力区,日韩市场也保持稳健的发展态势。根据国际邮轮协会报道,2016年全球邮轮旅客总量达到2470万人次,超出2420万人次的预估数字,而中国已超越德国跻身为全球第二大邮轮客源地市场。在所有形式的度假旅游中,邮轮度假的顾客重游率最高,规模经济会继续推动大范围邮

轮旅游价格的下降，反过来也会促进邮轮市场的更加大众化和年轻化趋势。

第三节 中国邮轮产业发展

一、中国邮轮产业历程

（一）全球邮轮市场战略东移

随着北美市场的日渐饱和以及消费者对邮轮旅游新颖性和多样性需求的增长，世界邮轮市场由北美向欧洲和亚太地区倾斜。

国际邮轮协会发布2017年亚洲邮轮市场趋势报告指出：

第一，更多游客数量。2016年总共有310万亚洲游客乘坐邮轮，于2015年相比增长55%，其中68%的游客来自中国大陆。

第二，更多邮轮部署亚洲水域。2017年预计有66艘邮轮部署亚洲水域，另有17艘季节性小众邮轮将在亚洲区域运行，此外，将有5艘针对小型市场的探险型邮轮在部分季节部署于此。

第三，2017年运营天数增加。预计亚洲邮轮行业累计运营天数为10196天，较2013年的4307天增长137%，较2016年的8171天增长25%。

第四，亚洲游客倾向于前往亚洲目的地。亚洲游客主要乘坐亚洲本区域内的邮轮航线，亚洲乘客增长迅速，主要是因为中国市场游客数量增加。

近年来，在旅游业供给侧结构性改革的要求和背景下，中国逐渐发展成为亚太地区最具潜力和活力的邮轮旅游市场。沿海各地紧跟国家发展战略，紧抓世界邮轮重心快速东移之契机，不断推进和丰富邮轮产业链延伸发展，着力打造国际著名邮轮旅游目的地。

（二）中国邮轮产业起步发展

自1978年中国改革开放以来，中国港口开始接待远洋国际豪华邮轮，但缺乏专用的邮轮码头以及系统的配套设施，相关的软件服务难以达到服务水准，如通关效率低、联检协调度差等。搭乘豪华邮轮而来的国际游客在岸上停留的时间短、花费少，相应的产业拉动作用比较小；国内游客对邮轮的认知度比较低，邮轮旅游市场尚未形成。

20世纪90年代，旅游业作为新兴的朝阳产业得以快速的发展，但邮轮旅游却并未引起人们的普遍关注。国际邮轮来到中国，仅在沿海港口短时间停靠；中国游客参加国际邮轮旅游也只能搭乘飞机前往国外的港口登船。

2002年，深圳中达（集团）股份有限公司投资建造的假日号邮轮起航，开辟了上海至香港的海上旅游专线，被誉为中国第一艘海上豪华邮轮。该船可容纳400多人享受海上度假的惬意。尽管与欧美豪华邮轮相距甚远，但开创了一种全新的国内休闲度假生活方式。

2005年，美国嘉年华邮轮集团旗下的蓝宝石公主号邮轮满载2600名欧洲游客在天津登陆并游览北京，同时嘉年华集团以优惠的价格向中国游客销售最畅销的北欧航线和地中海航线的船票，真正意义上的豪华邮轮开始进入人们的视野。同年，嘉年华邮轮集团旗下的意大利歌诗达邮轮公司在上海成立办事处。

2006年，歌诗达爱兰歌娜号邮轮以上海作为基本港首航，成为第一艘在中国母港运营的国际豪华邮轮。歌诗达爱兰歌娜号如图8-3所示。同年，中国邮轮游艇发展大会在上海国际会议中心举行，邮轮产业被列为国家的鼓励产业。其后，中国邮轮产业进入突飞猛进的发展阶段。2006年也被业界视为中国邮轮产业发展的起步之年。

据国际旅游组织预测，2020年，中国大陆可能成为世界上最大的旅游目的地之一，吸引更多的国际邮轮靠泊。

图 8-3　爱兰歌娜号

爱兰歌娜号

歌诗达爱兰歌娜号邮轮隶属于意大利歌诗达邮轮公司，长188米，宽26米，载客约1000人，船员416人，注册总吨位28500吨，1992年下水首航。爱兰歌娜号有"水晶之船"的美誉，是第一艘以中国港口作为母港的国际豪华邮轮。

爱兰歌娜号虽然只能承载1000名游客，但却充满意大利式的想象力。船上有大理石手工雕刻而成的桃树与玫瑰、用上等木料装饰的墙壁以及以著名的印象派画家命名的甲板。玻璃中厅高达三层甲板，而穹顶无论白天或黑夜皆可打开，可仰望360度全景天空景色，同时也构成下面公共区域梦幻般的天窗。来自不同国家的400多位工作人员为中国游客提供高标准服务，得到中国消费者的认可与喜爱，消费者满意度高于98%。

二、中国邮轮产业现状

过去十多年，我国邮轮产业发展处于培育期和粗放式起步发展阶段，发展力量主要集中在邮轮政策制定、邮轮码头建设、邮轮船队引进、邮轮旅游观光和接待等方面。在邮轮管理、邮轮产业规划、邮轮制造、邮轮服务体系、邮轮市场机制、邮轮消费理念等方面，还存在一定空白和不足。未来十年我国邮轮产业发展将处于爆发期和市场细分的快速发展阶段，全产业链快速发展，制造业与旅游业同步进行。

(一) 发展条件

中国邮轮产业发展具有良好的条件和机遇，表现在以下几个方面：

首先，中国旅游市场渐趋成熟，休闲度假市场快速增长。旅游消费是经济发展到一定阶段的必然要求。随着居民消费升级，国内旅游正从观光旅游向休闲度假旅游转变，同时我国人口老龄化现象和趋势明显，这为休闲度假旅游增加了更大的市场机遇。大众化休闲度假需求在发达地区已经产生，在其他地区也即将产生。

其次，中国经济新常态要求转型升级，邮轮或将成为旅游产业的新的增长点。中央经济工作会议提出，我国经济正在向形态更高级、分工更复杂、结构更合理的阶段演化，经济增长速度正在从高速增长转向中高速增长，经济发展方式正从规模速度型粗放增长转向效率型集约增长。在经济发展新常态的背景下,邮轮旅游不仅将是旅游产业中的新兴产业,而且由于其产业的关联性强,将成为现代服务业发展新的经济增长点,促进整体经济结构的升级和变革。

第三,中国邮轮旅游市场渗透率低,发展潜力巨大。邮轮市场渗透率是指一个国家的邮轮游客人次占该国总人口的比率,邮轮市场渗透率越高,说明该国家或地区邮轮旅游的发展程度越高,游客的邮轮旅游意识越高。据相关统计,美国市场渗透率为3.3%,欧洲是1.1%,亚太是0.45%,中国游客的渗透率更低,仅为0.05%。

第四,中国出境游市场发展迅速,邮轮旅游成新宠。从出境游客数量上来说,近十年来,中国的出境旅游出现了爆发式的增长。随着改革开放的推进,一方面中国与外国直接交流的机会逐步加大,出境游的限制也在逐步减少,另一方面,改革开放推动了中国经济的发展,随着人民收入的增加,人们对旅游的渴望也会越来越大。越来越多的人想走出国门去见识海外风土人情,这也是中国邮轮旅游市场发展的重要推进器。

(二) 发展现状

1. 邮轮产业政策

中国邮轮产业的发展离不开中国政府和各级地方政府的大力扶持,国家重视邮轮产业的发展,引导邮轮旅游发展的政策环境不断完善。近年来相关部门出台了一系列发展邮轮产业、深化邮轮经济的利好政策。

2008年6月,国家发改委下发了经国务院同意的《关于促进我国邮轮经济发展的指导意见》,作为第一个引导和鼓励邮轮产业发展的部级文件,从宏观上初步确定了我国邮轮业发展的指导思想、基本原则、总体目标和主要任务。2010年6月,国家旅游局发布实施亚洲第一个邮轮专业行业标准《国际邮轮口岸旅游服务规范》。2012年9月,国家旅游局正式批准上海成为全国首个中国邮轮旅游发展实验区。2015年,国务院办公厅发布《关于进一步促进旅游投资和消费的若干意见》明确提出推进邮轮旅游产业发展。2016年3月,国内首份邮轮旅游经营规范《上海市邮轮旅游经营规范》发布,标志着中国邮轮旅游的发展方向,以从以硬件建设为主转向软硬融合,形成邮轮产业链。2017年3月,交通运输部,国家旅游局等六部门联合印发《关于促进交通运输与旅游融合发展的若干意见》,再次提出发展邮轮旅游,鼓励形成分布合理的邮轮开发港口体系,有条件的城市建设邮轮旅游集散枢纽。2018年3月,国务院办公厅发布《关于促进全域旅游发展的指导意见》,提出要积极发展邮轮游艇旅游,开发海洋海岛旅游等产品,大力发展水上运动等健康旅游。

2. 邮轮设计建造

我国是制造和使用船舶最悠久的国家之一,历史上的造船技术和航海技术都已经达到了相当高的水平。18世纪中期,英国工业革命开始后,出现了蒸汽机船,西方造船技术有了飞速的发展,而中国则长期处于封建社会桎梏中,和西方发达国家的差距越来越大。新中国的诞生使我国的造船工业得到了新生。尤其是改革开放以后,民用船舶已经进入国际市场。至20世纪末,我国已基本形成了一个具有相当规模和实力的,从科研、设计、试制到生产、协作配套和教育等各个方面比较系统而完整的造船工业体系。造船工业已经取得令人瞩目的巨大成就,"造船业皇冠"上的两颗明珠,我国已经摘得一颗——自主研发制造航空母舰,在世界造船业的高端市场上占据一席之地,成为我国最大限度争取未来世界邮轮旅游业潜在利益的关键。

"造船业皇冠"上的两颗明珠中的另一颗明珠是邮轮建造。目前,中国船厂已正式涉足邮轮制造业，中国船舶工业集团与美国嘉年华集团在 2014 年 10 月 15 日第九届中国邮轮产业发展大会上签署了谅解备忘录，中船集团与芬凯蒂尼公司组建合作公司，在中国开发邮轮的建造能力，第一艘邮轮现已在建造中。虽然目前我国在全球邮轮设计建造及维修领域仍然处于摸索阶段，但根据我国造船业在商船领域具备的技术人才、创新能力和重点开发的船型等综合情况来看，邮轮设计和制造在未来将成为一些造船企业突破的重点。

3. 邮轮港口运营

根据国家交通运输部公布的《全国沿海邮轮港口布局规划方案》，我国沿海正逐渐形成以 2~3 个邮轮母港为引领、始发港为主体、访问港为补充的港口布局，构建能力充分、功能健全、服务优质、安全便捷的邮轮港口体系，上海、天津、深圳、青岛、福州、大连相继获得实验区资格，港口运营逐渐规范和成熟。

目前国内沿海城市邮轮港口数量较多，就客源市场构成和港口便捷程度而言，不是所有的沿海港口都适合做邮轮母港，部分港口应该定位成挂靠港，结合当地旅游资源，做好旅客接待工作。2009 年，交通部第 44 号文《关于外国籍邮轮在华特许开展多点挂靠业务的公告》，允许外国籍邮轮在国际航线运营中，连续挂靠我国两个以上沿海港口，承载的游客下船观光后回船继续旅行，最终完成整个国际航程的运输安排。邮轮多点挂靠，可以丰富邮轮公司的航线产品，为游客提供更多的航线选择，同时也能刺激挂靠港口地区，着力组织岸上观光资源的积极性。使得同一航线上的港口由竞争关系，转变成了合作关系，避免了邮轮港口的无序竞争。更为重要的是，该政策的推广将大大提高国内邮轮港口设施利用率，带动我国港口地区经济文化多元化发展。多点挂靠航线，可以解决游客就近上船的问题，为游客提供便利方便的出行，在满足人民群众日益丰富消费需求的同时，也大大丰富了邮轮公司的客源。

4. 邮轮市场供给

纵观全球邮轮旅游市场，虽然国际邮轮旅游市场主要集中在北美和欧洲，两地区的发达国家占了市场的最大份额，但是随着国际邮轮产业将发展重点转向亚洲，尤其是中国内地这一新型市场，亚太地区邮轮业发展迅速，增长速度已经高于世界平均值。不同的文化背景和优美的自然风光使得亚太地区成为更为集中的旅游目的地，亚太地区的邮轮旅游更加频繁。我国以优越的地理位置、独具魅力的东方文化、丰富的旅游资源和潜力巨大的客源市场，成为亚洲邮轮市场的核心组成部分，越来越受到邮轮公司的重视。

据公开资料显示，2017 年中国邮轮市场母港邮轮共有 18 艘，其中 10 万~16 万吨及以上的邮轮共计 8 艘，占据近半邮轮总数。整体来看，载客量在 2000~4000 人的邮轮成为主力。国内母港运营的邮轮产品均以大众化定位，航线多为七天以内的短途航线，在北线多为以天津、青岛、上海为母港的日韩航线，航程七天左右，在南线是以上海厦门为母港的赴台航线，以及三亚香港为母港的东南亚航线。长线邮轮一般是乘客需要通过搭乘飞机到达当地港口，乘坐邮轮的旅游方式。一般选择长线邮轮产品的乘客均有一定的出境旅游经验，目的地选择方面主要集中在世界上最成熟的两大邮轮旅游目的地，加勒比海和地中海地区。国内旅游企业积极布局市场，海航集团、渤海邮轮、天海邮轮、钻石邮轮等少数几家旅游企业涉足邮轮运营。

【行业聚焦】

携程旅游进军河轮市场

2017 年，携程旅游与重庆世纪游轮共同宣布成立合资公司，进军长江中下游豪华游轮旅游市场。随着内河游轮市场需求的持续旺盛，携程认为相较世界内河旅游行业标准而言，中国在豪华河轮的供给量和产品丰富度方面具有很大上升空间。此次双方成立合资公司，将以经营长江中下游的上海至南京航线为试点，扩展整合码头、景区、景点等资源，共同打造新游轮、新产品。世纪游轮对长江中下游优质的旅游资源、巨大的市场增量机遇表示乐观，并对国家以游轮经济舞活长江经济带建设的愿景充满信心。

数据显示，长江游轮区域每年接待高端游客的能力为 20 万～30 万人次，特别是随着中国人口老龄化进程的提速，中老年群体每年的消费比重在攀升，预计 2020 年将占据 15.43% 的比重。内河游轮集行、游、食、住、娱为一体的消费模式，深受中老年群体的欢迎。携程旅游与世纪游轮将携手合作，以豪华河轮为基础，未来将推出一系列"河轮+"的产品，还会全年策划各种主题航次，共同打造品牌美誉度。

5. 邮轮服务接待

现代邮轮产业在中国发展至今，惊人的发展速度令全球邮轮界刮目相看。邮轮产业中港、航、旅三个环节的服务体系都根据中国邮轮市场这十几年运营的情况加以完善，不断优化。只有不断完善优化港、航、旅各个环节的服务质量，才能吸引更多的游客，才能不断提高邮轮回头客的比例。服务是全方位的，是渗透在每一个领域、每一个时点和空间的，特色服务应该是在做好基础服务前提下的升级。在港口环节，虽然还存在规划阶段和前期设计与实际运营的服务缺口和给游客带来的不便之处，但已经在有效改进和提升，为游客提供安全、便捷、舒适的等候与通关环境。在航运环节，邮轮上的服务优劣不仅关系到船票的销售，也会对游客在邮轮上的二次消费产生影响，故而邮轮上的餐饮、活动项目安排日趋得当。在旅游环节，旅行社服务接待水准在市场的驱动下也日渐提升，给游客带来了最优质的旅游体验。

三、中国邮轮产业趋势

（一）存在问题

中国邮轮产业在拥有前所未有发展机遇的同时，也面临巨大的挑战。我国仍然处于产业发展的幼年时期和起步阶段，还存在许多需要探讨的问题。

一是邮轮旅游接受度不高。邮轮在中国依然是一个新生事物，市场接受度还不高，甚至很多人对邮轮的认识，还停留在泰坦尼克号阶段。此外，邮轮公司在中国的舱位销售，大多数采取旅行社分包的方式，这在一定程度上弱化了邮轮公司的品牌影响，不利于推广和发展。

二是邮轮游客消费习惯不同。邮轮上的产品消费大多还是偏西方消费文化。对于中国游客的消费习惯来说也是一个考验。

三是邮轮旅游产品航线单一。目前在中国市场运营的邮轮航次中，航线主要是日韩航线和东南亚航线，航线产品选择不够丰富。

四是同质化竞争导致恶性降价。船票分销存在价格战隐忧，激烈的竞争使得邮轮产品价格战初露端倪。大量以观光游览为诉求的游客被低价招揽，不仅让邮轮旅行变质，亦可能产生游客因为不满而过度维权的情况。

五是预订习惯与西方差异大。中国市场需要匹配适合中国消费预订习惯的分销系统，对分销商而言，短期销售压力太大也是导致甩卖现象的主要原因。

（二）发展趋势

根据中国交通运输协会邮轮游艇分会预计，中国邮轮产业发展将依次经历国际邮轮到港服务阶段、到港服务与公民出境服务并举阶段、中国邮轮经济发展成熟阶段。

展望未来，对中国的邮轮产业发展持乐观的态度。中国游客邮轮需求不断高涨，适合中国邮轮旅游消费者的邮轮航线、邮轮船型将出现，中国游客对邮轮需求被有效激发。各路资本争相布局邮轮市场，国际邮轮巨头纷纷加大在中国市场的投入，中资企业也加快进入邮轮市场。邮轮分销产业链的效率提升。未来致力于实现邮轮公司库存与分销渠道企业直联的工具或平台将应运而生，成为一些创业企业新的掘金之地。邮轮产业的政策法规将密集出台。邮轮产业快速发展的形势下，政府政策出台将有效避免各地盲目发展、恶性竞争的情况的出现。

【知识回顾】

一、单项选择题

1. 邮轮港口接待服务属于（   ）。
   A. 邮轮产业链上游　　　　B. 邮轮产业链中游　　　　C. 邮轮产业链下游
2. 游客、船员在港口城市的消费属于邮轮产业（   ）。
   A. 直接经济贡献　　　　　B. 间接经济贡献　　　　　C. 特色经济贡献
3. 中国邮轮产业发展始于（   ）。
   A. 2000 年　　　　　　　　B. 2006 年　　　　　　　　C. 2010 年
4. 第一艘在中国运营母港航次的国际邮轮是（   ）。
   A. 爱兰歌娜号　　　　　　B. 维多利亚号　　　　　　C. 赛琳娜号
5. 邮轮建造集中在（   ）。
   A. 欧洲　　　　　　　　　B. 亚洲　　　　　　　　　C. 美洲

二、简答题

1. 什么是邮轮产业？邮轮产业的经济贡献有哪些？
2. 简述世界邮轮建造领域的发展现状及趋势。
3. 简述世界邮轮经营领域的发展现状及趋势。

【知行合一】

以"供给/需求推动中国邮轮产业发展"为辩题开展课堂辩论，深刻理解中国邮轮产业发展的历程、现状与趋势。

【章节体会】

参 考 文 献

[1] 王诺．邮轮经济．北京：化学工业出版社，2008．
[2] Philip Gibson 著．陈扬乐等译．邮轮经营管理．天津：南开大学出版社，2010．
[3] 杨杰，刘艳．邮轮运营实务，北京：对外经济贸易大学出版社，2012．
[4] 孙晓东．邮轮产业与邮轮经济，上海：上海交通大学出版社，2014．
[5] 刘艳．邮轮旅游市场营销，大连：大连海事大学出版社，2016．
[6] 李华．邮轮旅游地理，北京：旅游教育出版社，2016．
[7] 甘胜军．邮轮港口规划与管理，北京：旅游教育出版社，2016．
[8] 钱茜露．邮轮乘务对客服务，上海：上海浦江教育出版社，2016．
[9] 上海国际邮轮旅游人才培训基地教材编委会．国际邮轮产品运营和服务规范，北京：中国旅游出版社，2017．
[10] 闫国东．邮轮安全与救生．北京：清华大学出版社，2017．